Heinz Schwärtzel (Hrsg./Ed.)

Angewandte Informatik und Software

Wissenschaft für die Praxis

Vortragssammlung des Internatinalen Symposiums
30. September/1. Oktober 1991 in München

Applied Computer Science and Software

Turning Theory into Practice

Proceedings of the International Symposium
September 30/October 1, 1991, in Munich

Springer-Verlag

Berlin Heidelberg NewYork
London Paris Tokyo
Hong Kong Barcelona Budapest

Professor Dr. Heinz Schwärtzel

Zentralabteilung Forschung und Entwicklung, Angewandte Informatik und
Software, Siemens AG, München
Corporate Research and Development, Applied Computer Science
and Software, Siemens AG, Munich/Germany

ISBN-13: 978-3-540-54322-0   e-ISBN-13: 978-3-642-93501-5
DOI: 10.1007/978-3-642-93501-5

Die Wiedergabe von Gebrauchsnamen, Handelsnamen, Warenbezeichnungen usw. in diesem Buch
berechtigt auch ohne besondere Kennzeichnung nicht zu der Annahme, daß solche Namen im Sinne
der Warenzeichen- und Markenschutz-Gesetzgebung als frei zu betrachten wären und daher von
jedermann benutzt werden dürften.

Sollte in diesem Werk direkt oder indirekt auf Gesetze, Vorschriften oder Richtlinien (z.B. DIN, VDI,
VDE) Bezug genommen oder aus ihnen zitiert worden sein, so kann der Verlag keine Gewähr für
Richtigkeit, Vollständigkeit oder Aktualität übernehmen. Es empfiehlt sich, gegebenenfalls für die
eigenen Arbeiten die vollständigen Vorschriften oder Richtlinien in der jeweils gültigen Fassung hin-
zuzuziehen.

Satz: Reproduktionsfertige Vorlage des Herausgebers
Offsetdruck: Color-Druck Dorfi GmbH, Berlin; Bindearbeiten: Lüderitz & Bauer, Berlin
62/3020 543210 – Gedruckt auf säurefreiem Papier

Vorwort

Neben der Entwicklung höchstintegrierter Hardware, mit deren Hilfe höhere Funktionalität und Leistung bei kleinerem Volumen und geringeren Herstellungskosten ermöglicht wird, gewinnt die Forschung und Entwicklung im Bereich der Software stetig an Bedeutung. Schon heute übersteigt der wertmäßige Anteil der SW im Durchschnitt 50 % der Systemkosten.

Auf Arbeitsfeldern wie

- Künstliche Intelligenz mit den Schwerpunkten Wissens- Bild- und Sprachverarbeitung,
- modernster System- und Anwender-Softwareentwicklung (Betriebssysteme, Sprachen und Compiler bzw. Entwicklungsumgebungen),
- Kommunikationssysteme der nächsten Generation,
- Entwurfsautomatisierung und CAM sowie
- Untersuchung, Bewertung und Realisation komplexer Systeme

werden weltweite Anstrengungen unternommen. Führende Universitäten, Großforschungsinstitute und die industrielle Forschung und Entwicklung haben in den letzten Jahren vielversprechende Ergebnisse erzielt und damit den Weg für eine ganze Generation neuer Produkte geebnet.

Aus Anlaß des 10-jährigen Bestehens der Hauptabteilung Informatik und Software in der Zentralabteilung Forschung und Entwicklung der Siemens AG wird ein internationales Symposium veranstaltet, dessen Themenbereiche exemplarischen Einblick in Arbeiten und Kooperationen zu den oben genannten Gebieten geben. Der vorliegende Tagungsband faßt die auf dem Symposium präsentierten Beiträge renommierter Wissenschaftler amerikanischer, österreichischer und deutscher Institute sowie international anerkannter Mitarbeiter der Siemens AG und der Siemens Nixdorf Informationssysteme AG zusammen.

Aus den Beiträgen der produktorientierten Praktiker wird ein Katalog marktgetriebender Aufgabenstellungen erkennbar. Im Gegensatz dazu liefern die Beiträge der Wissenschaft Ansätze und Lösungen, die eher generellen, manchmal auch heute noch exotisch anmutenden Fragestellungen gerecht werden. Die industrielle Forschung und Entwicklung übernimmt hier eine Mittlerrolle. Einerseits vertraut mit den neuesten wissenschaftlichen Erkenntnissen und selbst innovativ, wo die Aufgabe es erfordert, wissen die Mitarbeiter um produktspezifische Anforderungen und können so die Umsetzung wissenschaftlichen Fortschritts in die Praxis unterstützen.

Ich möchte die Gelegenheit nutzen und allen Mitarbeitern der Hauptabteilung Informatik und Software für ihre tatkräftige und kreative Mithilfe in den letzten Jahren danken. Gerade in dem dynamischen Umfeld industrieller Forschung gilt, daß der globale Rahmen durch das Management vorgegeben werden kann, die Substanz jedoch durch jeden einzelnen und stets auf's neue beigetragen werden muß.

Den Bereichen der Siemens AG sind wir zu Dank verpflichtet dafür, daß sie einerseits durch Ihre Entscheidung für eine zentrale Forschung den Grundstein für unsere erfolgreiche Arbeit legten, andererseits aber auch wirtschaftlich wichtige und wissenschaftlich hochinteressante Themen und Aktivitäten anregten und dabei stets als kompetente Partner zur Verfügung standen.

Unseren Kooperationspartnern in Europa und Amerika können wir bescheinigen, daß in guter Zusammenarbeit wichtige Fortschritte beschleunigt erreicht wurden. Der offene Austausch neuester Erkenntnisse unterstützte uns sehr bei unserer Aufgabe, als "Ohr an der Wissenschaft" für das gesamte Haus Siemes zu wirken.

München im September 1991   Heinz Schwärtzel

Preface

Besides the development of ultra-highly integrated hardware - which allows for increased functionality and performance while offering reduced size and production costs at the same time - research and development in the area of software gains more and more importance. Already today the value of software is in average over 50 % of the total system costs.

Worldwide efforts are undertaken in areas like

- Artificial Intelligence with focus on knowledge, image, and speech processing,
- modern systems and application software (novel operating systems, programming languages, compilers, and environments),
- communication systems of the next generation,
- design automation and CAM, and
- examination, assessment, and realization of complex systems.

Leading universities, prominent research institutes and industrial laboratories have achieved promising results during the last years and have cleared the way for a whole generation of new products.

On occasion of the 10th anniversary of the foundation of the department of Applied Computer Science & Software within Corporate Research and Development of Siemens AG, an international symposium is organized which covers mainly the named above areas. The proceedings include papers presented at the symposium from renowned scientists from American, Austrian and German institutes as well as from international recognized members of Siemens AG and Siemens Nixdorf Informationssysteme AG.

A list of market driven requirements can be found in the contributions of the more product oriented experts. In contrast, contributions of scientists provide approaches and solutions which are adapted to more general problems. Industrial research plays the role of a mediator between these two groups. Knowing latest scientific results and being themselves innovative, industrial researchers are aware of product-specific requirements and can therefore support the transfer of scientific progress to industrial applications.

I would like to take the opportunity to thank all members of the department of Applied Computer Science & Software for their effective and creative co-operation during the last years. The global line of research may be defined by the management but only individual contributions keep the progress alive. We would also like to thank the operating groups of Siemens AG for their decision to institute a central research department which was the basis for our successful work. In addition, they stimulated economically important and highly interesting projects and activities and proved to be competent partners all the time.

Cooperation with our partners in Europe and USA were always effective and helpful in achieving important advances. Free exchange of newest results supported us in our task to be the "ear to the scientific world" for the whole company.

Munich, September 1991   Heinz Schwärtzel

Inhaltsverzeichnis / Table of Contents

Autorenverzeichnis / List of Contributors

Carnegie Mellon University
School of Computer Science
Pittsburgh, PA 15213, USA

Prof. A. N. **Habermann**

Deutsches Forschungszentrum
für Künstliche Intelligenz GmbH
Postfach 2080
6750 Kaiserslautern, FRG

Prof. G. **Barth**

European Computer-Industry
Research Center GmbH (ECRC)
Arabellastr. 17
8000 München 81, FRG

Prof. G. **Comyn**

International
Computer Science Institute (ICSI)
1947 Center Street, Suite 600
Berkeley, CA 94704, USA

Prof. J. A. **Feldman**

Johannes Kepler Universität Linz
Institut für Systemwissenschaften
Altenbergerstr. 69
4040 Linz, Austria

Prof. F. **Pichler**

Massachusetts Institute of
Technology, Laboratory for
Computer Science
545 Technology Square
Cambridge, MA 02139, USA

Prof. R. L. **Rivest**

Siemens Nixdorf
Informationssysteme AG
Systemtechnische Entwicklung
Otto-Hahn-Ring 6
8000 München 83, FRG

K. **Gewald**

Siemens AG
Forschung und Entwicklung
Otto-Hahn-Ring 6
8000 München 83, FRG

Prof. H. G. **Danielmeyer**
Dr. J. **Grollmann**
Dr. H. **Hellwagner**
H. **Lausecker**
Dr. J. **Löschberger**
Dr. M. **Marhöfer**
W. **Meyer**
W. **Remmele**
Dr. P. **Strobach**
Dr. P. **Struss**

Medizinische Technik
Henkestr. 127
8520 Erlangen, FRG

K. **Abraham-Fuchs**
Dr. R. **Graumann**
Dr. A. **Oppelt**
Dr. S. **Schneider**
Dr. B. **Scholz**

Öffentliche Kommunikationsnetze
Hofmannstr. 51
8000 München 70, FRG

Prof. P. **Gerke**

Technische Universität München
Institut für Informatik
Postfach 20 24 20
8000 München 2, FRG

Prof. A. **Bode**

University of California
Electrical Engineering
and Computer Science
Cory Hall
Berkeley, CA 94720, USA

Prof. A. R. **Newton**

KIK: A Cooperation between Siemens and the German AI Research Center

Gerhard Barth

DFKI

This report gives an overview of a project jointly conducted by researchers from Siemens ZFE IS and the German Research Center for Artificial Intelligence (DFKI). The paper is organized as follows: First, the structure and research program of DFKI is overviewed. Next, the overall goals of the KIK project are described. Finally, its internal structure and organization are introduced in more detail.

The German AI Research Center

A brief description of DFKI might be helpful to understand the significance of the cooperation to be reported in this paper. DFKI was founded in 1988 as a joint effort by the German Ministry for Research and Technology (BMFT). Already in the very early stages of planning, it was conceived that the institute should be closely linked to universities with a strong Artificial Intelligence (AI) faculty. After thorough evaluations of several applicants, the universities at Kaiserslautern and Saarbrücken were chosen. The federal states Rheinland-Pfalz and Saarland gave support by providing new buildings and further faculty positions.

Today, far more than 100 people are working at DFKI. The core of the staff is formed by over 50 full time researchers, the others being clerks, students and guest researchers. They all strive to implement DFKI's charter of bridging the gap between academic and industrial research. This mission translates into the goal of performing application oriented basic research at DFKI.

The institute is owned by a consortium of 11 partners

ADV Orga	Daimler-Benz (AEG)
Fraunhofer Gesellschaft	Gesellschaft für Mathematik und Datenverarbeitung
IBM Germany	Insiders
Krupp-Atlas	Mannesmann-Kienzle
Philips	Siemens
Siemens-Nixdorf.	

They all have a tradition of doing AI related research in their own laboratories. DFKI is expected to conduct projects in close cooperation with its shareholders.

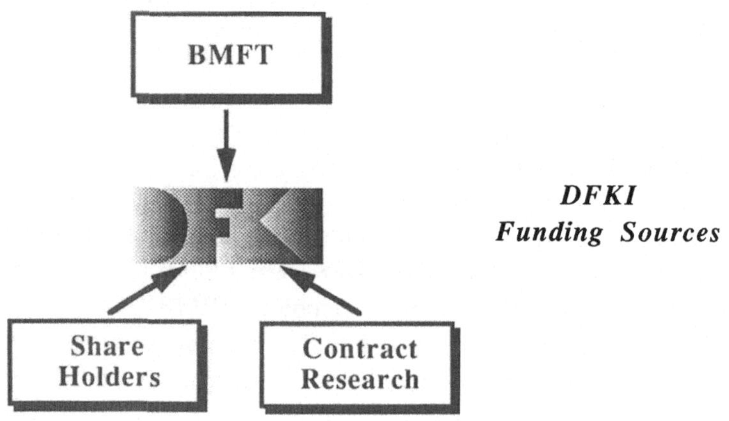

DFKI
Funding Sources

As to funding, DFKI is supported from three sources. BMFT has signed a contract, that guarantees funding for a period of ten years starting in 1988. These resources will mainly be used to investigate basic issues of AI. Of course, the shareholders of DFKI are expected to contribute to project funding. Most of it will be spent on investigating how AI technology can advance computer systems of highly practical and commerical interest. Finally, DFKI is also expected to become engaged in contract research.

The research program of the institute concentrates on the investigation of issues to promote the design and construction of intelligent systems for

- communication
- cooperation
- engineering
- user interfaces.

Currently, nine projects addressing the aforementioned topics are conducted. More information about them may be obtained from DFKI upon request. KIK is one of these projects, so let us have a closer look at it now.

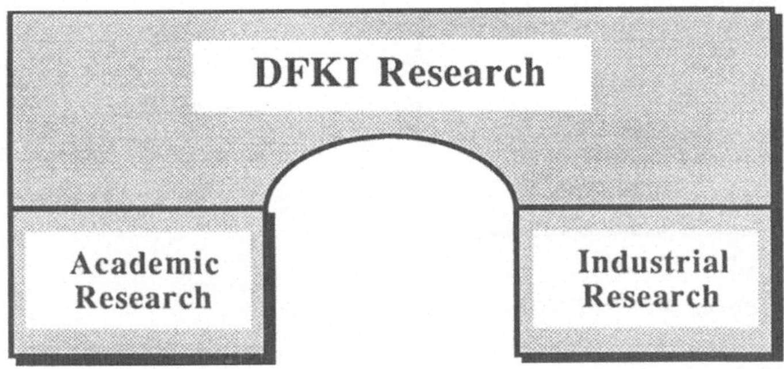

DFKI Structure and Charter

The KIK Project

The name KIK stands for *Künstliche Intelligenz und Kommunikationstechnik,* which translates into *Artificial Intelligence and Communication Technology.* As reflected thereby, KIK exploits concepts from two distinct fields in order to advance the construction of systems which support users in their efforts to solve complex problems cooperatively. The rapid advances in communication technology are instrumental for new possibilities towards computer supported cooperative work and intelligent cooperation. It becomes feasible to develop innovative distributed man-machine systems which assist their users in finding efficient and flexible solutions to complex tasks.

Overall Structure of the Project

The entire project is divided in two parts, TEAMWARE and TEAMKOM, which are closely related to each other. TEAMWARE aims at modeling the conceptual relationships that are relevant for human agents working together in a team. These concepts have then to be mapped to the actual physical distributive environment to be developed in TEAMKOM. The latter implements the logical requirements of cooperative problem solving techniques on heterogeneous broadband nets.

Each of the subprojects will subsequently be explained in more detail.

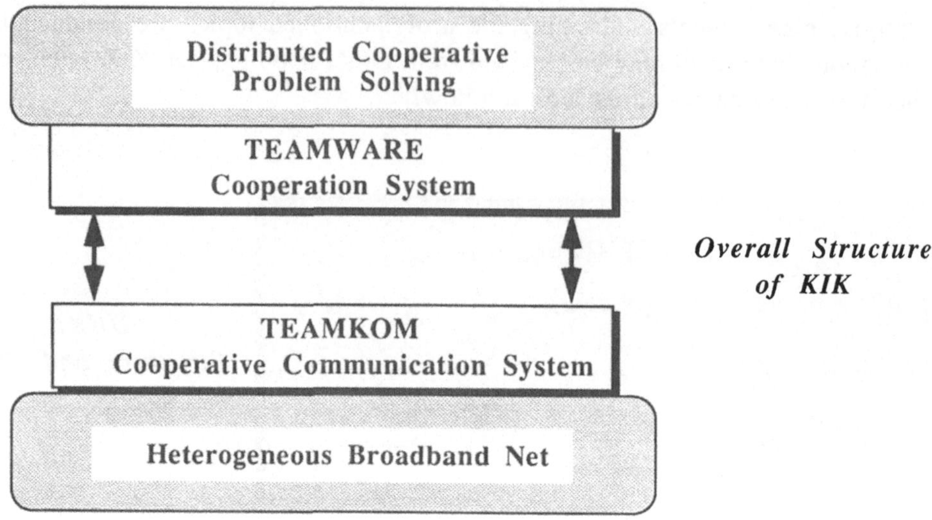

Overall Structure of KIK

The TEAMWARE Subproject

This part of the project concentrates on aspects of how computers can assist groups of humans in jointly tackling complex projects. In order to tackle a broader class of problems than normally found in current computer supported cooperative work, some important issues have to be considered:

- Humans and machines have to participate in the cooperation efforts. Both types of agents have to execute actions and interact with other agents based both upon the actual state of their environment and their own specific knowledge and goals.

- Between the interacting agents, there must be rapid transmission of large amounts of various types of information, like texts, pictures, speech and animation. The degree of communication can be expected to be very high.

- Hardly any restriction should apply as to spatial and temporal distribution of agents.

- The problem solving competences of the interacting human and mechanistic agents may vary over time. There may even be competition in some areas which may result in conflicts to be settled dynamically.

- Agents may temporarily become unavailable.

Systems which have to meet these criteria demand innovative techniques from both communication technology and AI. The latter can make contributions to such topics as distributed problem solving, plan recognition and plan generation, interaction and communication among agents through multi-media, multi-modal and natural presentation techniques.

Perhaps the most important concept in this context is the structure of agents. In TEAMWARE they are considered to consist of a head and a body. The body provides the basic functions an agent can perform independent of any specific cooperation he might be involved in. The head of an agent allows for its participation in cooperative efforts. To this end, he must have knowledge about

- its own competence
- the respective competences of its fellow agents
- means of communication among agents
- the current task to be tackled.

Thus, the heads of agents can be understood as mediators between their individual functionalities and the overall problem solving context.

An agent might be equipped with all the knowledge it needs right from the start of the system. Alternatively, this knowledge may be dynamically acquired, e. g. by transferring it among agents during the problem solving processes.

Each agent has a mouth, which uses knowledge relevant for communciation with other agents when interacting with them. An internal interface takes care of the mapping between the respective functionalities of heads and bodies.

In order to demonstrate the soundness and applicability of their work, the TEAMWARE researchers plan to develop prototypes for such diverse areas as

- cooperative construction and maintenance of large distributed linguistic knowledge bases
- coordination of adminstrative tasks.

Finally, it should be mentioned that the TEAMWARE project is linked to the ESPRIT project IMAGINE (Integrated Multi-Agent Interactive Environment). Its goal is to provide a general architecture for constructing heterogeneous multi-agent systems.

Key aspects of the project include

- specification of a formal multi-agent language
- construction of the multi-agent environment
- demonstrations in two conceptually different application areas (network information management, simulation of complex air traffic control).

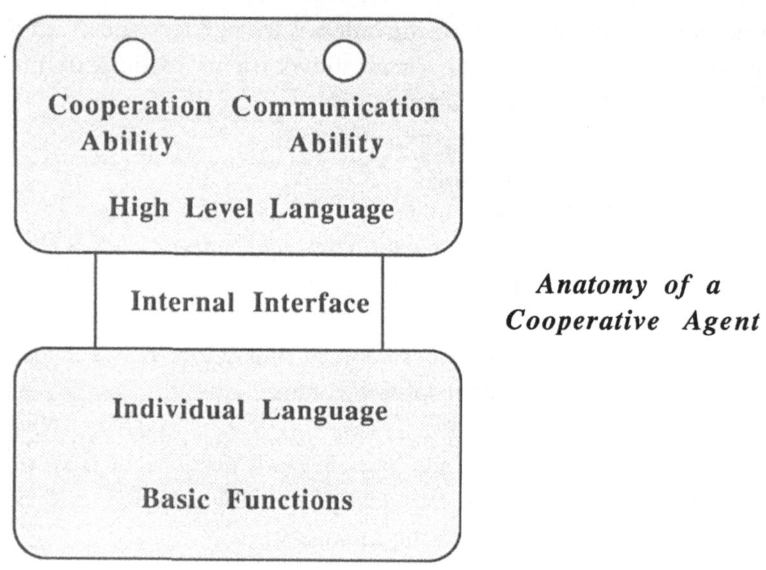

Anatomy of a Cooperative Agent

The TEAMKOM Subproject

New communciation technologies, such as broadband nets and multimedia, will provide a new hardware platform for computer supported cooperative work. The improved quality of electronic transmission of information allows for a new breed of decentralized work. The impression may be created that all members of a physically distributed team are virtually present in one room. Considering the rapid progress made in communciation technology and the growing number of high quality network services, it seems to be very likely that future systems for the support of cooperative work will be embedded into a multimedia environment based upon broadband nets. The subproject TEAMKOM is devoted to these principles.

The goal of TEAMKOM is to provide the technical platform for cooperative systems as designed in TEAMWARE. A major aspect thereby is that various types of information (text, graphics, images, voice, ...) have to be processed and transmitted rapidly between a multitude of agents. TEAMKOM links the logical level of a cooperation system with the physical level of complex computer based communication. It interprets conceptual demands and maps them onto hardware specific functions. The management of competing accesses to distributed resources is a critical issue. To do this job, TEAMKOM needs knowledge about

- nets, protocols and devices
- characteristic features of communication services and network resources
- the current status of nets
- net load, where both team dependent and independent aspects have to be taken into account.

To implement the mapping of messages created by cooperative problem solving processes to network actions, TEAMKOM proceeds in two steps TRANSKOM and NETKOM.

During the TRANSKOM phase, messages are decomposed. Their headers are evaluated and the resulting message sequences are created. This step is heavily influenced by communication relevant knowledge for cooperation. The subsequent transformation of message sequences is guided by transformational rules. NETKOM deals with address mappings, service identification and selection, and finally message execution based upon the chosen services.

To implement and test the TEAMKOM efforts, a prototype of a distributed cooperative application will be developed. Currently, special attention is given to remote education of technical service staff. The communication infrastructure consists of workstations equipped with cameras, microphones, video players and being coupled via a LAN. Further developments will incorporate high performance multimedia workstations being able to communicate through heterogeneous networks.

8

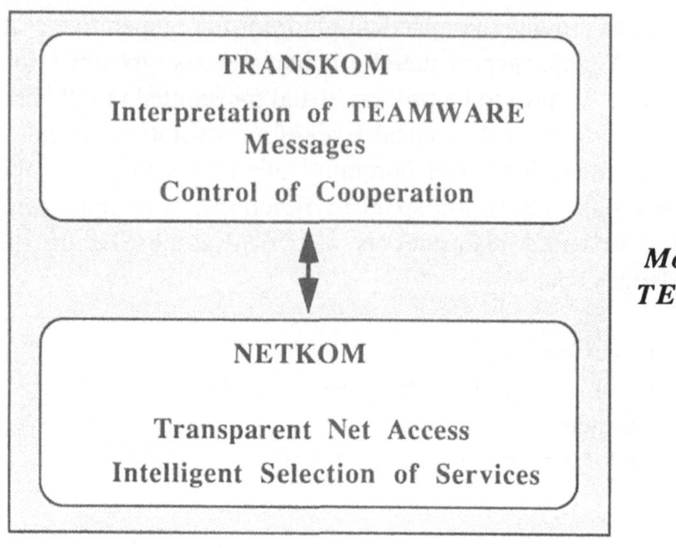

Acknowledgements: When preparing this report, I greatly benefited from presentations given by members of the KIK team at various occasions. Special thanks go to Hans Haugeneder, Jean Schweitzer and Donald Steiner.

References

Haugeneder H., Steiner D.: Towards a Distributed Multi-Person Lexical Environment. In Rieger/Schäder (Eds.): Lexikon und Lexikographie. Hildesheim-Verlag, 1990

Mahling D.: People and Machines in Cooperation. CSCW '90 Workshop on Groupware implementation in Computing and Social Systems. Los Angeles, 1990

Steiner D., Mahling D., Haugeneder H.: Human Computer Cooperative Work. Proceedings of the 10th International Workshop on Distributed Artificial Intelligence, MCC Technical Report ACT-AI-355-90, 1990

Steiner D., Mahling D., Haugeneder H.: Collaboration of Knowledge Bases via Knowledge Based Coordination. Proceedings of the International Working Conference on Cooperative Knowledge Based Systems (CKBS '90), to appear in Springer-Verlag.

Lastausgleich in Parallelrechnersystemen

Arndt Bode

Technische Universität München

Kurzfassung

Ein wesentliches Element zukünftiger universell programmierbarer Allzweck-Multiprozessorsysteme werden Verfahren für den dynamischen Lastausgleich sein. Für diesen Themenbereich existiert derzeit noch keine einheitliche Terminologie, eine endgültige Bewertung aller möglichen Methoden und Verfahren ist noch nicht erfolgt. Es wird daher eine Terminologie eingeführt, ein kurzer Überblick über den Stand der Technik gegeben und über ein Pilotprojekt berichtet.

1. Universell programmierbare Allzweck-Multiprozessorsysteme

Multiprozessorsysteme, speziell solche mit verteiltem Speicher, haben im Bereich der Rechnerarchitekturforschung in letzter Zeit großes Interesse gefunden. Parallele Systeme mit verteiltem Speicher erlauben wegen ihrer Skalierbarkeit die Kombination einer sehr großen Anzahl verarbeitender Werke in einem System und damit sowohl sehr hohe absolute Leistung wie auch potentielle Zuverlässigkeit. Werden als Knotenprozessoren Standard-Mikroprozessorelemente verwendet, so kann die hohe Leistung auch zu einem im Vergleich zu den klassischen Vektorrechnern enorm günstigen Preis/Leistungsverhältnis geliefert werden. Ein wesentlicher Nachteil dieser Systemklasse ist die aufwendige Programmierung und der Mangel an Entwicklungswerkzeugen. Die Programmierung ist im allgemeinen dadurch gekennzeichnet, daß der Benutzer die Verteiltheit des Parallelrechners explizit in seinen Programmen berücksichtigen muß. Es wird ferner davon ausgegangen, daß die dem Programm zugeteilten Betriebsmittel (auch die Prozessoren!) für die Zeit der Ausführung exklusiv zur Verfügung stehen. Ein Mehrbenutzerbetrieb auf Systemebene ist allenfalls durch die Zuteilung disjunkter Teilmengen der Betriebsmittel an verschiedene Benutzer vorgesehen (Space-Sharing). Durch diese exklusive Benutzung der Betriebsmittel und die explizite Programmierung von Hardware leidet die Produktivität des Programmierers und der Nutzungsgrad der Betriebsmittel.

Erst in letzter Zeit werden vermehrt Arbeiten bekannt (z.B. [May91]), die universell programmierbare Allzweck-Multiprozessoren mit verteiltem Speicher fordern. Diese Systeme müssen ein Programmiermodell und unterstützende Betriebssysteme auf den Knotenprozessoren anbieten, die eine ortstransparente Programmierung ermöglichen und einen Mehrbenutzerbetrieb auf den einzelnen Knoten unterstützen. Die Arbeiten werden gestützt durch theoretische Untersuchungen (vgl. [Val90]) zum BSPC (Bulk Synchronous Parallel Computer). Der BSPC verspricht die effiziente Simulation klassischer, theoretischer Parallelrechnermodelle (z.B. PRAM-Maschine, vgl. [KaRa90]), wobei das Modell gewisse Voraussetzungen über zukünftige Eigenschaften von Multiprozessorsystemen und deren Anwendungen macht, die nicht unrealistisch erscheinen. Der wesentliche Gedanke ist es, daß Wartezeiten für Kommunikation und/oder Synchronisation durch schnellen Prozeßwechsel "ausgeblendet" werden können, unter der Voraussetzung, daß hinreichend Parallelität vorhanden ist (z.B. deutlich mehr parallel ausführbare Prozesse als physikalische Prozessoren). Diese Forderung ist in zukünftigen Systemen z.B. dadurch zu realisieren, daß Prozesse mehrerer Benutzer auf einen Prozessor abgebildet werden.

Die in dem Modell des BSPC geforderte Leistungsfähigkeit der Kommunikationskomponenten kann durch Integration und Parallelisierung der Verbindungsstruktur in Zukunft für eine große Anzahl von Prozessoren geleistet werden (vgl. [Ratt91] und [May91]).

Das Lastverhalten einer universell programmierbaren Multiprozessorumgebung wird nicht statisch vorhersagbar sein. Wesentliches Element der Laufzeitumgebung für ein solches System wird daher ein Verfahren zum dynamischen Lastausgleich sein. Untersuchungen zum dynamischen Lastausgleich werden derzeit im Rahmen des Projekts TOPSYS (TOols for Parallel SYStems) im Sonderforschungsbereich 342 "Methoden und Werkzeuge für die Nutzung paralleler Rechnerarchitekturen" an der Technischen Universität München durchgeführt (vgl. [BeBo91]).

2. Lastausgleich, eine Begriffsdefinition

Die Verwaltungsaufgaben beim dynamischen Lastausgleich in skalierbaren Multiprozessorsystemen haben starke Ähnlichkeit mit entsprechenden Fragestellungen in vernetzten Rechnersystemen, wenn auch die relativen Zeitverhältnisse zwischen Rechenzeit und Kommunikationszeit recht unterschiedlich sind. Ein Teil der Terminologie kann daher aus dem Bereich des Lastausgleichs in vernetzten Systemen übernommen werden.

Lastausgleich

Lastausgleich ist ein automatisches Verfahren für die möglichst gleichmäßige Verteilung einer homogenen oder heterogenen Programmlast auf einem Rechnersystem mit parallelen Betriebsmitteln.

Lastausgleich im **Lastverbund** findet zwischen homogenen oder heterogenen parallelen Rechnersystemen statt mit dem Ziel, eine prinzipiell auf allen Elementen des Lastverbunds lauffähige Last möglichst gleichmäßig zu verteilen.

Lastausgleich im **Funktionsverbund** findet zwischen heterogenen Systemen mit disjunkten Eigenschaften statt, die sich im Verbund ergänzen.

Lastausgleich im **Zuverlässigkeitsverbund** findet statt zwischen heterogenen oder homogenen Systemen mit dem Ziel der möglichst gleichmäßigen Verteilung der Last unter Toleranz von auftretenden Systemfehlern in Hard- und/oder Software.

Lastausgleich im **Datenverbund** findet statt zwischen Rechnern, deren Daten aus technischen und/oder organisatorischen Gründen getrennt gehalten werden müssen.

Systemgesteuerter Lastausgleich

Systemgesteuerter Lastausgleich ist eine in die Systemsoftware und/oder -hardware integrierte Methode des Lastausgleichs, die für den Benutzer transparent ist.

Programmierter Lastausgleich

Programmierter Lastausgleich ist eine explizit vom Anwender in sein Programm integrierte Methode zum Lastausgleich.

Dynamischer Lastausgleich

Dynamischer Lastausgleich ist eine in die Laufzeitumgebung des Systems integrierte Methode zur Durchführung des Lastausgleichs zur Laufzeit.

Statischer Lastausgleich

Statischer Lastausgleich ist eine in die Systemsoftware integrierte Methode, die durch Programmanalyse zur Compilezeit (Profiling) und Datenabhängigkeitsanalyse eine feste Abbildung der Lastelemente auf die Betriebsmittel des Systems durchführt (mapping).
Universell programmierbare Multiprozessorsysteme bieten systemgesteuerten dynamischen Lastausgleich im Lastverbund. Programmierter Lastausgleich (z.B. Nachbarschaftshilfe [HäHe82]) wurde bereits seit längerer Zeit für Multiprozessorsysteme vorgeschlagen, führt jedoch zu zusätzlichem Aufwand im Anwendungsprogramm. Ein allgemeines, transparentes Verfahren ist vorzuziehen. Statischer Lastausgleich wurde in einer Vielzahl von Veröffentlichungen vorgeschlagen (vgl. [Cas88]), ist jedoch lediglich anwendbar, wenn das Verhalten der Anwendung zur

Übersetzungszeit vorhersagbar ist, und die Prozeßstruktur und Betriebssystemumgebung statisch ist.

Feinkörniger Lastausgleich

Feinkörniger Lastausgleich arbeitet auf der Ebene der Maschinenbefehle.

Grobkörniger Lastausgleich

Grobkörniger Lastausgleich arbeitet auf der Ebene von Prozessen (bzw. leichtgewichtigen Prozessen).

Lastausgleich zur Reduktion der Latenzzeit ...

ist eine Methode zur Reduktion der Laufzeit genau eines Anwendungsprogramms.

Lastausgleich zur Erhöhung des Durchsatzes ...

ist eine Methode um den Durchsatz eines Systems mit Multiuser/Multiprogramming zu erhöhen.

Feinkörniger Lastausgleich wird in statischer oder dynamischer Weise durch neue Prozessoren mit superpipelined oder superskalaren Eigenschaften angeboten werden (vgl. [Bod90]). Für Multiprozessorsysteme ist feinkörniger Lastausgleich nur sinnvoll im Zusammenhang mit der Nutzung eines gemeinsamen Speichers. Wegen der Latenzzeit bei der Kommunikation werden Multiprozessorsysteme mit verteiltem Speicher vornehmlich grobkörnigen Lastausgleich anbieten. Systeme mit virtuell gemeinsamem Speicher auf der Basis von physikalisch verteiltem Speicher [Hell90] sind heute für feinkörnigen Lastausgleich noch nicht hinreichend effizient. Lastausgleich für die Erhöhung des Durchsatzes und die Verringerung der Latenzzeit werden gemeinsame Ziele in Mehrbenutzer-Multiprozessorsystemen sein.

Im folgenden Abschnitt werden ausschließlich systemgesteuerte, dynamische Lastausgleichsverfahren für Mehrbenutzer-Multiprozessoren berücksichtigt (vgl. [BBHL90]).

Die Komponenten einer solchen Methode für den Lastausgleich sind:

- eine **Last-Ermittlungs-Komponente,**
- eine **Steuer- und Entscheidungs-Komponente,**
- eine **Lastverschiebungs-Komponente.**

Die Last-Ermittlungs-Komponente sammelt Laufzeitdaten auf den verteilten Betriebsmitteln des Systems und übergibt sie als Eingabe in die Steuer- und Entscheidungskomponente. Dabei werden Techniken des Hardware-, Software- oder Hybrid-Monitorings mit zentralisierter oder dezentralisierter Datenerfassung angewandt. Im Falle der verteilten Datensammlung wird ein Nachbarschaftsschema angewandt, das im allgemeinen eine Überlappung der Nachbarschaftsbereiche an den Rändern umfassen muß.

Die Steuer- und Entscheidungs-Komponente ist entweder zentralisiert oder verteilt und führt im wesentlichen die folgenden Aufgaben aus:

- Erkennung von Lastungleichheit,
- Suche nach Quell- und Ziel-Betriebsmitteln für die Lastverschiebung,
- Bestimmung des Lastelements für die Verschiebung,
- Beobachtung über die Stabilität des Verschiebungsprozesses.

Die Lastverschiebungs-Komponente verschiebt einen Teil der Last vom ausgewählten Quell- zum Ziel-Betriebsmittel. Bei grobkörnigem Lastausgleich wird entweder ein gesamter Prozeßkontext oder lediglich ein Prozeßkern von einem Prozessor auf einen anderen verschoben. Wird nur ein Prozeßkern verschoben, so müssen zusätzliche Elemente des Prozeßkontexts auf Anforderungsbasis (On-Demand) nachverschoben werden.

Hauptsächliche Quellen für Zeitverzögerungen (Overhead) bei dynamischem Lastausgleich sind:

- die physikalische Verschiebung des Prozesses bzw. seines Kerns,
- Verzögerungen von Nachrichten, die an den verschobenen Prozeß geschickt werden (in Nachrichten-orientierten Systemen),
- Umkonfigurierung des Nachrichtenversendens nach der Prozeßverschiebung.

Eine größere Anzahl von Algorithmen für die Steuer- und Entscheidungs-Komponente werden in [Cas88] und [BBHL90] beschrieben. Die im folgenden aufgezählten Verfahren stellen dabei teilweise lediglich Verfahren zur Lastbewertung, nicht jedoch zur Verschiebungsentscheidung zur Verfügung. Im einzelnen sind zu nennen:

- Ein adaptiver **Abfragealgorithmus** (Bidding-Algorithmus, [StSi84]) in Verbindung mit einem McCoulloch Pitts Auswerteverfahren, bei dem Inhibitoren berücksichtigt werden, die einer Lastverschiebung gegenüberstehen.
- Das **Gradientenmodell** [Like87], bei dem zunächst die Knoten in verschiedene Klassen nach ihrer Belastung eingeteilt werden, sodann Abstandswerte für alle Knoten zu potentiellen Verschiebungszielen in einem Gradientenvektor eingetragen

werden und die Verschiebung durch ein Relaxationsverfahren gelöst wird.
- Das **Schwellwert-Verfahren** mit Maximumsuche [Ise88], bei dem eine Verlagerung bei Überschreitung eines Schwellwerts durchgeführt wird.
- Das **Nachbarschaftsverfahren** (Neighbourhood Contracting, [Kal88]).
- Das **Baysian-Entscheidungsverfahren** nach [Sta85].
- **Lokale Verfahren** [LüMo89].

In [Cas88] werden - allerdings in einem etwas anderen Zusammenhang - weitere Unterscheidungen für Lastausgleichsmethoden vorgeschlagen.

Adaptiver Entscheidungsalgorithmus

Ein adaptiver Entscheidungsalgorithmus ändert während der Laufzeit des Lastausgleichsverfahrens die Entscheidungsmethoden bezüglich der Verlagerungsentscheidung in Abhängigkeit der Laufzeit und/oder Last. Ein adaptives Verfahren kann auch in der Lage sein, aus früher getroffenen Entscheidungen zu lernen (lernender Entscheidungsalgorithmus).

Ein nicht-adaptiver Entscheidungsalgorithmus ist dagegen ein Algorithmus, der die Verlagerungsentscheidungen auf Basis eines nicht-veränderbaren Vorgehens trifft.

Kontinuierlicher Entscheidungsalgorithmus

Ein kontinuierlicher Entscheidungsalgorithmus wird zur Laufzeit einer Last diese in regelmäßigen Abständen bzw. in Abhängigkeit der ermittelten Lastparameter zu verteilen versuchen.

Nicht-kontinuierliche Entscheidungsalgorithmen bilden Lastkomponenten nur einmalig auf die verteilten Betriebsmittel ab. Diese Aufgabe entspricht nicht dem eigentlichen Sinn des dynamischen Lastausgleichs. Sie wird für die erstmalige Abbildung einer Last auf verteilte Betriebsmittel benötigt (Mapping).

Optimaler Entscheidungsalgorithmus

Ein optimaler Entscheidungsalgorithmus führt eine optimale Verteilung der Last auf die verteilten Betriebsmittel unter Bezugnahme auf eine bestimmte Kostenfunktion durch.

Optimale Entscheidungsalgorithmen werden im allgemeinen nur bei statischem Lastausgleich realisierbar sein (jedoch mit exponentiellem Aufwand). Im Falle des dynamischen Lastausgleichs werden im allgemeinen suboptimale Verfahren eingesetzt.

3. Ein Testbed für dynamischen Lastausgleich

Im Sonderforschungsbereich 0342 "Methoden und Werkzeuge für die Nutzung paralleler Rechnerarchitekturen" an der Technischen Universität München wird derzeit ein Testbed für die Bewertung unterschiedlicher dynamischer Lastausgleichsmethoden auf Multiprozessorsystemen mit verteilten Speichern implementiert. Das Testbed setzt auf der hierarchischen, integrierten Werkzeugumgebung TOPSYS (TOols for Parallel SYStems, [BeBo91]) auf, die zunächst für Werkzeuge zum interaktiven Leistungsdebugging entwickelt wurde. Dabei entstanden Hilfsmittel für die Fehlersuche, die Leistungsanalyse, die Visualisierung und die Spezifikation paralleler Programme. Die Werkzeugumgebung umfaßt eine heterogene Monitorkomponente aus verteilten Hardware-, Software- und Hybridmonitoren. Diese Meßwerkzeuge werden nunmehr verwendet für die Lastermittlungskomponente des dynamischen Lastausgleichssystems. Die Anwendung von TOPSYS erfolgt für Programme, die mit Hilfe der parallelen Programmierbibliothek MMK [BeBo91] entwickelt werden. MMK erlaubt die ortstransparente Programmierung von parallelen Programmen grober Granularität für Multiprozessorsysteme mit verteilten Betriebsmitteln. Letztere ist Voraussetzung für den dynamischen Lastausgleich.

Das Testbed für den dynamischen Lastausgleich ist ein geschichtetes System, das, oberhalb der Ebene des Betriebssystems, getrennte Moduln für die Lastaufzeichnung, die Lastsammlung, die Entscheidungskomponente und die Lastverschiebungskomponente sowie die zugehörigen Kommunikationsschnittstellen zur Verfügung stellt. Insbesondere die Schnittstellen zwischen der Entscheidungskomponente und der Datensammlungs- sowie Verschiebungskomponente sind so gestaltet, daß auf einfache Weise unterschiedliche Entscheidungsalgorithmen in das Gesamtsystem integriert werden können und somit eine Bewertung der Leistungsfähigkeit der verschiedenen Verfahren (vgl. Abschnitt 3) ermöglicht wird. Die Implementierung des Testbeds ist noch nicht abgeschlossen.

Als erstes Element wurde die Verschiebungskomponente für die Verschiebung von Prozeßkern-Kontexten und die Weiterleitung von Nachrichten an verschobene Prozesse implementiert. Für die Verschiebung einer 4 KByte großen Seite von einem Quellknoten zu einem beliebigen Zielknoten des verwendeten Multiprozessors (iPSC/2 mit 32 Knotenprozessoren) wurde eine Gesamtverschiebungszeit von 2,7 Millisekunden gemessen. Diese Zeit beinhaltet alle Verwaltungsvorgänge zwischen dem Auftreten eines Migrationswunsches durch "Seite-fehlt"-Alarm bis zum Fortsetzen des verschobenen Prozesses auf den Zielknoten. Es ist dabei zu berücksichtigen, daß in die gemessene Zeit in großem Umfang die Leistungsfähigkeit der Verbindungsstruktur des Multiprozessorsystems eingeht. Die reine Übertragungszeit für eine 4 KByte große Nachricht beträgt im Fall des verwendeten Systems

2,25 Millisekunden, so daß als Overhead der Verschiebungskomponente lediglich ein Anteil von 22 % zu betrachten ist.

Für realistische Anwendungen ist die genannte Zeit sicher nicht tolerierbar. Ferner muß damit gerechnet werden, daß durch die Entscheidungskomponente eine weitere Verzögerungszeit bei der erstmaligen Verlagerung eines Lastelementes entsteht. Falls Software-Monitoring-Techniken verwendet werden, entsteht darüber hinaus zusätzlicher Aufwand für die Lastdatenermittlung. Angekündigte, deutlich schnellere Verbindungsstrukturen für Multiprozessorsysteme ([Rat91], [May91]) mit Übertragungsleistungen bis zu einem GByte pro Sekunde werden die reinen Verschiebungszeiten jedoch deutlich reduzieren. Die in [May91] genannten Multiprozessorsysteme mit Knotenprozessoren, die einen extrem schnellen Prozeßwechsel ermöglichen, werden darüber hinaus das Ausblenden der reinen Verlagerungszeit ermöglichen, und den dynamischen Lastausgleich mit der Zielsetzung des erhöhten Durchsatzes favorisieren. Wesentliches Ziel der Implementierung des Testbeds für den dynamischen Lastausgleich ist daher zunächst die Ermittlung der Laufzeitanteile, die durch die anderen Komponenten des dynamischen Lastausgleichssystems entstehen.

4. Literatur

[BBHL90] T. Bemmerl, A. Bode, O. Hansen, T. Ludwig: A Testbed for Dynamic Loadbalancing on Distributed Memory Multiprocessors, ESPRIT Project 2701 PUMA Working Paper, Nr. 14, WP 4.5, TU Munich, August 1990.

[BeBo91] T. Bemmerl, A. Bode: An Integrated Environment for Programming Distributed Memory Multiprocessors, In: [Bod91].

[Bod90] A. Bode: RISC-Architekturen, 2. Auflage, BI-Wissenschaftsverlag Mannheim, 1990.

[Bod91] A. Bode (ed.): Distributed Memory Computing, Berlin, Heidelberg, New York, Tokyo, Springer LNCS Vol. 487, 1991.

[Cas88] T.L. Casavant, J.G. Kulil: A Taxonomy of Scheduling in General-Purpose Distributed Computing Systems, IEEE Transactions on Software Engineering, Vol. 14, pp. 141 - 154, February 1988.

[HäHe82] W. Händler, W. Henning: Implementation of graph-theoretic algorithms on EGPA, private communication, Erlangen, 1982.

[Hell90] H. Hellwagner: A Survey of Virtually Shared Memory Schemes, SFB-Bericht 342/30/90 A, TU München, 1990.

[Ise88] R. Isermann: Identifikation dynamischer Systeme, Springer 1988.

[Kal88] L.V. Kale: Comparing the Performance of Two Dynamic Load Distribution Methods, Proc. Int. Conf. on Parallel Processing, Vol. I, 8 - 12, 1988.

[KaRa90]   R.M. Karp, V. Ramachandran: A survey of parallel algorithms for shared-memory machines, In: van Leuwen (Ed.): Handbook of Theoretical Computer Science, Amsterdam, North Holland, 1990.

[LiKe87]   F.C.H. Lin, R.M. Keller: The Gradient Model Load Balancing Method, IEEE T SE, 13, 1, 32 - 38, 1987.

[LüMo89]   R. Lüling, B. Monien: Two Strategies for Solving the Vertex Cover Problem on a Transputer Network, Universität Paderborn, 1989.

[May91]   D. May: The next Generation Transputers and Beyond, In: [Bod91].

[Rat91]   J. Rattner: The New Age of Supercomputing, In: [Bod91].

[Sta85]   J.A. Stankovic: An Application of Baysian Decision Theory to Decentralized Control of Job Scheduling, IEEE TC, TC-34, 2, 117 - 130, 1985.

[StSi84]   J.A. Stankovic, J.S. Sidhu: An Adaptive Bidding Algorithm for Processes, Clusters and Distributed Groups, Proc. 4th Int. Conf. on Distributed Computing Systems, IEEE Press, 49 - 59, 1984.

[Val90]   L.G. Valiant: A bridging model for parallel computation, CACM, Vol. 33, 8, pp. 103 - 111, August 1990

ECRC
Research Directions and Results

Gérard Comyn

ECRC

This presentation aims at describing ECRC's activities, goals, policies and strategies. It shows the fruitfulness of the choices made in the past in terms of technological transfer, publications and international reputation. It also stresses the importance of choices for the future, in accordance with the international context and the needs of the Shareholders.

1 ECRC's history and mission:

ECRC is an industrial research centre set up in January 1984 by Bull, ICL and Siemens. It now has about 75 employees: 56 full time researchers, a number of PhD students, a technical group and a small administrative team. More than 50% of the researchers hold doctorates. With 21 nationalities represented, ECRC is very international.

ECRC's research activities are focussed on declarative technologies applied to decision support systems. Information technology has traditionally been applied to the operational and accounting aspects of organisations. But it has shown little effective penetration as a tool for professionals who deal with the issues faced by the organisation rather than process routine transactions. They place enormous demands on the systems supporting their decision making processes. Developing the know-how in the field of Computer Aided Decision Making Systems (CADM), is then the prime focus of ECRC [Gal87].

ECRC's activities are based on a five to ten year perspective, concentrating on researching, integrating and delivering to its Shareholders the technologies required to support the model building and interaction aspects of CADM systems. This work integrates the deductive technology pioneered by ECRC into more sophisticated environments to be found in future systems.

2 ECRC's research directions and results

- Due to its versatility, its rich deductive capabilities, its sound semantics and the high level concepts it provides, Logic Programming has emerged as the main paradigm for the tools that ECRC has developed for building decision support systems. However it is clear that one framework alone cannot solve all problems. The aim of the research is to retain this sound basis of logic programming while extending the range of applications through the integration with other paradigms, e.g. constraints, concurrency, object-orientation and development of the appropriate programming environments.

  The CHIP (Constraint Handling In Prolog) technology was a major breakthrough in extending the applicability of Logic Programming [DVS88].It successfully combines the declarative aspects of Logic Programming with the efficiency of constraint solving techniques. It has shown its relevance in the solution of complex decision problems (planning, project management, production scheduling, diagnostics, hardware verification, investment planning, etc.) where different strategies and heuristics have to be tested (there are no general methods or algorithms) and where programs have to be flexible enough to adapt to rapidly changing requirements. CHIP is being absorbed in the product lines of all three shareholders of ECRC.

  More recently a new programming language called LO (Linear Objects) has been developed to give a logical account of object-oriented programming

[AP90]. This new language incorporates at the same time a process-oriented view on object-oriented programming and facilities for sharing and structuring knowledge. It provides a promising new approach to concurrent programming which will be exploited as a tool for distributed problem solving.

The research on extending the expressiveness of Logic Programming is completed by the research on improving its performance and its program environments. The SEPIA system, one of the most advances PROLOG systems currently in existence, is a result of these efforts [MAC89]. With the SEPIA system a new plateau has been reached which will be the basis for further developments, i.e. new extensions or new types of applications. More recent studies are based on techniques like abstract interpretation and program transformation. The debugging environment OPIUM [Duc88], integrated into SEPIA, offers at the same time the flexibility and high/level debugging strategies that are needed when developing programs in a declarative language such as PROLOG.

- Knowledge Bases will lie at the heart of most software systems, systems which they provide with power and flexibility. Deductive databases can be regarded as a first step towards future Knowledge Base Management Systems as they provide the user with deductive capabilities and offer the sound semantic base needed for further extensions. A persistent logic programming system accessing large databases (MEGALOG) has been designed, implemented and transferred to the mother companies. It provides a platform on which to construct higher level functionalities [Boc91]. More than 50 universities in the world have been provided with it so far.

A longer term project, EKS (ECRC Knowledge Base Management System), aims at integrating object oriented modeling facilities and deductive reasoning capabilities. It is becoming more and more accepted that both paradigms are not contradictory but complement each other. A first prototype called EKS/V1 has already been presented at several conferences [VBK90].

Furthermore ECRC participates in an ESPRIT Basic Research Action (Computational Logic) which aims at developing the foundations for an integrated, logic-based software environment for building knowledge-rich applications. ECRC concentrates on knowledge assimilation and the evolution of a single theory over time (database updates, integrity checking, belief revision, incremental program development) [Man90, Bry90]. This basic research action was recently extended to an EEC network of excellence combining more than 40 European research centres in the field. ECRC has been selected as one of the five coordinating nodes and is expected to coordinate basic research in knowledge bases.

- Interacting with the complex systems necessary for assisting the decision-making process is another field of research. Among ECRC's main objectives is to build interactive systems and to develop graphic interfaces tailored to specific applications. The latest result in this domain is the User Interface Management System called TUBE [HH89]. It simplifies the task of the user who wants to produce interfaces following the paradigm of "graphical direct manipulation". It factors out the most tedious parts of the interface construction, the management of the screen and the specification (coding) of the dialogue part of the interface. TUBE was used to realise an interface for Knowledge Base Management Systems. This interface, called PASTA 3, was transferred to the shareholder companies.

One of the key positions of the TUBE system is that it allows application designers to define an arbitrarily abstract model of the interaction with the user. TUBE supports the connection with applications written in different languages. Once the user interface is configured, a library and a protocol of communication are made available for the application running under a separate UNIX process. The future goal is then to develop languages that combine the ability to implement complex systems in abstract and declarative terms (as supported for instance by logic and functional approaches) with the ability to deal with concurrency and in particular with distributed and parallel systems.

- Parallelism and distribution are other important fields of activity as most of the solutions proposed in the decision making area should work on parallel machines or distributed systems. ECRC's activity in this domain is supported by the EDS (European Declarative System) ESPRIT project which aims at building multiprocessor machines which essentially run database management languages and parallel languages adding value to the database exploitations such as parallel LISP (developed at Siemens) and parallel PROLOG (developed at ECRC). ECRC's activities in this field can be summarised as follows:

  - ELiPSys System: It aims at developing a platform for the development of complex knowledge-base applications, such as computer aided decision support systems [VXD91]. This platform integrates Logic Programming, constraint problem solving and knowledge-base management systems in a framework that allows parallel execution

  - Operating systems design: Hardware trends suggest that future parallel machines will have a physically distributed memory architecture. Software trends indicate that parallel execution models will require logically shared memory. These interfaces that allow such physically distributed shared memory will be the key to successful parallel processing systems. ECRC's participation consists in designing the distributed shared memory interface for the EDS kernel (designed by Siemens). Furthermore

ECRC participates in the evaluation of the EDS DB system, in designing and coding a simulation system.

– Tools and applications: Several tools to efficiently help the users of parallel systems do not yet exist, in particular efficient debuggers are needed. These tools are tested on applications like those built in collaboration with the Imperial Cancer Research Fund (ICRF) in the UK and with the Argonne National Laboratory (ANL) in the USA.

3 Conclusion

The results obtained by ECRC can be measured from an industrial point of view (results transferred to the mother companies, products or ideas resulting from ECRC's activities) and from an academic point of view (number of publications, ECRC's researchers invited to join scientific committees). The success of this joint venture has been proved, as well as the ability of the Shareholders to collaborate on long term objectives. Furthermore the European projects have shown ECRC's importance from both the academic and he industrial point of view. The problem is now to update the structure and to evolve a world-wide collaboration to help the Shareholders in solving problems which are no longer purely European.

Bibliography

[Gal87]   H. Gallaire: "ECRC: A Joint Industrial Research Centre", in: *Future Generations Computer Systems* North-Holland (1987)3, pp. 279 - 283.

[DVS88] M. Dincbas, P. Van Hentenryck, H. Simonis, A. Aggoun, T. Graf, F. Berthier: "The Constraint Logic Programming Language CHIP", in: *Proceedings FGCS '88*, Tokyo (1988), pp. 693 - 702.

[AP90]   J.M. Andreoli, R. Pareschi: "Linear Objects: Logical Processes with Built-In Inheritance", in: *New Generation Computing* (1990, to appear), Special issue, collected papers from ICLP '90.

[MAC89] M. Meier, A. Aggoun, D. Chan, P. Dufresne, R. Enders, D. Henry de Villeneuve, A. Herold, P. Kay, B. Perez, E. van Rossum, J. Schimpf: "SEPIA - An Extendible Prolog System", in: *Proceedings of the 11th World Computer Congress IFIP '89*, San Francisco (1989).

[Duc88]   M. Ducassé: "Opium+, a Meta-Debugger for Prolog", in: *Proceedings of the European Conference on Artificial Intelligence*, Munich (1988), pp. 272-277.

[Boc91]   J. Bocca: "A Platform for Developing Knowledge Base Management Systems", in: *Proceedings of the 2nd International Symposium on Database Systems for Advanced Applications (DASFAA)*, Tokyo (1991).

[VBK90] L. Vieille, P. Bayer, V. Küchenhoff, A. Lefebvre: "EKS/V1, A Short Overview", in: *Proceedings AAAI Workshop on Knowledge Base Management Systems*, Boston (1990).

[Man90] R. Manthey: "Integrity and Recursion: Two Key Issues for Deductive Databases", in: *Proceedings of the 1st Workshop on Information Systems and Artificial Intelligence: Integration Aspects*, Springer Verlag, LNCS 474, Ulm (1990).

[Bry90]   F. Bry: "Query Evaluation in Deductive Databases: Bottom-Up and Top-Down Reconciled", in: *Data and Knowledge Engineering*, (1990) 5 (4).

[HH89]   R. Hill, M. Herrmann: "The Structure of TUBE: A Tool for Implementing Advanced User Interfaces", in: W. Hausmann, F.R.A. Hopgood,W. Strasser (edt): *EUROGRAPHICS*, Elsevier Science Publishers, pp 15 - 25.

[VXD91]   A. Veron, J. Xu, S. Delgado-Rannauro, K. Schuermann: "Virtual Memory Support for Parallel Logic Programming Systems", in: *Proceedings of PARLE* (to be published), (1991).

10 Jahre Informatik und Software an zentraler Stelle im Haus Siemens

Hans Günter Danielmeyer

Siemens AG

Die Gründung des Hauptbereiches "Zentrale Aufgaben Informationstechnik" vor 10 Jahren war ein konsequenter Schritt der Unternehmensleitung, im Haus ein Center of Competence für Informatik und Software aufzubauen. Zwar gab es bereits im damaligen Unternehmensbereich Kommunikationstechnik langjährige Erfahrung in der Entwicklung von Computersystemen der oberen Leistungsklasse, es wurde aber immer klarer, daß zur Unterstützung der Systembereiche eine Stelle geschaffen werden mußte, die Ergebnisse der Informatik- und Software-Forschung zentral zu bewerten und zum Nutzen der Bereiche umzusetzen hatte.

Es war sicher nicht ganz einfach, in einem stark forschungsorientierten Bereich wie dem damaligen Zentralbereich Technik, in dem die materialorientierten Wissenschaften dominierten und für die Mikroelektronik grundlegende Vorarbeiten durchgeführt wurden, eine Gruppe zu installieren, die einerseits in enger Anlehnung an die Bereiche pragmatische Lösungen erarbeiten mußte, andererseits in einem nur partiell geordneten Vorfeld kreative Akzente zu setzen. In diesem von anfänglichem Pioniergeist geprägten Spannungsfeld kristallisierten sich bald die Schwerpunkte heraus, mit denen die Position und das Ansehen dieser zentralen Gruppe wachsen konnte:

In den Anfängen wurden mit dem Bau von Compilern (CHILL, Pascal, Ada) die Ergebnisse einer ausgereiften Technologie in für die Bereiche wichtige Produkte umgesetzt. In der zweiten Phase konnten auf dem Gebiet des Computer Aided Design (PRIMUS, VENUS, HERA) technologisch neue Wege beschritten, und die in der Anfangsphase erarbeiteten Konzepte des Projektmanagements für große Software-Systeme konsequent eingeführt werden. Die Simulation wurde als eines der wesentlichen kostensparenden Verfahren für die Bewertung von Systemen und Prozessen produktreif entwickelt. Davon profitierte insbesondere die gesamte Siliziumprozeßtechnologie des Hauses.

Immer deutlicher wurde die Auseinandersetzung mit der Anwendung selbst. So war und ist es nur konsequent, daß sich ZFE IS bei der Entwicklung des Breitband-ISDN-Systems beteiligt und seinen Beitrag sowohl im Transfer von Standardtechnologien, aber auch in der Erprobung neuer technischer Konzepte in der produktnahen Entwicklung liefert.

In dieser Liste, die nur eine kleine, auch subjektive Auswahl von konkreten Aufgaben darstellt, die im Laufe der Jahre zur Zufriedenheit der Bereiche abgewickelt wurde, wird die Rolle als Technologielieferant für das Haus deutlich.

Diese Rolle impliziert für die Disziplinen Informatik und Software eine permanente Auseinandersetzung mit traditionell gewachsenen Verfahren und Produkten. Vor allem die großen Mengen an Software, die ein enormes Investitionsvolumen binden, lassen nur äußerst behutsame Verbesserungen in kleinen Schritten oder aber radikalen Neubeginn *from scratch* zu. Beides erfordert ein sehr subtiles Verständnis des Umfeldes. Wegen des immer stärkeren Anstiegs des Anteils von Informatik und Software an der Wertschöpfung erfordert letzteres von den Mitarbeitern in ZFE IS ein Höchstmaß an Flexibilität.

Bezeichnenderweise hat die Hauptabteilung Informatik und Software eine überdurchschnittliche Fluktuationsrate, da Fachleute in Informatik und Software im Haus verstärkt gebraucht werden. Damit eng korrelat ist auch das geringe Durchschnittsalter der Mannschaft.

Informatik und Software als junge Disziplin eröffnet geradezu unerschöpfliche Möglichkeiten für Innovationen: ZTI bzw. ZFE IS hat über die letzten 10 Jahre hinweg wesentliche Impulse für wichtige Innovationsentscheidungen des Hauses geliefert. Zu nennen wären hier - wieder nur unvollständig - die Erprobung grafikfähiger Arbeitsplatzrechner und deren Kopplung über lokale Netze, die Einführungsunterstützung für UNIX (Clearingstelle), die Behandlung von Sicherheitsaspekten in Kommunikationsnetzen und -systemen, die Adaption der Ergebnisse der KI-Forschung für industriell- bzw. organisationsorientierte Anwendungen, die Konzeption und Bewertung neuer Rechnerarchitekturen, die Erschließung neuer multimedialer Kommunikationstechniken.

Die Rolle als Innovationstreiber kann nur funktionieren, wenn aufkeimende Neuentwicklungen frühzeitig erkannt und durch gezielte Fokussierung der immer knappen Ressourcen aufgearbeitet werden. Die Einordnung der eigenen Arbeiten in den Rahmen der Kerntechnologien war ein wichtiger Schritt für die Bewertung der eigenen Position im Wettbewerb und die Zuteilung von Ressourcen. Das Erkennen von sich abzeichnenden Trends ist in den Disziplinen Informatik und Software von eigenem Charakter, da der treibende Technologiemarkt eindeutig in den USA liegt. So war es sinnvoll, oft sogar notwendig, Kooperationsvereinbarungen mit führenden amerikanischen Hochschulen einzugehen. MIT, Carnegie-Mellon und Berkeley gehören heute zu den bedeutenden Technologiequellen, aus denen auch das explorative Vorfeld in ZFE IS gespeist wird. Diese Kontakte herzustellen und dauerhaft zu pflegen ist dank dem persönlichen Engagement von Professor Schwärtzel und seinen Mitarbeitern gelungen.

An dieser Stelle muß die Leistung von Professor Schwärtzel, der den Aufbau der Hauptabteilung mit großem persönlichen Engagement konzipiert und realisiert hat und sie bis heute führt, angemessen gewürdigt werden. Professor Schwärtzel hat die Bedeutung der Informatik und Software für das Haus frühzeitig erkannt und die Unterstützung des Unternehmens zielstrebig zu seiner Aufgabe gemacht: Sein Rat und die Ergebnisse der von ihm geführten Hauptabteilung werden von den Bereichen geschätzt. Beides kommt damit auch dem Ansehen der Zentralabteilung Forschung und Entwicklung zugute.

Neben den Rollen als Technologielieferant und Innovationstreiber für das Haus liefert ZFE IS Beiträge zum explorativen Vorfeld. Beispielhaft erwähnt werden sollen hier nun die formalen Techniken zur Software-Erstellung (CARTESIANA), die Sprachverarbeitung (SPICOS) und Arbeiten zur Bildverarbeitung.

In Informatik und Software gestaltet sich wissenschaftliche Pionierarbeit mit Anwendungsbezug äußerst schwierig: Als eine junge Disziplin ist das Gedankengebäude noch sehr heterogen und an vielen Stellen unvollständig. Theorie (state of the art) und Praxis (state of practice) klaffen in einigen Bereichen noch sehr weit auseinander. Erschwerend kommt hinzu, daß der Markt in immer mehr Anwendungsfeldern und zunehmend komplexeren Strukturen nach praktikablen und transparenten Lösungen verlangt. Hier eine ausgewogene Mischung von gleichermaßen anspruchsvollen Forschungs- wie praxisnahen Transferthemen zu formulieren, ist bislang gut gelungen. Nur so rechtfertigt sich auch die Einbindung in eine zentrale Forschungs- und Entwicklungsabteilung wie der ZFE.

Im Rahmen des vorwettbewerblichen Themenspektrums konnte sich ZFE IS überdurchschnittlich an Förderprojekten des Bundes und der EG beteiligen. Beides entlastete nicht nur den immer knapper werdenden Finanzierungsrahmen, sondern brachte auch ein Höchstmaß an Ergebnissen bei relativ geringer Eigenleistung durch die Nutzung gemeinsamer Ressourcen und Erfahrung in der Durchführung multinationaler Projekte. Letzteres ist im Hinblick auf die Globalisierung des Hauses besonders hervorhebenswert. Aufbauend auf diesen Erfahrungen werden derzeit auch Kooperationen mit amerikanischen und japanischen Instituten vorbereitet. Daneben ist ZFE IS aktiv am Aufbau der Forschung in Informatik und Software in den neuen Bundesländern und der Sowjetunion beteiligt.

10 Jahre Informatik und Software an zentraler Stelle des Hauses heißt auch, zu sehen, wo unbewältigte Herausforderungen vorhanden sind. Rückblickend betrachtet, sind keine durchschlagenden Erfolge in der Bewältigung der Software-Krise zu verzeichnen, trotz der vielen kleinen Fort-„Schritte" und der wenigen echten Quantensprünge. Hier liegt noch ein großes Betätigungsfeld im Vorfeld und in der Umsetzung evtl. sich abzeichnender Lösungen. Daneben wächst der Bedarf an Software und Ergebnissen der Informatikforschung überproportional. Hier sind neue Wege zu suchen und diese den Bereichen aufzuzeigen. Informatik und Software ist und bleibt eine große Herausforderung und Aufgabe für eine zentrale Forschung und Entwicklung bei Siemens.

Conventional and Connectionist Parallel Computation

Jerome A. Feldman and the ICSI staff
ICSI

1   Introduction

It has been clear for many years that parallelism is the cornerstone of future computing. What has been much less clear is how to achieve high degrees of parallelism in a practical way. In the standard formulation there is an inherent dilemma facing the designers and users of highly parallel systems. It is relatively easy and efficient to build loosely coupled systems where each processor works exclusively on local data. But this is exactly the kind of system that has proven most difficult to program, except in some special problems that naturally separate. Much of the current research effort in computer systems is concerned with ways of efficiently providing the illusion of shared memory in a distributed machine [TSF90].

Connectionist models present a radically different way to view the problem of highly parallel computation. Rather than trying to program a task into a moderate number of pieces, a connectionist approach will try to reformulate the task for an abstract machine more like a neural network. One imagines a very large number of simple computing units, each potentially connected to a large number of others, but passing only simple messages along the connection links. There are some general similarities to data flow formulations [CSSVW90], but things turn out rather different in practice. For connectionist models, as for any computational formalism, there are two critical questions:

1) How well can the desired computations be expressed?

2) How efficiently can the model be executed?

We are only beginning to understand how these questions are answered for connectionist models, but what we have learned is having a profound effect on how we view computation. Most of the research to date has focussed on question 1 - coding, but we will here deal mainly with the second question - realization of connectionist models. Of course, the realization question is of no interest if a formalism has no advantage for describing computation. As is well known, many of the most difficult tasks in artificial intelligence and related areas have been difficult to program in conventional ways. Since animal brains have a connectionist architecture there is reason to hope that it will be easier to code intelligent systems in connectionist models. In fact, there is now considerable evidence that connectionist models do provide an excellent way to describe certain classes of computation. It is also true that the simple architecture of connectionist models makes it much easier to provide them with a degree of adaptivity, although not yet enough to justify so grand a term as 'learning'.

But a major problem with applying connectionist systems (or PDP models or neural nets) is that they are terribly inefficient when simulated on conventional serial computers. At one time people thought about trying to directly build general connectionist models, but it is easy to see that this will not work except in very special cases [HA90]. The basic difficulty is that foreseeable hardware techniques can not directly implement the large and sparse connectivity that is required. This leads us to the somewhat paradoxical situation that gave rise to the title of this paper – efficient realization of connectionist models will rely on conventional parallel systems and their variants. But the paradox is somewhat symmetric – it may well be that connectionist models permit the mapping of new problems to highly parallel computers. Although there are many research efforts addressing pieces of this puzzle, very few are attacking the whole problem of relating connectionist and conventional parallel computation. This article outlines one such effort at the International Computer Science Institute (ICSI).

No serious work on computer systems can be done in the absence of applications. The applications efforts at ICSI cover a wide range of connectionist tasks in areas such as speech, vision, knowledge representation, inference, natural language and learning. We believe the coverage is broad enough that our system designs have a good chance to be widely usable. Our efforts to design efficient ways of expressing and carrying out connectionist models have led to a number of subtasks that interact in ways that we did not at all anticipate.

2   The RAP simulation engine

Our first connectionist hardware project was the construction of the
RAP (Ring Array Processor) for rapid simulation of layered feed-
forward networks [MO90b]. We know that this only covers a subset
of the problems, but it is an important subset and one that is central
to our efforts in speech recognition. This system is based on powerful floating-point programmable Digital Signal Processor (DSP) chips
(the TI TMS320C30) connected by a distribution ring which can shift
data between processors at high speed with minimal processor intervention.

Figure 1 shows the major elements of RAP node. Each mode consists of a DSP chip, the local memory associated with that node, a
simple 2-register pipeline and handshake for ring communication (implemented on a programmable gate array or PGA), and a very small
amount of miscellaneous control logic; almost all packages are processors, memory, and PGAs. Four interconnected nodes are contained
on a single circuit board, with the internode busses also brought to
connectors at the board front edge. At the next higher level, several
boards are plugged into a common backplane bus (VME) with all ring
busses connected using flat ribbon cable. The user interface to the
RAP is through a Sun CPU board which is plugged into the same
VME bus, or using NFS to access a daemon running on that CPU
from over the Ethernet.

Ring communication architectures can deliver high bandwidth with
minimal hardware overhead by using simple hardware semaphores to
implement a pipelined data flow. The RAP's pipeline communication
ring has been implemented with Programmable Gate Arrays. These
single 175-pin devices contain most of the inter-node wiring complexity of a communication pipeline stage, yet they are fast enough to
implement short hand-shake protocols in a single RAP cycle. In addition, because of the availability of 640 reconfigurable logic blocks
within the chip, other modifications to the data transfer protocol can
be added at a later time. Programmable gate arrays have also been
used to interface the processors to their local memories. One gate
array per processor node multiplexes the address lines and generates the address strobes as required by the DRAMs, and controls
access and provides data buffering for the VME system to the node
memory. Through the use of these circuits it has been possible to

fit 4 processors, 16 MBytes of dynamic memory (upgradeable to 64 MBytes), 1 MByte static memory, and the pipeline communication logic on one board. Our prototype design has a peak performance of 128 MFlops/board, and expected communication overhead of no more than 10-20% for algorithms of current interest. Several six-layer printed circuit boards have been completed and have been successfully programmed to implement a number of functions including common matrix-vector library routines, and the forward and backward phases of back-propagation. For a large enough dimension, basic routines approach 100% efficiency, and the single RAP board is roughly 50 times the speed of a Sun SparcStation 1 running the same benchmark. For smaller problems, such as the 32x32 case, the more generally useful "parameterized" routine (for which the dimension is a passed parameter) gives at most a 25% efficiency loss. Similarly, for the larger networks, the forward propagation performance becomes almost identical to the matrix-vector multiply (which is $O(N^2)$), since the sigmoid calculation (which is $O(N)$) becomes inconsequential in comparison. We anticipate that the system should scale up slightly, but not beyond about eight boards (32 processors). The current system has run large speech recognition training problems on a 3-board RAP, and performance for these tasks has scaled roughly linearly for the large problems currently of interest, which compute roughly 200,000 to 400,000 connections for each speech input frame. Figure 2 shows the performance of 1, 2, and 3 board configurations on problems of varying size. The top, flat, curve in each case is the idealized performance. The second in each group is the performance on simple multiply-accumulate loops and the third on actual connectionist simulations. One can see that the RAP approaches ideal performance for problems of the scale we actually use. A new fabrication run has begun, which will yield 10 more boards. The RAP was designed by Jim Beck, Nelson Morgan and Joachim Beer. The software was designed and built by Eric Allman, Jeff Bilmes and Phil Kohn. The benchmark tests were performed by Phil Kohn, Nelson Morgan and Chuck Wooters.

RAP Software development is aided by a Sun-workstation-based command interpreter, tools from the standard C environment and a library of matrix and vector routines [BK90]. The latter routines are written in TI assembly language to optimize performance, but still are parameterized routines so that matrices and vectors of varying sizes can be accommodated. A user programming the RAP produces either C source or TI assembler code using a text editor. This code is then compiled (and/or assembled) by the TI software tools and is then linked with the RAP library, all running on a Sun workstation. This produces an executable TMS320C30 file ready for loading. Using the command interpreter (RAPMC), a user can load executable files to the RAP and control the execution and debugging either globally or on a per-processor basis. Multiple RAPMCs may be used to direct text output from particular RAP nodes to separate windows.

The prototype system has now been used for a series of studies in feature extraction for continuous speech recognition [MB, MHWKB]. We have experimented with a number of connectionist architectures, but one of the most successful has been a simple but large network that was referred to above as the 234− > 1024− > 61 architecture. This net consisted of the following components:

1. Input layer − 9 groups of 26 inputs, one for the current 10 msec frame of speech and one for each of four frames into the past and future (i.e., a 9-frame window of temporal context). The inputs for each frame were 13 coefficients from a Perceptual Linear Prediction (PLP) analysis [HE90], and 13 coefficients from an estimate of the instantaneous temporal slope of these coefficients.

2. Hidden layer − 1024 units that receive connections from all input units. Experiments showed that significant performance could be seen for increases in hidden layer size for up to this number.

3. Output layer − 61 units, corresponding to 61 phonetic classes, receiving connections from all hidden units.

As described above, the primary target application for the RAP was back-propagation training of layered neural networks. However, we did not build special-purpose integrated circuits, which could have had a considerable speed advantage, because we wanted a programmable machine. While our current uses for the RAP continue to be dominated by back-propagation, we are able to modify the network algorithm daily for our experiments. Furthermore, we have experimented with using the RAP for computations such as the generation of Mandelbrot and Julia sets, computation of radial basis functions and optimization of multidimensional Gaussian mixtures by a discriminative criterion, and for dynamic programming. We also have used the RAP for calculation of dynamic features (first, second, and third temporal derivatives) to feed the layered network. While the topology has

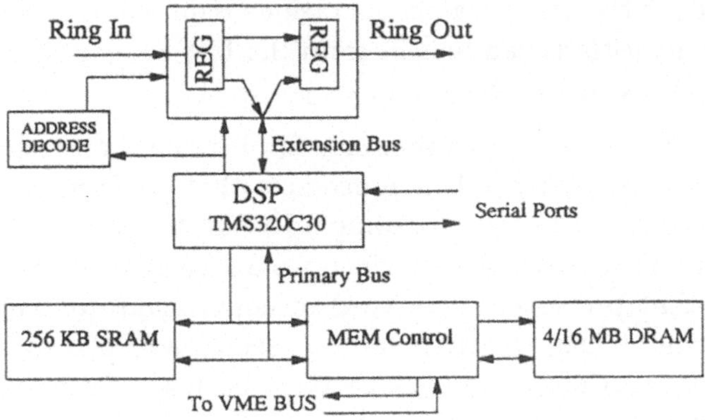

Figure 1

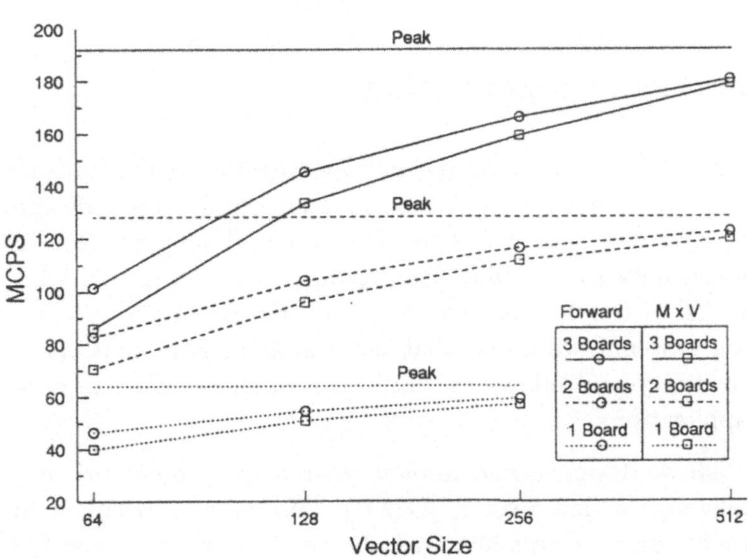

Figure 2

been optimized for the block matrix operations required in backpropagation, many algorithms can benefit from the fast computation and communication provided by the RAP.

In the case of dynamic programming, for instance, we currently treat a board as four independent processors that perform recognition on different sentences, thus speeding up a batch run by four. For real-time operation, the reference lexicon would be split up between processors, so that processors only need to commmunicate once for each speech frame. Thus, the RAP can be used as a SPMD machine (for our matrix operations, as in back-propagation), as a farm of separate SISD machines, requiring essentially no inter-communication (as in our current use for offline dynamic programming), or as a MIMD machine with simple and infrequent communication (as in the dynamic programming case for distributed lexicon). Software is being developed to support all of these modes [BK90].

3   Higher level programming

As part of our effort towards more general connectionist realizations, we became involved in object oriented language and library design. One motivating factor was the hope that we could support libraries of connectionist network modules that could be assembled like VLSI building blocks. After looking carefully at existing object-oriented programming systems, we found that none had the combinations of elegance, flexibility and efficiency that we needed for connectionist and other applications.

During 1990 we designed and implemented a new object–oriented computer language called Sather, [OM91]. Sather was designed by Stephen Omohundro and was heavily influenced by the language Eiffel. The two primary goals of Sather are efficiency and reusability. The Sather compiler generates efficient C code and easily links with existing C code. This allows it to have C's portability and efficiency without adopting its complexities and dangers (some have suggested that C is really a portable assembly language).

The last few decades have shown the critical importance of reusability in the development of large software systems. Because effort is amortized over many projects, reusable code is more likely to be thoroughly debugged and to be written with more care and concern for efficiency. Reusable components allow the construction of systems of far greater complexity with **given resources**. The traditional libraries in languages like C allow new code to call old code, but do not easily allow old code to call new code. Sather provides two related mechanisms for old code to call **new code**. Parameterized classes allow the compiler to optimize such calls while object-oriented dispatch is a run-time mechanism which gives more flexibility at the expense of some efficiency. The key to both of these mechanisms is encapsulation of functionality into classes.

Sather attempts to support these two mechanisms as efficiently and simply as possible. The other aspects of the design were influenced by the envisioned usage. It is primarily aimed at small groups of competent researchers working on applications rather than systems programming. It does not attempt to be completely typesafe but does try to catch most common errors during compilation. It tries to be very compatible with user C code and C libraries and to not sacrifice the efficiency of C. It efficiently supports numerical computations. The first implementation assumes a 32 bit Unix machine with sufficient memory.

Sather focuses more on efficiency and less on some of the formal and theoretical issues addressed by Eiffel. Doing our own implementation has allowed us to maintain quality control and requirements for efficiency and allows us to further develop a parallel version of the language. Our aim has been to keep the language small but to develop an extensive class library. We would like to establish a repository for efficient, reusable, well written, publicly available classes for most of the important algorithms in computer science. There are currently about 120 classes in the library covering basic algorithms and data structures, numerical tasks, geometric tasks, connectionist architectures, graphics, statistics and other areas. We recently made a preliminary announcement of the language and libraries and over 350 sites have expressed interest. Many outside institutions have offered to contribute class libraries in their areas of expertise.

Sather code is compiled into portable C and efficiently links with existing C code. The Sather compiler was written in Sather by Chu-Cheow Lim. It has been operational for several months, though it is still being improved. Preliminary benchmarks show a performance improvement over Eiffel of between a factor of 4 and 50 on basic dispatching and function calls. On the Stanford Self benchmarks (including 8 queens, towers of Hanoi, bubblesort, etc), Sather is slightly faster than C++, although this is probably due to the C compiler's better ability to optimize for a Sparcstation than the C++ compiler.

Jeff Bilmes is working on a Sather debugger based on GDB from the Free Software Foundation. Heinz Schmidt has been developing user interface classes for the Open Look XView toolkit that runs under X windows. Stephen Omohundro wrote a Sather editing mode for GNU Emacs which Heinz Schmidt and others are extending to an entire programming environment. Class development is proceeding in many different areas. We expect to make a Beta test version of the compiler and classes available sometime in 1991. An effort to design a parallel version for shared memory machines has been led by Jerry Feldman and Franco Mazzanti and the implementation effort for this version is beginning. One major use of Sather is in the latest version of our connectionist simulator, ICSIM.

In a highly exploratory field of research like that of artificial neural nets, simulation seems to be the only prototyping technique combining sufficient flexibility and acceptable cost. Flexibility is an essential, due to the different mathematical models underlying neural nets, the different network architectures and applications and also due to the experimental character of most research projects. Different simulators serve different purposes ranging from modeling bio-chemical processes in the human brain to developing structured connectionist models of artificial memory, recognition and reasoning processes. Efficiency is equally important; the simulation of the conceptually massively parallel nets, for instance in real-time speech recognition, may take hours on sequential machines.

Existing simulators like the Rochester simulator [FE88] or Genesis [WI89] lack the ability to deal with nets in a modular fashion supporting the partial resuse of existing prototype nets. Moreover they often started off as simulators with a textual interface and a graphic interface for visualization of net behavior and performance is either missing or put on top of the textual dialogue interface. This compromises extensibility. For instance, if new types of nets are added, the command language and the related modules may also need to be extended.

Some form of interactive, incremental prototyping is necessary to allow the user to change the representation and/or structure of nets during a simulation. This is particularly important in case of long simulation runs. Otherwise, in a non-incremental environment, these long runs tend to repeat - in a different branch of computer science – the problems of the batch-oriented software development style of the early seventies with their long turn-around time in a slow 'edit-compile-run-debug' cycle.

We believe that most of the above requirements related to extensibility, reuse and incrementality can be met by an object-oriented design of the simulator. In the decentralized view of objects, functionality is organized along the dimension of data types. The uniformity of the 'message passing metaphor' is independent of whether messages are implemented by procedure calls or real message passing in the sense of communications between processes. Message passing lends itself not only to support command-language-like interfaces in an incremental prototyping environment but also to integrate separate tools driving the simulator in a less incremental fashion as a back-end via procedure call interfaces. Finally the abstract data type paradigm embodied in object-oriented languages provides acceptable high-level mechanisms that have advantages over special purposes languages for declaring net topology and interconnections.

In the short range future, we expect network sizes in the range of some hundred thousands of units. Although larger nets are conceivable theoretically and, as nature suggests, realistic, the technology to deal with heterogeneous nets of such size does not yet exist. For nets of some hundred thousands units, eficiency must be addressed by parallel hardware combined with a dedicated selection of data representations to reduce storage requirements and the resulting paging and garbage collection overhead. Data structure selection and hiding of the chosen data representation is also naturally addressed by the abstract data type approach inherent in object-oriented languages. Parallelism of heterogeneous collections of objects comes naturally in object-oriented terms and while the hope is that an object-oriented approach to parallel simulation will lend itself to the development of massivley parallel applications, this is the topic of ongoing research in the field of concurrent object-oriented languages.

Summarizing, the design of the ICSIM simulator tries to achieve the following goals:

1. Support some novel connectionist network concepts, especially: modular architectures, shared structures (e.g. shared weights), and learning.

2. Provide simple means to extend and/or add types of networks and types of units.

3. Permit incremental (during simulation) and non-incremental construciton of networks, size change and restructuring of networks.

As a means to achieve these goals we have chosen to:

1. shift the conceptual forcus from units to nets, and from global and sequential execution to local and asynchronous execution;

2. combine flexibility of object-oriented design with efficiency by virtualization of structures (e.g. virtual connections), parallel execution, dedicated processing, e.g. downloading nets to dedicated hardware such as the RAP.

An object-oriented language was chosen because the object-oriented approach facilitates flexibility, extensibility, modularization, and efficiency. These criteria are very important for a simulator in a highly exploratory field of research such as the design of artificial neural nets. Flexibility is important due to the different mathematical models underlying neural nets and the different network architectures and applications. Efficiency is equally important due to the conceptually massively parallel computation. For instance, the simulation of real-time speech recognition methods on sequential machines may take hours. Ultimately efficient simulation must be achieved by parallelizing it. This goal requires consideration in the design of ICSIM right from the beginning in order to allow simulation objects to be distributed on different processors with ease. The implementation realizes modular composition of nets. The approach is partly synthetic in that pre-defined incomplete library classes can be combined and instantiated to form a complete working model to be simulated. Fast prototyping can also be accomplished by modifying complete and working library classes to derive new net behavior.

Figure 3 presents the basic ICSIM code for specifying a simulation of a connectionist map coloring network. A 'country' is represented as a subnetwork where each node strongly inhibits each other, so that only one 'color' will be active at the end. The units are of

```
class COL4 is
      constant strong_inhibit:REAL := -5.0;
      constant weak_inhibit:REAL := -1.0;
 end;

class COL4UNIT is SIGMOID_UNIT;
   compute is
     potential := 20*( accumulated_input - RND::unif*COL4::strong_inhibit )+.5
   end;

   fixpointp:BOOL is
      in: REAL := accumulated_input;
      res := ( in <= COL4::strong_inhibit and output < 0.3 ) or
             ( in = 0.0 and output > 0.7 )
   end;
end;

 class COL4REG is NET1D {COL4UNIT};
   country: INT;                      -- a name for describe

   init is
      net1d_init_sized(4);       -- create and initialize four color units
      complete_connect(COL4::strong_inhibit); -- strong mutual exclusion
   end;

   crt_component(i:INT): COL4UNIT is -- called back by NET1D crt protocol
      res := COL4UNIT::crt;
   end;
end;

class COL4NET is NET1D {COL4REG};
      neighbor(i,j:INT) is -- connect two regions as neighbors
        components[i].bus_connect(components[j],COL4::weak_inhibit);
        components[j].bus_connect(components[i],COL4::weak_inhibit);
      end;

   init is
        net1d_init_sized(5);              -- create 6 regions
        neighbor(0,1); neighbor(0,5);   -- connect them
        neighbor(1,2); neighbor(1,4); neighbor(1,5);
        neighbor(2,3);  neighbor(3,4); neighbor(4,5);
        select_async_mode(1);
      end;

   crt_component(i:INT): COL4REG is -- called back by NET1D crt protocol
      res := COL4REG::crt;  res.country := i;
   end;
end;

class COL4_TST is
   main is
      net:COL4NET := COL4NET::crt;
      i:INT := 0; until i = 50 loop
        net.stepn(5); net.describe;
        i := i+1;
      end; -- loop
   end;
end;
```

Figure 3

type COL4UNIT which is a slight modification of the built-in UNIT. Each country can then be easily specified as of type COL4REG, a specialization of the built-in one dimensional subnet NET1D with the inhibitory connections established by the call: *complete-connect* (COL4::strong-inhibit). Finally a particular network to be tested is a COL4NET which is simply a NET1D of COL4REG subnets. The neighbor relations among countries are established by *neighbor*(i,j) which uses the library primitive, *bus-connect.*

The kernel classes, such as 'unit', 'link', etc., have been designed and implemented by Heinz Schmidt. A number of examples have been used to test how connectionist nets can be specified and implemented using ICSIM. A tutorial describing ICSIM's features and their usage has been written [SC90]. This will allow other researchers to experiment with the initial prototype of ICSIM and to provide valuable feedback about the design of ICSIM and its functionality. One major project, a connectionist inference engine, has been completed by Franz Kurfess [KU90]. Current efforts are focussing on a revised design, incorporating the lessons we have learned and greatly generalizing the learning capabilities of library classes.

4   Towards more general systems

Even our brief experience with the RAP machine has convinced us that it is feasible to build connectionist computers and that these can have a profound impact on research. After about a year of using the RAP we have come to the usual conclusions – it is not sufficiently general and it is too slow for some things we badly want to do. We looked into the possibility of separating these desiderata and building a much faster version of the existing RAP design. While some improvements are possible, technology alone will not be adequate to gain the performance improvements that we want.

The basic problem is that the RAP design is based on general purpose signal processing chips. There are more specialized chips available with orders of magnitude more performance, but these will not fit into our simple design. Furthermore, it has become obvious already that different simulations will be best done on different hardware configurations. The challenge is to design hardware and software that will provide super-computer performance for a significant range of connectionist models, particularly ones of interest to our colleagues.

Although the design is in its perinatal stage, the general outline of a solution seems clear. One key idea comes from the organization of the brain itself. There are a wide range of specialized processing systems, but they all communicate uniformly using frequency coded neural spikes. This translates into the idea of basing the design on a communication protocol for transmitting activation values and, in training, feedback estimates. The fact that connectionist systems do not need shared memory eliminates the most difficult problems in contemporary multi-processor design. At the software level, the object-oriented approach used in ICSIM as well as the RAP software provides an excellent abstraction. One designs the connectionist system as modules that interact through signaling activation and feedback. The mapping of software modules onto specialized hardware nodes is a separate problem and will initially be carried out interactively by the user and as smart a translator as we can devise.

The components for the realization of this design are becoming available within our two year time scale. There are three promising general purpose neural net chips: Intel's ETAN [HTCB89], Hammerstrom's X1 [HA90] and the chip being developed by Ulrich Ramacher at Siemens Central Research Labs [RR90]. In addition, there is VLSI work in our laboratory that we hope will yield chips optimized for our range of applications. We are planning to also accommodate special purpose devices, including analog input devices such as the cochlea chip of Lyon and Mead [LM88]. We are defining an interface so that a wide variety of combinations can all look the same to the rest of the system. There is also good progress on the intercommunication requirements. The Scalable Coherent Interface project [AGJR90] is the best known of the current efforts toward uniform gigabit internal communications and we are exploring this possibility among others. It appears that it will be possible to construct a very powerful connectionist network simulator at moderate cost in money and effort. When we have computers that are highly efficient at connectionist computation, this might seriously change our view of conventional parallelism.

References

[AGJK90] Alnaes, K., Gustavson, D., James, D., and Kristiansen, E., "Scalable Coherent Interface," *CompEuro 90*, Tel Aviv, Isael, May 7-9, 1990.

[BK90] Bilmes, J., and Kohn, P., "Ring Array Processor (RAP): Software Architecture," Technical Report TR-90-050, International Computer Science Institute, Berkeley, CA, 1990.

[CSSVW90] Culler, D., Sah, A., Schauser, K., von Eicken, T., Wawrzynek, J., "Fine-grain Parallelism with Minimal Hardware Support: A Compiler-Controlled Threaded Abstract Machine," EECS Dept., U., California at Berkeley, CA.

[DA] D'Autrechy, C.L., et al., "A general-purpose simulation environment for developing connectionist models," *Simulation*, **51**, 1, pp. 5-19.

[FE88] Feldman, J.A., et al., "Computing with Structured Connectionist Networks," *CACM* **31**, 2, pp. 170-187.

[GO87] Goddard, N., *The Rochester Connectionist Simulator: User Manual*, TR, U. Rochester.

[HA90] Hammerstrom, D., "A VLSI Architecture for High-Performance, Low-Cost, On-chip Learning," *Proc. of IJCNN*, San Diego, June.

[HE90] Hermansky, H., "Perceptual Linear Predictive (PLP) Analysis of Speech," J. Acoust.Soc.Am. 87 (4), April.

[HTCB89] Holler, M., Tam, S., Castro, H., Benson, R., "An Electrically Trainable Artificial Neural Network (ETANN) with 10240 'Floating Gate' Synapses," Intel Corp., Technology Development, Novel Device Group, Santa Clara, CA, *Proc. of the Int'l Annual Conf. on Neural Networks*, 1989, pp. II-191-196.

[IYMSS] Iwata, A., Yoshida, Y., Matsuda, S., Sato, Y., and Suzumura, N., "An Artificial Neural Network Accelerator using General Purpose Floating Point Digital Signal Processors," *Proc. JCNN 1989*, pp. II-171-175

[KU91] Kurfess, F., "Unification with ICSIM," Forthcoming 1991, Technical Report, International Computer Science Institute, Berkeley, CA.

[KH89] Kung, S.Y., and Hwang, J.N., "A Unified Systolic Architecture for Artificial Neural Networks," *Journal of Parallel and Distributed Computing*, Michael Arbib (ed.), April.

[LDSHJ] Le Cun, Y., Denker, J., Solla, S., Howard, R., and Jackel, L., "Optimal Brain Damage," in *Advances in Neural Information Processing Systems II*, David Touretzky (ed.), Morgan-Kaufmann, San Mateo, 1990.

[LM88] Lyon, R., and Mead, C., "An Analog Electronic Cochlea," *Transactions on Acoustics, Speech, and Signal Processing*, Vol. 36, No. 7, July 1988, pp. 1119-1134, and in *Artificial Neural Networks Electronic Implementations*, Nelson Morgan (ed.), *IEEE Computer Society Neural Networks Technology Series*, 1990.

[MO90] Morgan, N. (ed.), *Artificial Neural Networks: Electronic Implementations*, 1990.

[MO90b] Morgan, N., Beck, J., Kohn, P., Bilmes, J., Allman, E., and Beer, J., "The RAP: a Ring Array Processor for Layered Network Calculations," *Proc. of Intl. Conf. on Application Specific Array Processors*, pp. 296-308, *IEEE Computer Society Press*, Princeton, NJ, 1990.

[MBKBAB] Morgan, N., Beck, J., Kohn, P., Bilmes, J., Allman, E., and Beerk, J., "The RAP: a Ring Array Procesor for Layered Network Calculations," *Proc. of Intl. Conf. on Application Specific Array Procesors*, pp. 296-308. IEEE Computer Society Press, Princeton, N.J., 1990.

[MB] Morgan, N., and Bourlard, H., "Continuous Speech Recognition Using Multilayer Perceptrons with Hidden Markov Models," *Proc. IEEE Intl. Conf. on Acoustics, Speech, & Signal Processing*, pp. 413-416, Albuquerque, New Mexico, 1990.

[MHWKB] Morgan, N., Hermansky, H., Wooters, C., Kohn, P., and Bourlard, H., "Phonetically-based Speaker-Independent Continuous Speech Recognition Using PLP Analysis with Multilayer Perceptrons," *IEEE Intl. Conf. on Acoustics, Speech, & Signal Processing*, Toronto, Canada, 1991, in Press.

[OM91] Omohundro, S., "The Sather Language," Technical Report (in draft form), International Computer Science Institute, Berkeley, CA.

[RR90] Ramacher, U., and Raab., W., "Fine-grain System Architectures for Systolic Emulation of Neural Algorithm," *Proc. of Intl. Conf. on Application Specific Array Processors*, pp. 554-566. IEEE Computer Society Press, Princeton, N.J.

[SC90] Schmidt, H., "ICSIM: Initial design of an object–oriented net simulator," Technical Report TR-90-055, International Computer Science Institute, Berkeley, CA, 1990.

[TSF90] Tam, M., Smith., J., and Farber, D., "A Survey of Distributed Shared Memory Systems," Dept., CIS, U. of Pennsylvania, Philadelphia, Pa.

[WI89] Wilson, M.A., et al, *Genesis: A system for simulating neural networks*, Proc. of '89 NIPS conf., also TR: Pasadena: Cal. Inst. of Tech., 1989.

Kommunikationsnetze für die Informationsgesellschaft

Peter Gerke

Siemens AG

1 Einleitung

Wir stehen am Anfang einer oft zitierten neuen Ära: der Informationsgesellschaft. Eine solche Gesellschaft lebt entscheidend von der Kommunikation, und da es sich um eine anspruchsvolle Gesellschaft handelt, muß auch die Telekommunikation sehr hohen Ansprüchen genügen. Zu den wichtigsten Anforderungen gehören: kürzeste Reaktionszeiten für die Zusammenarbeit von Multimedia-Workstations mit dem Host - auch für detailreiche Bilder, Annäherung der Telekommunikation an die natürliche direkte Mensch-Maschine-Kommunikation durch die Möglichkeit der Bewegtbildübertragung, komfortable Unterstützung heutiger und künftiger Kommunikationsansprüche. Während die beiden ersten Anforderungen weitgehend die "Hardware-Leistungsfähigkeit" der Netze betreffen, bedeuten die Unterstützungsfunktionen der Netze in erster Linie hohe Software-Anforderungen. Dem Tenor des Symposiums entsprechend gilt der Schwerpunkt der Ausführungen der Kommunikations-Software. Da Software jedoch ohne Hardware nicht existenzfähig ist, soll auch auf die hardwareorientierten Netzfunktionen kurz eingegangen werden.

2 Funktionsschichtung eines Netzes

In der Schichtung nach Bild 1 (nicht zu verwechseln mit den "layers" des OSI-Architekturmodells) wird eine grobe Einteilung der Netzfunktionen vorgenommen. Die unterste Schicht ist den Transportfunktionen vorbehalten sowie den zugehörigen Grunddiensten. Als Grunddiest sei hier das Herstellen einer Verbindung mit gewählter Übertragungskapazität von Teilnehmer A zu B verstanden. Man unterscheidet (in englischer Bezeichnung) Bearer Services, die lediglich Übertragungskapazität zur Verfügung stellen, und Teleservices, bei denen durch Standards sichergestellt ist, daß sich die Endgeräte der Verbindung (bzw. die dahinter stehenden Menschen) auch "verstehen"! (Das einfachste Beispiel für einen Teledienst ist die Telefonie).

Mehrwertdienste (Value-added Services, Enhanced Services) gehen über dieses Dienstangebot hinaus. Ein einfaches Beispiel ist die Umleitung eines Anrufs vom ursprünglich vorgesehenen B zu C, wo sich der gewünschte Teilnehmer gerade befinden mag. Die Zahl der möglichen Mehrwertdienste ist beliebig groß. Dies gilt umso mehr, wenn nun nach der weitgehenden Liberalisierung des Fernmeldemonopols private Dienstanbieter in Wettbewerb zur DBP Telekom treten.

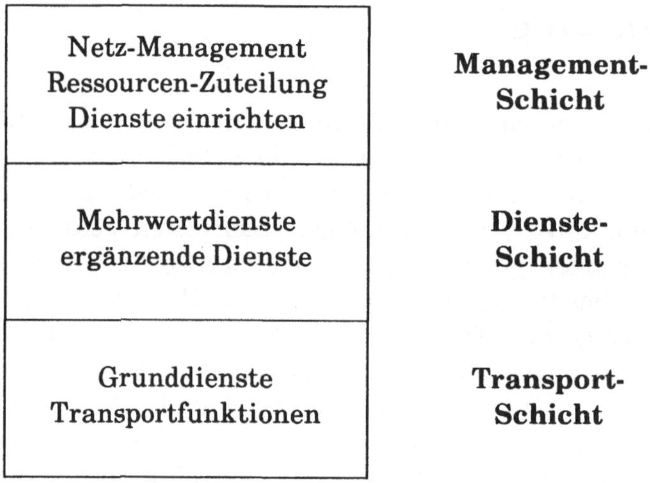

Netz-Management Ressourcen-Zuteilung Dienste einrichten	**Management-Schicht**
Mehrwertdienste ergänzende Dienste	**Dienste-Schicht**
Grunddienste Transportfunktionen	**Transport-Schicht**

Bild 1: Funktionsschichtung des Netzes

In der obersten Funktionsschicht geht es darum, diese Dienste einzurichten, die notwendigen Verkehrskapazitäten bereitzustellen und für die Funktionsfähigkeit des gesamten Netzes zu sorgen. Alle diese und weitere Funktionen sollen weitgehend nicht "vor Ort" sondern von zentralen Stellen aus ferngesteuert duchgeführt werden.

3 Die Transportschicht

Ein wesentlicher Beitrag zu den Anforderungen der Kommunikationsgesellschaft ist die Digitalisierung der Netze, insbesondere des ursprünglich analogen Fernsprechnetzes. Durch die Ausdehnung des digitalen Fernsprechkanals mit seiner 64 kbit/s-Rate bis zum Teilnehmer ist die Voraussetzung für das diensteintegrierende digitale Netz ISDN gegeben, das hier im einzelnen nicht zu erläutern ist. Die Entwicklung geht jedoch weiter zum Breitband-ISDN (BISDN), in dem Transportbitraten zwischen etwa 2 und 140 Mbit/s angeboten werden. Mit einem neuen Transportprinzip "ATM" (Asynchronous Transfer Mode) gelingt es, unterschiedliche Bitraten im selben Netz für die Verbindungen zur Verfügung zu stellen (Bitrate on Demand). Außerdem vereint das ATM-Prinzip die Eigenschaften sowohl leitungsvermittelnder als auch paketvermittelnder Netze, wobei die letztgenannte Eigenschaft es ermöglicht, im Rahmen der Anschlußkapazität viele "virtuelle" Verbindungen gleichzeitig bestehen zu lassen. Ein sehr leistungsfähiges Signalisierungsverfahren (CCITT-System No. 7) dient der Steuerung des Netzes. Die außerordentliche Flexibilität und Leistungsfähigkeit des Netzes läßt es allen "ortsfesten" Anforderungen der Zukunft gewachsen sein. Aber auch der "Mobilität" der Kommunikationspartner wird mit neuen digitalen Mobilfunknetzen Rechnung getragen. Transportable Endgeräte bis zum "Hand-held" Telefon und eine großzügig bemessene Infrastruktur untersützen die rasch wachsende Verbreitung dieser Kommunikationsform bis hin zum "Personal Communications Network" (PCN), in dem der Mensch unter seiner Rufnummer überall erreichbar ist.

4 Die Diensteschicht

Ohne die Vielzahl der Dienste im einzelnen diskutieren zu können, seien hier einige "Informatik-relevante" Kategorien herausgegriffen, welche neuerdings im Vordergrund des Interesses stehen. Im ersten Beispiel handelt es sich um die Zentralisierung von Funktionen über den Einzugsbereich eines Netzknotens hinaus. Netzknotenübergreifende Funktionen werden z. B. benötigt, wenn Verbindungen mit mobilen Teilnehmern herzustellen sind, deren Aufenthaltsort dem Rufenden nicht bekannt ist. Ein anderes Beispiel ist der "Service 130": Ein an vielen Orten vertretener Teilnehmer - z. B. eine Handelskette - soll in jedem Ort unter der selben Rufnummer erreichbar sein mit der Zusatzbedingung, daß der rufende Teilnehmer mit dem nächstgelegenen Anschluß der Handelskette zu verbinden ist. Solche übergreifenden Funktionen können mit viel Organisations- und Signalisierungaufwand z. T. auch dezentral gelöst werden, oft aber ist eine Zentralisierung der bessere oder einzig mögliche Weg. Eine mögliche Realisierung ist das sog. "Intelligente Netz", auf das später noch eingegangen wird. Dort will man die Zentralisierung darüberhinaus nutzen, um neue Dienste von der Zentrale aus zu steuern. Man kann dann das Einbringen neuer Programme in jedem Netzknoten einsparen, zumindest so lange, wie man noch kein klares Bild über die Akzeptanz des neuen Dienstes hat.

Ein zweites Informatik-relevantes Thema ist die sog. "Open Network Architekture" (ONA in USA) oder auch "Open Network Provision" (ONP in Europa). Im Zeichen der Liberalisierung des Netz- und Dienstangebots sollen private Anbieter in "nichtdiskriminierender Weise" ihre Dienste auf "offenen Schnittstellen" der öffentlichen Netzbetreiber aufsetzen können. Solche offenen Schnittstellen müssen allerdings häufig in vorhandener Software geschaffen werden, da die nach OSI-(Open Systems Interconnection)-Architekturmodell standardisierten Kommunikationsschnittstellen im allgemeinen nicht ausreichen.

5 Management-Schicht

Eine nicht nur technisch sondern auch organisatorisch neue Aufgabe entsteht durch das "Zusammenwachsen" von Übertragungs- und Vermittlungstechnik sowie der Endgeräte im Netz. Das Sicherstellen der Verkehrsgüte, Zu- oder Ersatzschalten von Verkehrswegen, Einrichten von Privatnetzen und Diensten erfordert den Überblick über das ganze Netz und die Integration von betrieblichen Meldungen der verschiedenen Netzkomponenten. Diese Meldungen werden über ein "Telecommunications Management Network" (TMN) an zentrale Wartungsplätze übertragen, von dort aus können Befehle zur Fernsteuerung von Managementfunktionen zurück an die Netzkomponenten erteilt werden.

6 Beispiele Informatik-relevanter Funktionen

6.1 Das "Advanced Intelligent Network"

Im AIN gibt es eine Hierarchie steuernder Netzknoten. An unterster Stelle stehen die Knoten für die Vermittlung der Nutzkommunikation. Diese erreichen über "Signal Transfer Points" (STP) zentralgelegene "Service Control Points" (SCP), welche die Dienstesteuerung in den Vermittlungen übernehmen, indem sie in umgekehrter Richtung Befehle erteilen. Der Signalfluß in beiden Richtungen beruht auf den Protokollen des bereits erwähnten Signalisierungssystems CCITT Nr. 7. Es muß nun gewissermaßen eine sehr hohe "Vermittlungssprache" geschaffen werden, welche alle denkbaren Dienste in generische und zu kettende Teilfunktionen zerlegt, genannt "Functional Components" (FC). Die Dienstesteuerung geschieht durch Senden von FC-Folgen aus dem SCP an die Vermittlungen über die STP. Eine erste Schwierigkeit besteht in der Definition der FC, eine zweite in der erforderlichen Leistungsfähigkeit der SCP und eine dritte im Einrichten einer FC-Schnittstelle in der vorhandenen Software der Vermittlungen.

6.2 Signalisierungsvielfalt als Maßstab der Komplexität

Während man im klassischen Telefonnetz ("Plain Old Telephone Service" POTS) nicht viel mehr Möglichkeiten hatte, als mit den Ziffern einer Rufnummer dem Netz seine Wünsche mitzuteilen, hat sich das Bild mit dem ISDN bedeutend gewandelt. Es wurde bereits das sehr leistungsfähige Signalisierungssystem zur Steuerung des Netzes erwähnt, das in ähnlich erweiterter Form auch der Signalisierung zwischen Teilnehmer und Netz dient. Hierfür steht ein eigener Datenkanal mit einer Bitrate von 16 kbit/s zur Verfügung.

Verbindungen und Anschlüsse des Netzes können als "endliche Automaten" eine Anzahl unterschiedlicher Zustände einnehmen. Signalisierungsnachrichten veranlassen Funktionsabläufe, die einen Zustand in einen anderen überführen. Vielfalt und Modifikationsmöglichkeiten der Signalisierungsnachrichten geben einen Anhaltspunkt für die Komplexität der Gesamtaufgabe.

CCITT-Empfehlung Q. 931 unterscheidet für ISDN etwa 30 unterschiedliche Nachrichtentypen. Jeder Typ kann obligatorische oder optionale Nachrichtenelemente enthalten, von denen es etwa 40 verschiedene gibt. Nachrichtenelemente ihrerseits können durch Parameter modifiziert werden, ihre Zahl ist etwa 50. Wäre jeder Typ mit jedem Element und jedem Parameter kombinierbar, so ergäbe sich ein "Nachrichtenkubus" von etwa 30 x 40 x 50 = 60 000

Positionen. Glücklicherweise sind nicht alle Positionen mit Nachrichten belegt, da diese freie Kombinierbarkeit eben nicht besteht. Jede besetzte Position aber bedeutet einen modifizierten Funktionsablauf. Dies mag ein kleiner Hinweis auf die Schwierigkeit der Problemlösung in neuen Kommunikationsnetzen sein.

7 Schlußfolgerung

Die Notwendigkeit neuer, verbesserter Kommunikationsnetze für den Weg zur postindustriellen Gesellschaft steht außer Frage. Ein wesentlicher Anteil der Herausforderung an die Entwickler solcher Netze liegt auf dem Gebiet der Informatik und ingenieurmäßigen Softwareerstellung. Uns Entwicklungsingenieuren von Prototyp- und Serien-Systemen ist es eine angenehme Pflicht, den Kollegen des Bereiches "Informatik und Software" in der Zentralabteilung "Forschung und Entwicklung" herzlich zu danken für wichtige Grundlagenarbeiten zur Bewältigung der anstehenden Software-Aufgaben und für tätige Mithilfe bei der Entwicklung neuartiger Prototypen.

Software Engineering
unter Wettbewerbsbedingungen

Klaus Gewald

Siemens Nixdorf Informationssysteme AG

Trotz vieler Fortschritte und Verbesserungen bei der Entwicklung von Software während der letzten dreißig Jahre ist die Situation heute immer noch nicht zufriedenstellend. Termin- und Kostenüberschreitungen bei Softwareprojekten, mangelnde Zuverlässigkeit und unzureichende Benutzerfreundlichkeit der resultierenden Softwareprodukte sowie damit verbundene hohe Wartungsbelastungen sind alles andere als Ausnahmen von der Regel. Bei vielen Anwendern bildet Software den limitierenden Faktor für die mögliche und wünschenswerte Dv-Durchdringung; bei nicht wenigen Computersystemen, die Hersteller neu auf den Markt bringen, bestimmt die zugehörige Software den Ausliefertermin. Generell kann man sagen, daß das Wachstum des Dv-Marktes vor allem durch Defizite in der Produktivität der Softwareerstellung und in der Qualität von Softwareprodukten eingeengt wird.

Ohne etwas beschönigen zu wollen, muß man allerdings relativierend anmerken, daß die Kritik über den zu langsamen Fortschritt des Software Engineerings auch oft zu hart ausfällt, weil dieser Fortschritt häufig an den extremen Produktivitätsgewinnen bei der Entwicklung und Produktion von Computer Hardware gemessen wird. Über drei Jahrzehnte hinweg wurden hier nahezu alle zwei Jahre Leistungssteigerungen um den Faktor zwei bei konstanten Kosten oder eine entsprechende Kosten- und Preissenkung bei gleicher Leistung erzielt. Frederik P. Brooks, den man als Vater des Systems /360 der IBM bezeichnet, schreibt zurecht: "First, one must observe that the anomably is not that software progress is so slow, but that computer hardware progress is so fast."

Man kann ja nicht davon ausgehen, daß die Entwickler von Software weltweit weniger kreativ, weniger diszipliniert, weniger leistungsfähig als ihre Kollegen in der Entwicklung von Hardware oder anderer technischer Güter bzw. Systeme sind. Vielmehr bildet vor allem das abstrakte Wesen von Software, das durch vielfältig zusammenhängende konzeptionelle Konstrukte, Daten und Algorithmen charakterisiert ist, ein spezifisches Problem. Insbesondere sind es die extrem hohe Komplexität von Softwaresystemen, der Zwang zur Konformität gegenüber vielen von außen vorgegebenen Schnittstellen, die grundsätzliche Änderbarkeit bis kurz vor der Fertigstellung und darüber hinaus in Verbindung mit einer relativ langen Lebensdauer, aber auch die, trotz verschiedenster Darstellungsversuche prinzipielle Unsichtbarkeit, welche die Softwareentwicklung zu einer so schwierigen Aufgabe machen. Eine der Ursachen für das Mißlingen von Softwareprojekten ist es denn auch, diese spezifischen Schwierigkeiten zu negieren.

So ist es nicht verwunderlich, daß die schlichte Aufforderung an die Softwareentwickler, doch einfach so vorzugehen wie ihre Hardwarekollegen, nicht den gewünschten Erfolg brachte. Man darf sich hier durch eine beschönigende Terminologie, wie "Softwareproduktion" oder "Softwarefabrik" nicht täuschen lassen. Die Erstellung eines Softwareproduktes ist ein Entwicklungsprozeß und hat nur sehr wenig mit den Gesetzmäßigkeiten der Fertigung, schon gar nicht der Serienfertigung zu tun. Überhaupt ist zu konstatieren, daß es bisher niemand gelungen ist, das große durchschlagende Allheilmittel zu finden, auch wenn nicht wenige die vollautomatische Programmierung versprochen haben. Anspruch und Wirklichkeit klaffen in der Disziplin Software Engineering häufig weit auseinander.

Trotz dieser relativierenden Feststellungen spielt die professionelle Beherrschung dieser technischen Disziplin für den dauerhaften Erfolg eines Rechnerherstellers wie der Siemens Nixdorf Informationssysteme AG eine kaum zu unterschätzende Rolle. Zum einen besteht ein wesentlicher und wertmäßig laufend zunehmender Teil seines Produktspektrums aus Software, seien es kombinierte Hardware-Software-Erzeugnisse oder separate Softwareprodukte; dabei ist es offenkundig, daß die Produktivität des praktizierten Entwicklungs- und Wartungsprozesses sowie die Qualität der daraus resultierenden Liefereinheiten maßgeblich die Kostenposition und den Markterfolg von SNI beeinflussen. Zum anderen gehört es zu den Geschäftsarten von SNI über Standardprodukte hinaus, für einzelne Kunden in oft gemeinsamen Projekten spezifische Software zu entwickeln; Wirtschaftlichkeit und Kundennutzen der so entstehenden Komplettlösungen bilden ein wichtiges Differenzierungsmerkmal des Systemanbieters SNI.

Ein konkretes Bild von den spezifischen Anforderungen an Software Engineering unter industriellen Randbedingungen gewinnt man, wenn man sich die Gegebenheiten für die Entwicklung des Mainframe Betriebssystems BS2000 von SNI vor Augen hält:

Die Entwicklung einer Version des BS2000, d.h. genauer formuliert einer Version des Grundausbaus dieses Betriebssystems, stellt ein Softwaregroßprojekt dar: Der Entwicklungsumfang liegt normalerweise bei 250.000 bis 750.000 neuen oder geänderten Lines of Code (LOC) bei einer Ausgangsbasis von drei Millionen LOC; an der Entwicklung sind rund 500 Mitarbeiter beteiligt; die Entwicklungskosten einschließlich Qualitätssicherung und Manual-Erstellung betragen zwischen 50 und nahezu 200 Millionen DM.

Zur Größe der Versionsprojekte kommt erschwerend hinzu, daß bei einer Durchlaufzeit von im Durchschnitt drei bis vier Jahren vom Design bis zur Kundenlieferung eines Projektes immer mindestens drei Projekte gleichzeitig von der gleichen Organisation bearbeitet werden müssen: Das erste befindet sich in der Designphase, das zweite in der Implemetierungs- und Testphase, das dritte in der abschließenden Qualitätssicherung.

Mit der Größe des einzelnen Entwicklungsprojektes ist ein vom Umfang her sehr schwieriges Qualitätssicherungsproblem zu bewältigen. Die Erfahrung hat gezeigt, daß zum Zeitpunkt "error free assembly" im Software-Entwicklungsprozeß mit 2 bis 2,5 Fehlern auf 100 neue oder geänderte LOC je nach Komplexitätsgrad des Projektes zu rechnen ist. Unterstellt man der Einfachheit halber zwei Fehler und einen Entwicklungsumfang von 500.000 LOC, so müssen bis zur allgemeinen Kundenfreigabe nach diesem Rechenbeispiel rund 10.000 Fehler gefunden und korrigiert sein!

Eine technisch besonders schwierige Aufgabe liegt darin, daß sich die Performance der einzelnen aufeinanderfolgenden Versionen auf keinen Fall verschlechtern darf. Trotz eines ständig anwachsenden Codevolumens auf Grund neuer oder verbesserter Funktionalität, der Unterstützung zusätzlicher Hardware, von Verbesserungsmaßnahmen in Sicherheit, Verfügbarkeit, Diagnostizierbarkeit, Meßbarkeit des Systems sowie ständig notwendiger Restrukturierung, ist ein Mehrverbrauch an CPU-Leistung durch eine Version über das Modellspektrum nicht akzeptabel.

Eine weitere, in gewissem Sinne die Entwicklungsfreiheit einengende Bedingung ist die "Vorschrift", die Schnittstellen zu den Anwendungssystemen konstant zu halten und wenn, dann nur aufwärtskompatibel zu ändern. Der gesamte riesige Bestand an Anwendersoftware der Kunden muß mit jeder neuen Version ohne jede Änderung und ohne erneutes Übersetzen oder auch nur Binden ablauffähig bleiben.

Schließlich muß mit jeder Versionsentwicklung ein diffiziles Problem des Konfigurationsmanagements beherrscht werden. Die neue Version hat nicht nur neue Hardware zu bedienen, sondern muß auch auf dem gesamten Park der schon im Feld befindlichen Zentraleinheiten und Peripheriegeräte einwandfrei funktionieren.

Zum Problem der Hardware-Konfigurationsvielfalt kommt eine Software-Konfigurationsproblematik hinzu. Es muß sichergestellt werden, daß die neue BS2000-Version sowohl mit gerade ebenfalls neu entwickelten aber auch mit den schon im Feld befindlichen Versionen der zum BS2000 im weiteren Sinne gehörenden systemnahen Software, d.h. aller Compiler, Testhilfen, Tools, Utilities, Datenbanksysteme, Transaktionsmonitore, Diagnose- und Meßwerkzeuge, Kommunikations- und Netzmanagementprogramme sowie eines virtuellen Maschinensystems einwandfrei zusammenspielt.

Schließlich ist die unter den skizzierten schwierigen Randbedingungen angestrebte Zuverlässigkeit der Termin- und damit verbundenen Ressourcenplanung als die wohl größte Herausforderung zu werten. Nach Abschluß der Requirementphase und ersten technischen Voruntersuchungen ist für rund drei Jahre im voraus ein Fertigstellungstermin auf drei Monate genau festzulegen und einzuhalten! Terminüberschreitungen würden massive Probleme in der eigenen Organisation wie bei der Kundschaft, die ihre Planungen und Vorbereitungen auf die zugesagten Liefertermine einstellt, mit sich bringen. Von besonders großer wirtschaftlicher Bedeutung ist die notwendige Termindisziplin, wenn, wie üblich, technisch an die neue Version gekoppelt Hardware freigegeben werden soll.

Gleichgültig, ob es sich um ein so extrem schwieriges und herausforderndes Gebiet, wie die Evolution eines großen Betriebssystems handelt, oder um kleinere und einfacher zu bewältigende Softwareprojekte, es kommt in der Praxis der Softwareentwicklung von SNI stets darauf an, den State of the Art der Disziplin Software Engineering bestmöglich zur Anwendung zu bringen, um auf diese Weise, den für den Erfolg im Wettbewerb entscheidenden Vorsprung von oft nur einigen Prozentpunkten in der Kostenposition oder nur einigen Monaten früherer Lieferfähigkeit von Produkten oder nur einer etwas besseren Performance und geringeren Ausfallrate zu erzielen.

Die Lösung dieses Problems besteht in der richtigen Auswahl und an der jeweiligen Wirkung orientierten, wohl dosierten Anwendung einer Vielzahl von Prinzipien, Methoden, Werkzeugen und Systemen für die technische und managerielle Bewältigung des Entwicklungs- und Wartungsprozesses. Das Spektrum reicht vom Requirement Engineering über Design-, Implementierungs-, Test-, Meß- und Integrationsverfahren bis zum Konfigurations-, Auslieferungs- und Installationsmanagement. Die Wahl der besten Programmiersprache gehört ebenso dazu wie alle Aspekte eines effizienten Projektmanagements oder das gesamte Qualitätssicherungskonzept.

Der Erfolg hängt davon ab, wie weit und wie schnell es den zuständigen Organisationseinheiten gelingt, auf der Lernkurve des komplexen Gebiets Software Engineering nach oben zu kommen. In der Systemsoftwareentwicklung des ehemaligen Bereichs Daten- und Informationssysteme der Siemens AG z. B. ist es in einem Zeitraum von 10 Jahren gelungen, die Produktivität der gesamten Entwicklung, gemessen an ausgelieferten Lines of

Code pro Mitarbeiter und Jahr um mehr als den Faktor drei und die Qualität gemessen an Fehlern relativ zum gelieferten Codevolumen um den Faktor fünf zu verbessern. Der extreme Wettbewerb in der Computerbranche zwingt die Softwareentwicklung von SNI dazu, auf diesem Weg mit wohl noch größerem Tempo fortzuschreiten. Wissenschaft und Forschung sind dabei eine entscheidend wichtige Quelle für neuartige Lösungen und darüber hinaus ein wertvoller Ratgeber, um teure Irrwege zu vermeiden.

Kooperative Hypermedia-Systeme:
Der Trend der 90er Jahre

Joachim Grollmann

Siemens AG

Übersicht

Neben materiellen Wirtschaftsgütern erlangen Informationen immer mehr
Bedeutung. Eine Verarbeitung, die sie dem Menschen leichter zugänglich
macht, kann und wird sich zu einer Schlüsseltechnologie entwickeln. Diese Informationsverarbeitung muß sich an menschlichen Arbeitsweisen orientieren
und sie durch Rechner optimal unterstützen. "Hypermedia", also die Möglichkeit sich zwischen multimedialen Informationen inhaltsorientiert (assoziativ)
zu bewegen, und "kooperatives Arbeiten" stehen für Technologien, die sich an
menschlicher Denk- und Arbeitsmethodik orientieren. Ziel dieses Artikels ist
aufzuzeigen, wie und auf welchen Gebieten wir uns den Einsatz dieser Technologien vorstellen können, welche Rechnerunterstützung sie benötigen, welche
unterstützenden Systeme es schon gibt und welche Aufgaben noch vor uns liegen. Hauptaufgabe ist die Integration der weitgehend existierenden Basistech-
niken in eine effizient nutzbare Entwicklungsumgebung für kooperative Hypermedia-Systeme.

1 Zur Motivation: Eine zukünftige Applikation

Code-Inspektion ist ein formaler Prozeß, der dazu dient, Fehler in Software-
Systemen aufzudecken. Typischerweise findet Code-Inspektion statt in der
Phase zwischen der Implementierung und dem Test von Software. Aber Code-
Inspektion kann durchaus auch später, wenn im praktischen Einsatz der Soft-
ware Fehler aufgetreten sind, sinnvoll eingesetzt werden. Hilfreich ist es,
wenn während der Code-Inspektion Möglichkeiten gegeben sind, Kommentare
in den Code direkt einzubringen, wenn man sich das Ablaufverhalten der
Software mit beispielhaften Eingabewerten anschauen kann, oder wenn man

wissensbasierte Werkzeuge, etwa zur Definition "interessanter" Testwerte zur Verfügung hat. In späteren Phasen (Code-Inspektion bei bereits erfolgtem Einsatz der Software) ist es nützlich, wenn Entwickler und Wartungspersonal sich den Code gemeinsam anschauen können. Das folgende Beispiel ließe sich übrigens leicht auf den gesamten Software-Engineering-Prozeß ausweiten, zu einem Beispiel einer kooperativen Software-Entwicklungsumgebung.

Fr. Knoll hat ein System für die Finanzbuchhaltung entwickelt, das nicht nur in der europäischen Zentrale ihres Arbeitgebers eingesetzt wird, sondern auch in den Landesfilialen, dort allerdings nicht in der deutschen Version, sondern in einer jeweils automatisch anpaßbaren landesspezifischen Version. Leider hat Mr. Jones, der das System in Boston einsetzt, stets Probleme mit den auftretenden Hilfe-Texten. Es erscheinen immer falsche Texte. D.h., die Zuordung der deutschen und englischen Texte ist nicht korrekt. Mr. Jones ruft Fr. Knoll an, und bittet darum, daß die beiden einmal gemeinsam die entsprechenden Stellen der Software überprüfen. Zum vereinbarten Zeitpunkt setzen sich Fr. Knoll und Mr. Jones vor ihre Rechner und bauen eine Verbindung auf. "Verbindung" bedeutet, daß ein Video-Übertragungskanal durchgeschaltet wird, so daß die beiden sich gegenseitig sehen können. "Verbindung" bedeutet auch, daß Daten, selbst Graphiken und Animationen, schnell übertragen werden können. Als erstes überträgt Mr. Jones einen aufgezeichneten Abschnitt eines Laufs des fehlerhaften Programms zu Fr. Knoll, damit sie sich die Auswirkungen des Fehlers ansehen kann. Fr. Knoll entscheidet daraufhin, daß sie und Mr. Jones sich gemeinsam mit einem Texteditor einen bestimmten Abschnitt des Codes anschauen. Beide verfügen über einen eigenen Positionszeiger, der auch am jeweils anderen Bildschirm gesehen wird. So können sie beide auf Code-Teile zeigen. Während sie dies tun und über Abhilfemaßnahmen diskutieren, versehen sie den Code mit Annotationen, sozusagen mit Notizen, die sie in der Fehlersuche voranbringen sollen. Diese Notizen können aber auch von anderen Stellen aus angesprochen werden, und z. B. zur Erstellung eines Protokolls der Sitzung verwendet werden. Nach Sitzungsende wird Fr. Knoll dies Protokoll verfassen und die diskutierten Code-Modifikationen durchführen.

Welche wesentlichen Bestandteile hat die dargestellte Vorgehensweise ausgezeichnet? Es waren mehrere Medien im Spiel - Video, Audio, Text, Graphik, selbst Animationen (der Programmablauf). Es wurde eine assoziative Verweistechnik benutzt, um Stellen im Code mit Notizen zu versehen. Schließlich handelte es sich um kooperatives Arbeiten, mit Diskussionen, gegenseitigen Hinweisen, usw. Diese drei Komponenten - simultane Nutzung mehrerer Medien, assoziative Verweistechnik, kooperatives Arbeiten - werden im Laufe dieses Jahrzehnts unsere Arbeitsweise mit Rechnern grundlegend verändern. Sie zusammen machen "kooperative Hypermedia-Systeme" aus, die in den folgenden Abschnitten genauer dargestellt werden sollen.

2 Was sind kooperative Hypermedia-Systeme?

Über die ursprüngliche Anwendung als reine Rechenmaschine hinaus bewältigt die elektronische Datenverarbeitung heute ganz andere Problembereiche, etwa die Verwaltung immenser Datenmengen im Banken- und Versicherungswesen, oder die Steuerung und Überwachung von Fertigungsstraßen. Ferner ist in den nächsten Jahren in der elektronischen Datenverarbeitung mit einer erheblichen Leistungssteigerung der Hardware zu rechnen. Mit der Erweiterung der Arbeitsfelder einerseits und der Steigerung der Rechnerleistungen andererseits wird den Interaktionsformen zwischen Mensch und Maschine zunehmende Bedeutung zukommen. Im Gegensatz zur Kommunikation zwischen Mensch und Maschine tauschen Menschen untereinander ihre Informationen zu einem großen Teil durch Sprache aus; darüber hinaus können wir visuelle Informationen aufnehmen und verstehen. Zukünftige Aufgabe bei der Entwicklung von Computern muß es also sein, die elektronische Datenverarbeitung den menschlichen Interaktionsformen anzupassen. Die Bedienoberfläche muß dabei so gestaltet sein, daß auch Benutzer ohne Kenntnisse über Rechner sofort damit umgehen können und sie als hilfreiches Werkzeug akzeptieren.

Dem Menschen gewohnte Darstellungs- und Kommunikationsformen in ein System zu integrieren, heißt, dem Benutzer neben der heutzutage üblichen Text- und Graphikverarbeitung auch stehende und bewegte Bilder, Musik, Geräusche und Sprache als Kommunikationsmedien in einem ”Multimedia-Dialog” anzubieten. Obwohl man dabei bereits auf Vorentwicklungen auf den Teilgebieten wie z.B. der Sprach- und Bewegtbildverarbeitung zurückgreifen kann, wird die Gesamtheit eines Multimedia-Systems viel mehr als nur die Summe der einzelnen Teile sein und dem Benutzer zum Teil völlig neue Anwendungsfelder eröffnen.

Das wesentliche Ziel multimedialer Anwendungen ist also die Erleichterung der Interaktion des Menschen mit dem Rechner, indem die für Menschen natürlichen Kommunikationskanäle (Audiokanal und der visuelle Kanal) auch für den Umgang mit Rechnern geöffnet werden. Diese Kanäle sind nicht nur natürlicher, sondern auch effizienter, da sie eine wesentlich größere Informationsmenge in der gleichen Zeit aufzunehmen und abzugeben gestatten als dies über Tastatur und Maus möglich ist. Die rechte Hälfte des menschlichen Gehirns dient z.B. ausschließlich der Verarbeitung visueller Reize, die in einer Datenrate von bis zu zwei Gigabit pro Sekunde aufgenommen werden! Während die Bedeutung von Multimedia unbestritten ist, gehen allerdings die Meinungen über eine klare Definition von ”Multimedia” weit auseinander. Bailey definiert [Bai90]: ”a multimedia computer system is a computer system that can create, import, integrate, store, retrieve, edit, and delete two or more types of media materials in digital form, such as audio, image, full-motion video, and text information." Aber was sind die "types of media materials"? Nick Arnett [Arn90] unterscheidet zwischen "obvious ones - text, graphics, video, audio, and animation" und anderen "that we don't often think of as communications media: paper, database, boolean searching, hypermedia (following paths), voice, a face, floppy disks and other storage media, networks, bar codes". Es muß allerdings angemerkt werden, daß die bloße Zahl der Medien, die verwendet werden, nicht der entscheidende Punkt ist. Es ist wichtiger, die für die jeweilige Anwendung geeigneten Medien richtig einzusetzen.

Bei ISO / IEC existiert die Arbeitsgruppe "MHEG" (Multimedia and Hypermedia Information Coding Expert Group), die Standards im Bereich Multi- / Hypermedia definieren soll. Dazu ein Auszug von [ISO90b] in englischer Sprache:

- MEDIUM (plural MEDIA): a means by which information is perceived, expressed, stored or transmitted.

- PERCEPTION MEDIUM: the nature of the information as perceived by the user. Examples of auditory perception: speech, noise, music. Examples of visual perception: text, drawings, moving scene.

- REPRESENTATION MEDIUM: the type of the interchanged data, which defines the nature of the information as described by its coded form. Examples:

Nature of information	*Possible coded forms*
characters or text	telex, ASCII, ...
graphics	CEPT, NAPLPS or CAPTAIN videotex, CGM ...
audio	CCITT G711, MIDI, future MPEG/Audio standard ...
still pictures	Fax Group 3, JPEG standard ...
audiovisual sequences	CCIR Rec. 601 and associated audio, future MPEG

  Each representation medium may be used for input or output.

- PRESENTATION MEDIUM: the type of physical means which is used to reproduce information to the user (output device) or to acquire information from the user (input device).

  Output devices: screen, paper printer, loudspeaker ...

  Input devices: keyboard, mouse, button, microphone, camera ...

- TRANSMISSION MEDIUM: the type of physical means to transmit data: twisted pairs, coaxial cable, optical fibers, radio link ...

- STORAGE MEDIUM: electronic memory, floppy disk, optical disk,...

- INTERCHANGE MEDIUM: the type of means to interchange data; it can be either a storage or a transmission medium, or a combination.

MHEG sagt weiter, daß der Begriff Multimedia als solches gar nicht benutzt werden sollte, sondern erst Sinn ergibt, wenn er mit einem "qualifizierenden" Begriff aus der Liste "perception, representation, presentation, transmission, storage, interchange" gekoppelt ist. Es lassen sich nun leicht Definitionen angeben, etwa:

- MULTIMEDIA (REPRESENTATION): the property of handling several types of representation media.

Wenden wir uns nun den Ideen der assoziativen Verweise zu. Diese sind keineswegs eine "Erfindung" aus dem Bereich rechnergestützter Systeme, sondern wieder, wie Multimedia selbst, eine Anpassung der Fähigkeit rechnergestützter Systeme an die dem Menschen inhärente assoziative Denkweise. Das assoziative - an Stelle des sequentiellen - Verfügbarmachen von Informationen soll den Umgang mit dem Rechner erleichtern. Während multimediale Systeme den Zugriff zu der enthaltenen Information lediglich über eine feste Reihenfolge gestatten (wenn man etwa von der Möglichkeit des Scrollens in einem Dokument absieht, was aber nicht inhaltsorientiert erfolgt, sondern "positionsorientiert"), kann man in assoziativ strukturierten Dokumenten inhaltsorientiert suchen. Man hat sich dies so vorzustellen, wie das Nachschlagen von Stichwörtern in einem Lexikon. V. Bush [Bus45] gilt als der erste, der Ideen für Hyper-Dokumente hatte. Seine Vorstellung war die einer wissenschaftlichen Literatursammlung, in die man auch persönliche Ideeen, Anmerkungen, sogar Fotographien und Graphiken einbringen konnte. Auch die Verweistechnik wies sein System MEMEX auf. Ted Nelson ist der erste, der für derartige Dokumente die Begriffe "Hypertext" bzw. "Hypermedia" verwendet hat. Ersteres definierte er als "non-sequential writing with free user movement". Hypermedia liegt dasselbe Konzept zugrunde, wobei zu textuellen Informationen noch Informationen in anderen Medien hinzukommmen, wie Graphik, Animation, Video. Neben "writing" geht es aber natürlich auch um das "reading" und auch um "manipulation" in Dokumenten. Hier auch die MHEG-Definitionen für Hypertext / -media [ISO90b]:

- HYPERTEXT: the ability to access text information by interaction with explicit links.

- HYPERMEDIA: the ability to access monomedia and multimedia information by interaction with explicit links.

Durch die Hypermedia-Idee wird ein elektronisches Dokument zu einer interaktiven Informationsquelle. Der Leser ist in eine aktive Rolle geschlüpft. Er kann die Reihenfolge der Informationsdarstellung bestimmen und hat die

Möglichkeit, seine persönlichen oder auch mit anderen zu teilenden Bemerkungen in einem neuen Knoten des Netzes niederzuschreiben. Das Hypermedia-Dokument erfüllt hier seine Rolle als Kommunikationsmedium noch besser als herkömmliche Dokumente oder Multimedia-Dokumente.

Der Aspekt der Kooperationsfähigkeit steht für den Trend weg vom Nutzen des Rechners zur isolierten Lösung von Problemen und hin zum gemeinsamen Problemlösen unter Anwendung zwischenmenschlicher Kommunikation. Hierfür steht "Computer Supported Cooperative Work" (CSCW). CSCW untersucht schwerpunktmäßig soziale und technische Komponenten rechnerunterstützter Gruppenarbeit. Die Bedeutung von CSCW entstammt der Tatsache, daß ein Großteil menschlicher Arbeit nicht isoliert, sondern im Team, durchgeführt wird. Es ist dabei jedoch zu berücksichtigen, daß Menschen nicht nur in Gruppen arbeiten, sondern parallel dazu eine "private" Arbeitsumgebung aufbauen und nutzen können müssen. D.h., nicht alles was auf einem Rechnerbildschirm zu sehen ist, sollte auch auf anderen beteiligten Gruppenarbeitsplätzen zu sehen sein. Tatsächlich ist sogar der Wechsel zwischen der Gruppenarbeitsumgebung und der privaten Umgebung recht häufig. CSCW kann definiert werden als "rechnerunterstütztes Arbeiten einer Gruppe an einer gemeinsamen Aufgabe mithilfe mehrbenutzerfähiger Rechnerwerkzeuge". Durch Rechner geeignet unterstützt, kann Gruppenarbeit erheblich an Effizienz gewinnen.

Hier sind auch folgende Hardware-Trends von Bedeutung: Die bislang getrennten Welten der Informationsverarbeitung, der Unterhaltungselektronik und der Kommunikationstechnik (i.w. das Fernmeldewesen, die öffentlichen Nachrichtennetze) wachsen zusammen. Plakativ formuliert bedeutet dies zum einen, daß man demnächst keinen eigenen Fernsehmonitor mehr benötigt, sondern den Rechnermonitor auch zur Darstellung von Fernsehbildern verwenden kann. Dieser Trend zeigt sich auch in den wachsenden Bestrebungen, das Fernsehen der Zukunft nicht "nur" als Fernsehen mit höherer Auflösung zu verstehen, sondern als digitales und nicht mehr als analoges Medium zu sehen. Damit erben über Fernsehen dargestellte Informationen von den Rechnern die Fähigkeit, interaktiv durch den Endanwender gestaltbar zu sein. Zum anderen bedeutet der genannte Trend wiederum, daß Rechner künftig stärker auch für die Mensch-Mensch-Kommunikation herangezogen werden können. Dazu stehen heute i.w. Telefon und Fax zur Verfügung, und deren Funktionalität ist in die Rechnerfunktionalität zu integrieren. Es ist auch tatsächlich nicht mehr einzusehen, warum ein Fax am Rechner erstellt, ausgedruckt, und über das Telefon-Netz verschickt wird. Dieser letzte Vorgang kann direkt über Rechnerkopplung geschehen; damit hat der Adressat des Fax die Möglichkeit, auf den Inhalt rechnergestützt zuzugreifen - dies ist heute nur über Einscannen und komplexe Schrifterkennung möglich.

Man kann übrigens beim strategischen Vorgehen von Firmen zwei unterschiedliche medien-strategische Verfahren beobachten: die einen entstammen dem Bereich der Informationsverarbeitung / Kommunikationstechnik ("I&K)", und werden ihr Betätigungsfeld möglicherweise, aber nicht notwendig auf die Unterhaltungselektronik ausdehnen; die anderen entstammen der Unterhaltungselektronik und wollen ihr Betätigungsfeld in die beiden anderen Bereiche ausdehnen. Zu letzteren gehören Sony und Philips, mit ihrer gemeinsamen Entwicklung "CD-I" (Compact Disk - Interactive). CD-I ist eine interaktive Erweiterung des herkömmlichen CD-Spielers, und markiert den Ausgangspunkt von Sony und Philips für den Marsch in I&K. Wir wollen uns i.f. auf I&K konzentrieren, weil die meisten aktuellen Hypermedia-/CSCW-Aktivitäten eher aus diesem Bereich angestoßen werden; es sollte aber nicht übersehen werden, daß die Unterhaltungselektronik ein Massenmarkt ist!

Gruppeninteraktion hat drei Aspekte: die Kommunikation, die Kooperation, und die Koordinierung. Die Kommunikation basiert auf den Möglichkeiten, Informationen über private und öffentliche Netze auszutauschen. Dabei sind asynchrone und synchrone Kommunikation zu unterscheiden. Asynchrone Kommunikation bedeutet, daß nicht ständig eine Verbindung zwischen den Teilnehmern durchgeschaltet ist. Dies ist. z.B. bei Electronic Mail der Fall. Synchrone Kommunikation - wie beim Telefon - erst ermöglicht realzeitliche Kommunikation zwischen den Teilnehmern. Effiziente Kooperation bedingt den jederzeitigen Austausch von Informationen. Koordination bezeichnet den für Gruppenarbeit notwendigen Verwaltungsaufwand, die Integration und Harmonisierung der Aktionen Einzelner zur Erreichung des gemeinsamen Ziels. Die Koordination ist deshalb erforderlich, weil mehrere Teilnehmer nicht an separaten, sondern an einer Aufgabe arbeiten. Fehlende Koordination führt zu Mehrfacharbeit und zu Konflikten. Die meisten heutigen Software-Pakete unterstützen nur jeweils einen Benutzer; Multi-User-Benutzung ist fast immer unmöglich.

3 Anwendungen kooperativer Hypermedia-Systeme

Einige typische Anwendungsbereiche für Hypermedia / CSCW sind:

- Publishing / Dokumentation / Archivierung, z.B. Wartungsdokumentationen für technische Produkte, Unterstützung komplexer Systeme (Leit- und Überwachungssysteme u.ä.), hypermediale Reaparaturanweisungen, Video-Kommunikation mit Experten

- Zukünftige verteilte Ingenieurs- und andere Arbeitsplätze, rechnergestützte Planungs- und Konstruktionsdialoge, Zugriff auf Zeichnungsarchive, Integration von CAD-Entwürfen, die räumlich und zeitlich verteilt erstellt wurden.

- Werbungs- und Verkaufsunterstützung, Fachberatung, hypermediale Präsentationen, hypermediale Produktdatenbanken, Animationen und Videofilme für Reisebüros, Versandhaus"kataloge" auf CDs, Teleberatung im Bankbereich

- Bildung, Schulungsverfahren, "CBT" (Computer Based Teaching), z.B. Lehrmaterial mit integrierten Animationen, das von Gruppen erstellt wird. CBT ermöglicht dem Lerner, seine Lern-Geschwindigkeit selbst zu justieren. Untersuchungen haben ergeben, daß CBT ein effizienteres Lernen unterstützt, als herkömmliches Lernen in einem Klassenverband, wo nur eine Lerngeschwindigkeit für alle Teilnehmer gilt. Es ist zwar teurer, CBT-Lernmaterial zu erstellen, dafür kann dieses aber wesentlich günstiger verteilt werden.

- Orientierung in komplexen Informationsstrukturen, Zugriff auf Datenbanken und Wissensbasen, z.B. medizinische Assistenz- und Informationssysteme, "Telemedizin", Expertenkonferenz zu kritischen Fällen. In einem integrierten System könnte ein Arzt zwischen den verschiedenen Betrachtungsweisen der angebotenen Medien wählen und so z.B. die Diagnosedaten von Computertomographen, Röntgenfilmen und Elektrokardiogrammen synchronisiert auf einer Bedienoberfläche betrachten und sich dazu andere Signale über Lautsprecher ausgeben lassen. Durch Spracheingabe oder auch durch "Anklicken" eines Körperorgans mit dem Cursor am Bildschirm könnte ein Arzt in eine Datenbank verzweigen und dort Beispiele von Krankheitssymptomen oder Kommentare aus der Literatur abrufen. Selbstverständlich müßte dabei das System den Arzt intelligent führen und unterstützen, damit dieser ohne Mühe an die relevanten Informationen kommt und nicht von Daten überflutet wird.

4 Welche Technologie ist heute verfügbar?

Wir unterscheiden zwischen Technologien, die spezifisch für Multimedia, Hypermedia oder kooperatives Arbeiten sind, und "Querschnittstechnologien", die für alle diese Bereiche Bedeutung haben. Zu letzteren zählen Technologien zur Gestaltung von Bedienoberflächen, die Verarbeitung von Bewegtbildern, die Sprachverarbeitung, die Künstliche Intelligenz, die Datenbank-Technologie und die Vernetzungstechnologie. Diese werden kurz im folgenden ersten Abschnitt angesprochen. Bei der Bewegtbild-Verarbeitung werden wir zwischen computergenerierten Bewegtbildern, oder Animationen, und ''realen'' Darstellungen, also Videosequenzen, unterscheiden.

Die genannten Technologien sind - wenn auch noch nicht immer in der vollen wünschenswerten Funktionalität - heute schon verfügbar, allerdings i.w. isoliert. Erforderlich ist ihre Integration in ein Gesamtsystem. Erforderlich ist darüberhinaus die Konzipierung und Entwicklung von Hilfsmitteln, mit denen Anwender aus den vorhandenen Basistechnologien homogene Applikationen erstellen können: Multimedia- / Hypermedia-Entwurfsumgebungen. In den anschließenden drei Abschnitten werden Technologien für Multimedia, Hypermedia und kooperatives Arbeiten vorgestellt, hauptsächlich durch die Beschreibung real existierender Systeme.

4.1 Querschnittstechnologien

Bedienoberflächen-Gestaltung: So wie sich das Lesen eines elektronischen Dokumentes im erweiterten Sinne nicht mehr auf die Ausgabe am Drucker oder am alphanumerischen Bildschirm beschränkt, ist auch die Bearbeitung, also die Erstellung, das Kopieren, das Löschen, die Versendung, die Archivierung und das Retrieval dieser Dokumente komplexer geworden. Die Vereinfachung der Handhabung durch den Benutzer und die Erweiterung des angebotenen Funktionsspektrums durch Hypermedia und kooperatives Arbeiten sind Vorzüge, die dadurch zu bezahlen sind, daß die Bedienoberflächen-Software immer schwieriger zu erstellen und zu warten ist. Ferner können elegante, bedienerfreundliche Oberflächen nur in einem iterativen Abstimmprozeß zwischen Anwender und Systementwickler entstehen, der in frühen Planungsphasen einsetzen muß. Ziel muß es daher sein, Werkzeuge, sogenannte User Interface Design Systeme, zur Verfügung zu stellen, die sowohl die rationelle Entwicklung von ergonomischen Bedienoberflächen ermöglichen, als auch das Prototyping unterstützen. Merkmale dieser Werkzeuge sind: Offenheit, Portabilität und Unterstützung der Wiederverwendbarkeit, vor allem aber die Nutzbarkeit auch ohne Programmierwissen. Solche Systeme gestatten den Entwurf des statischen Layouts einer Bedienoberfläche, wie auch den Entwurf des dynamischen Verhaltens der Bedienoberfläche. Beispiele sind der DialogBuilder von Siemens-Nixdorf, oder SX/Tools von Siemens [Küh91].

Animation: dieser Bereich umfaßt die Modellierung von Objekten, den Aufbau von virtuellen Umgebungen, die Bewegungsbeschreibung für Objekte, und die wirklichkeitsnahe Visualisierung des sich ergebenden Szenenablaufs. Jeder dieser Teilbereiche kann mit Werkzeugen durchgeführt werden, die in ihrem

Leistungsumfang, ihrem Aufwand und ihrer Bedienerführung sehr unterschiedlich sind. Dies gilt im besonderen Maß für die Definition von Bewegungen, der eine zentrale Aufgabe in der Computer-Animation zukommt. Hier ist die einfachste und am weitesten verbreitete Methode die Angabe von Schlüsselszenen (Keyframes). Neuere und leistungsfähigere Animationswerkzeuge verwenden zusätzlich Objektkinematik und -dynamik, Kollisionsdetektion und andere prozedurale Techniken zur Bewegungsbeschreibung. Physikalische Bewegungssimulation und aufgabenorientierte (task-level) Bewegungszusammenfassung von Teilbewegungen spielen dabei eine wichtige Rolle. Gegenüber herkömmlichen "realen" Videosequenzen bietet die Computer-Animation insbesondere die Vorteile der Aufhebung physikalischer Grenzen, der Möglichkeit zur Filterung des Wesentlichen und des höheren Grades an Interaktivität durch den Betrachter. Daß Animation nicht nur eine Spielerei ist, sondern zunehmend als Medium ernstgenommen wird, zeigt das Beispiel des Flugsimulators. Die ersten Flugsimulatoren dienten aufgrund ihres sehr begrenzten Darstellungsvermögens auch mehr der Unterhaltung; inzwischen jedoch sind Flugsimulatoren sowohl im zivilen als auch militärischen Bereich nicht mehr wegzudenken.

Videosequenzen: Das Schlüsselwort hier ist "Digitalisierung". Ehe Videosequenzen im Rechner gespeichert, verarbeitet und präsentiert werden können, müssen sie in digitaler Form vorliegen. Das Problem liegt an den gewaltigen Datenraten, die zu transportieren sind: Ein einzelnes Fernseh-Bild in digitalisierter Form hat ca. 750 KByte. Pro Sekunde sind ca. 25 bis 30 Bilder zu verarbeiten und darzustellen; dies bedeutet eine Datenrate von etwa 20 MByte pro Sekunde. Arbeitsplatzrechner haben weder soviel Übertragungskapazität, noch hinreichend viel Speicher, noch die nötige Verarbeitungskapazität. Die heute übliche Lösung besteht in der Nutzung von (De-)Komprimierungstechniken. Es gibt hier bereits einige Standards bzw. Standardisierungsversuche (Kap. 5). Insbesondere für Video-Digitalisierung scheint sich DVI von IBM, INTEL und Microsoft durchzusetzen. Mit DVI kann man auf einer CD-ROM eine über 70-minütige Videosequenz unterbringen. Dies bedingt einen Komprimierungsfaktor von 150:1, was natürlich zu gewissen, aber nach eigenen Erfahrungen akzeptablen, Qualitätsverlusten führt. DVI ist als Chip-Set erhältlich. Es unterstützt zwei Modi: im RTV-Modus (Real Time Video) erhält man lediglich eine Auflösung von 128 x 120, bei schlechterer Qualität als bei Videorecordern. Im PLV-Modus (Production Level Video) wird eine Auflösung von 256 x 240 unterstützt. Die PLV-Komprimierung muß heute noch mit einem teuren Parallelrechner durchgeführt werden.

Sprachverarbeitung: Das Übertragen, Kodieren und Speichern von Sprache wird heute in vielen Bereichen durchgeführt. Ein neues Gebiet stellt hierbei die Sprachannotation dar, wo sprachliche Randbemerkungen in Dokumente aufgenommen und bei Bedarf vom "Leser" in akustischer Form abgerufen oder per "Electronic Mail" verschickt werden können. Ein neues großes Anwendungsgebiet der Sprachverarbeitung stellen Sprachdialogsysteme dar. Sie werden heute für Informationsdienste, "voice response systems" eingesetzt, wo abgespeicherte Sprachinformationen über Telefon abgerufen werden können. Mit einem Wortschatz von 10 bis 50 Wörtern erfolgt die Bedienung über Wortkommandos, die sprecherunabhängig von einem Spracherkenner bearbeitet werden. Die Anwendungen sind sehr einfach, so daß eine freie Dialogführung und eine semantische Interpretation nicht erforderlich ist. In jüngster Zeit wird in der Forschung an sprachverstehenden Dialogsystemen gearbeitet, die diese Beschränkungen aufheben. Hierbei ist eine enge Integration der Disziplinen

- Spracherkennung: Erkennen von Wortfolgen,

- Linguistik: Syntaktische und semantische Analyse der Sprache,

- Dialog-Modellierung (Dialog Handler): Diskursanalyse, Dialogsteuerung,

- Sprachsynthese: Synthetische Generierung von Sprache aus Text

erforderlich. Der Stand der Technik der Einzeldisziplinen soll im folgenden charakterisiert werden. Zu weiteren Details siehe [Zue90].

Spracherkennung: Ein Erkennungssystem mit sehr großem Wortschatz wurde von IBM unter dem Namen "Tangora 20 000" aufgebaut [Ave87]. Es wurde zum Diktieren von Texten bei einem Wortschatz von 20 000 Worten entworfen. Zwischen den Wörtern müssen kleine Sprachpausen vorhanden sein (Einzelwortsprechweise). Das System ist sprecherabhängig, d.h., es muß für jeden neuen Sprecher neu trainiert werden. Zum Erkennen fließend gesprochener Sprache werden derzeit Systeme mit einem Wortschatz bis 1000 Wörtern untersucht. Diese Systeme sind sprecherabhängig und erzielen je nach Sprachmodell Worterkennungsraten von 80 bis 95 %. [Akt89] beschreibt Aspekte des bei Siemens entwickelten Systems SPICOS. Sprecherunabhängige Spracherkennungssysteme werden für den Telephonbereich entwickelt, wobei von einem sehr kleinen Wortschatz (Zahlwörter und einige Kommandowörter) ausgegangen wird.

Linguistik: Die linguistische Analyse bezieht sich weitgehend auf geschriebenen Text. Die Analyse gesprochener Sprache steht noch in den Anfängen. Die syntaktische Analyse betrachtet Einzelsätze und zerlegt sie nach syntaktischen Kategorien (Nomen, Verb, Subjekt, Objekt, etc.). Hierzu werden verschiedene Paradigmen entwickelt, mit denen schon sehr erfolgreich die syntaktische Struktur von Sätzen ermittelt werden kann. Die semantische Analyse beschränkt sich bisher auf inhaltlich relcht einfache Sätze und ist weit weniger ausgereift als die syntaktische Analyse. Die Darstellungen von Sätzen komplizierter Struktur, vor allem mit temporal und lokal bezogenen Aussagen, sowie die Definition des Geltungsbereiches von Quantoren (z.B. wieviele, einige) werfen schwierige Probleme auf. Insbesonders stellt sich das Problem, daß die Semantik eines Wortes oder einer syntaktische Struktur nicht nur aus dem Einzelsatz, sondern aus den Gesamtkontext erschlossen werden muß.

Dialog-Modellierung: Die derzeit untersuchten Dialoge sind vom Typ her Auskunftsdialoge (z.B. Fahrplanauskunft), bei denen ein Benutzer Auskunft aus einer Datenbank erhalten möchte. Bei diesen Dialogtypen muß das System den Informationswunsch oder falsche Annahmen des Benutzers erkennen und den Dialog im Hinblick auf eine befriedigende Auskunft steuern. Zu der gesamten Dialogproblematik sind nur rudimentär Ansätze vorhanden.

Sprachsynthese: Systeme, die aus Text Sprache erzeugen, sind heute kommerziell erhältlich. Die Stimmen klingen jedoch unpersönlich, monoton und sehr unnatürlich. Dies zu verbessern ist Gegenstand aktueller Forschungsaktivitäten, wobei man sowohl versucht, die akustische Spracherzeugung besser zu modellieren, als auch die Intonation besser mit der syntaktischen und semantischen Struktur des zu sagenprechenden Textes in Einklang zu bringen.

Künstliche Intelligenz (KI): Sie kann überall dort nützlich sein, wo Randbedingungen berücksichtigt werden müssen, die nicht a priori bekannt sind. KI-Systeme können eingesetzt werden, um z.B. Benutzerpräfenzen bezüglich Bedienoberflächen festzustellen. Der heuristische Charakter von KI-Systemen wird also genutzt, um im Laufe der Sitzung das System auf die aktuellen Benutzer "einzuschießen". Typischerweise nutzen z.B. verschiedene Teams ein Gruppenarbeitssystem sehr unterschiedlich, und KI kann zur Adaptierung des Systems genutzt werden.

Datenbank-Technologien: Hypermedia-Informationssysteme müssen Text, Bilder (Vektor- und Pixelgraphik), Audio- und Bilddaten, sowie Verweise speichern können. Anforderungen an Hypermedia-Datenbanken sind u.a.:

- Unterstützung verschiedener medienabhängiger Speichermedien

- Verwaltung großer zeitabhängiger Datentypen (Audio, Video)

- Synchronisation zeitabhängiger Datentypen zum Abrufzeitpunkt

- Berücksichtigung unstrukturierter Datentypen

- Unterstützung des assoziativen Zugriffs auf Datenbank-Inhalte.

Herkömmliche Datenbanksysteme werden diesen Anforderungen nicht gerecht. Weder unterstützen sie die Speicherung komplexer unstrukturierter Objekte, noch bieten sie Transaktions- und Synchronisationskonzepte zur Unterstützung zeitabhängiger Datentypen. Realzeitfähigkeiten werden hier von der Betriebssystem-Ebene gefordert. I.w. gibt es zwei Ansätze zur Berücksichtigung der Forderungen:

- Entweder verwendet man kommerziell erhältliche relationale Datenbanken wie Informix oder Ingres, und ergänzt ihre Funktionalität um die Behandlung "großer" unstrukturierter Objekte, sogenannter "BLOBs" (Binary Large OBjects). Informix Online ist Ergebnis einer solchen Vorgehensweise, wobei ein Objekt hier bis zu 2 GByte groß sein darf.

- oder man verwendet von vornherein objekt-orientierte Datenbanken. Diese Typen von Datenbanken sind noch sehr neu, scheinen für Hypermedia-Systeme aber sehr geeignet zu sein, da man mit ihnen auch unstrukturierte Objekte und sogar deren Verarbeitungsfunktionalität ablegen kann [She90]. Allerdings bieten sie noch keine sehr bedienerfreundlichen Oberflächen. Das Siemens-System OMEN verfolgt diesen Ansatz [Den89].

Man muß klar feststellen, daß objekt-orientierte Datenbanken gerade erst am Anfang ihrer - allerdings vielversprechende - Technologie stehen. Die beste Strategie für Hypermedia-Informationssysteme scheint daher ein evolutionärer Weg von heutigen relationalen Datenbanken hin zu objekt-orientierten Datenbanken zu sein.

Vernetzungstechnologie: Durch sie soll sichergestellt werden, daß Faxen, Telefonieren, aber auch der schon gewohnte Austausch von Daten über den Rechner ermöglicht werden, d.h., Ziel ist die Integration der Datenkommunikation mit der heutigen Nachrichtenkommunikation. Die Vernetzung muß aber auch die Hilfsmittel für die Übertragung von Videos, Animationen, Audio-Sequenzen ermöglichen. Der Austausch von Nachrichten muß daher über die heutigen Fähigkeiten der "electronic mail", die "nur" Texte zu übermitteln gestattet, deutlich hinausgehen. Man kommt dann, insbesondere wenn man Realzeit-Übertragungen verlangt, mit den heutigen schmalbandigen Verbindungen wie Telefonleitungen (im Bereich mehrerer 100 Bit pro Sekunde) nicht aus, sondern muß breitbandige Verbindungen nutzen (im Bereich mehrerer 100 Megabit pro Sekunde). Entsprechende Netze stehen heute schon teilweise zur Verfügung (etwa das VBN - Vorläufer-Breitband-Netz) der Deutschen Bundespost, oder das von der DETECON betreute Breitbandnetz-Projekt "BERKOM" in Berlin. Solche Netze werden auch für erste prototypische Anwendungen eingesetzt, z.B. BERKOM für kooperatives Arbeiten zwischen Ärzten an Berliner Kliniken. Es fehlt aber eine flächendeckende Vernetzung. Diese soll das Breitband-ISDN leisten, das derzeit von der Deutschen Bundespost konzipiert wird.

4.2 Multimedia: Eine Integrationsaufgabe

Wie oben festgestellt, existieren heute eigentlich schon alle Bestandteile multimedialer Systeme, zumindest in einem Anfangsstadium. Die eigentliche Aufgabe beim Entwickeln multimedialer Systeme besteht damit darin, diese Bestandteile in sauberer Art und Weise miteinander zu integrieren. Wir stellen i.f. die kommerziell-erhältlichen Lösungen einiger Firmen dar zu dieser Thematik. Typischerweise handelt es sich um komplette Hardware-Software-Lösungen, die aber als geschlossenen Systeme bezeichnet werden müssen. Teilweise werden schon rudimentär Hypermedia-Funktionalitäten geboten.

Commodore hat mit dem Amiga-Rechner ein Produkt, das speziell auf die Verarbeitung und Darstellung von Graphik und Videos entwickelt wurde. Allerdings wird Video auch mit dem Amiga nicht digitalisiert verarbeitet; tatsächlich wird auf eine externes, direkt an den Monitor gereichtes Videosignal die Graphik des Rechners "übergeblendet" (englisch: "overlay technique"). Man kann dann Videosignale nicht verarbeiten, also z.B. nicht zwei Szenen in einer Sequenz gegeneinander austauschen (in zeitlicher Reihenfolge). Aber (De-) Komprimierung ist nicht erforderlich. Der Amiga unterstützt über seine Software ansonsten eine weite Multimedia-Funktionalität: er hat ein Multitasking-Betriebssystem, eine graphische Bedienoberfläche, gestattet die Verarbeitung von Animationen und Audio, und verfügt auch über ein Autorensystem für das Erstellen zeitlicher multimedialer Abläufe. Die Hauptanwendungen liegen im Computerspiel-Bereich, weniger als wissenschaftlicher Rechner. Die Commodore-Lösungen sind nicht standardisiert.

Auch Fujitsu hat (in Japan) einen Multimedia-Rechner auf Basis INTEL 80386 vermarktet, den "FM TOWNS", wie der Amiga eher im Homecomputer-Bereich. Das Betriebssystem ist eine spezielle Erweiterung von MSDOS, die u.a. CD-ROM direkt unterstützt. Zusätzlich können Mikrofone, Kameras usw. angeschlossen werden. Sprachannotationen werden unterstützt. Videosequenzen können zwar digitalisiert und gespeichert werden, aber nur 7 Sekunden (!) zu je 10 Einzelbildern, und das in sehr schlechter Qualität; mehr Platz hat der Hauptspeicher nicht. Das Autorenwerkzeug "TOWNSgear" - es unterstützt begrenzt Hypermedia-Funktionalität - erinnert stark an Apples HyperCard. Der FM TOWNS unterstützt auch den Telephon-Anschluß über eine ISDN-Schnittstelle. Der TOWNS hat auf dem Markt nicht den erwarteten Erfolg gehabt; für den Homecomputer-Markt war er zu teuer, und es gab anfangs praktisch keine Software zu kaufen. Standards werden auch nicht unterstützt.

Apple ist sicher der prominenteste Anbieter von Multimedia-Rechnern (Hardware wie Software). Der Apple Macintosh II ist heute die typische Maschine für Desktop Publishing / Presentation. Zur Kombination der verschiedenen unterstützten Medien liefert Apple das Werkzeug HyperCard [Goo87] bei jedem Rechner mit aus. HyperCard bietet tatsächlich eine sehr einfache Hypertext-Funktionalität mit Autorenwerkzeug-Funktionalität. HyperCard ist eigentlich kein Hypertext-System, sondern eine karten-orientierte Programmierumgebung. Die Programmiersprache HyperTalk wird interpretiert. Dies ist während der Entwicklung vorteilhaft, kann aber zu Laufzeitproblemen führen. Apple hat zur Kooperation der verschiedenen Software-Werkzeuge und Peripherie-Geräte eine Architektur entworfen, die Apple Media Control Architecture (AMCA), die es Software-Anbietern leicht machen soll, für Apple Software zu entwerfen. Eins der interessantesten Werkzeuge ist "Director" von Macro-Mind, womit Drehbücher für Multimedia-Szenen erstellt werden können. Als nächsten Schritt sieht Apple die Integration von hochwertiger Audio-Qualität. Bei Video hält sich Apple zurück, da die Qualität heute noch nicht genüge.

NeXT-Rechner stehen inzwischen in einem ähnlichen Ruf wie Apple-Rechner. Sie verfügen über digitale Signalprozessoren für hochqualitative Audio-Verarbeitung. Von besonderer Bedeutung ist das Betriebssystem: UNIX, aber basierend auf dem Realzeit-Kern Mach von der Carnegie-Mellon-University [Acc86]. Hinzu kommen hervorragende Werkzeuge für objekt-orientiertes Programmieren und für die Gestaltung graphischer Bedienoberflächen. NeXT unterstützt alle Vernetzungsstandards, wie TCP/IP und NFS. Selbst Faxen kann man von einem NeXT-Rechner aus, über Telephon-Modem. Großer Wert wird auf Audio-Qualität gelegt, während Videoverarbeitung erst bei hinreichender Qualität angeboten werden soll - wie bei Apple. Audio kann sogar über "Electronic Mail" verschickt werden. Offen ist, ob in hinreichend kurzer Zeit hinreichend viel Software für NeXT zur Verfügung steht.

4.3   Von Multimedia zu Hypermedia

Während es bereits etliche Multimedia-Systeme auf dem Markt zu kaufen gibt, vornehmlich im MS-DOS-Bereich, müssen Hypermedia-Systeme (wie auch CSCW-Systeme) in den Bereich der Vorfeldarbeit eingeordnet werden. Zusätzlich unterstützen die meisten Systeme, die sich selbst als Hypermedia-System bezeichnen, auch schon in gewissem Maße kooperatives Arbeiten. Dies ist nur natürlich, wenn man an die Möglichkeit denkt, daß man Verweise ja auch auf entfernt abgelegte Dokumentteile setzen kann.

Andries van Dam und Ted Nelson haben bereits 1968 an der Brown University das System HES (Hypertext Editing System) entwickelt. Daraus wurde 1971 FRESS entwickelt (File Retrieval and Editing System). FRESS wurde z. B. eingesetzt für einen Kurs über Dichtung. Benutzer konnten Gedichte mit Annotationen versehen, durch Gedichtsammlungen "browsen", (bidirektionalen) Verweisen folgen, oder Verweise setzen. Fress unterstützt mehrfache Sichten auf die Daten. FRESS bot bereits die Möglichkeit des "Undo" an, des Rückgängigmachens vorheriger Kommandos. FRESS wird seit 1981 nicht mehr unterstützt, aber nach wie vor benutzt.

Eines der weitestgehenden heutigen Hypertext-Systeme ist Ted Nelsons Xanadu [Nel73], ein elektronisches Verlagssystem für Multimedia-Veröffentlichun-
gen. Xanadu ist als offenes Hypermedia-System konzipiert: es soll "Kunden"
offenstehen, um darin veröffentlichte Dokumente zu erweitern oder zu ändern,
und damit eine neue Version des Dokumentes zu schaffen. "Kunden" sind
Autoren und Leser, die Mitglieder im Xanadu-Programm sind. Xanadu unterstützt Text, Graphik, Video und Audio (beides digitalisiert), bidirektionale
Links, und "Sensoren", die vordefinierte Ereignisse melden, die sich an einem
bestimmten Dokument ereignen, etwa wenn eine neue Version erstellt wurde,
ein Verweis gesetzt wurde, o.ä. Xanadu unterstützt Versionsverwaltung und
mehrfachen Zugriff auf ein Dokument.

Bei Xerox PARC entstand NoteCards [Hal88], ein Hypermedia-System zur Erleichterung von Forschungsaufgaben. Die einzelnen Knoten wie auch die (ge-
richteten) Verweise sind jeweils von einem bestimmten Typ. Typen können
auch von Anwendern neu definiert werden. Die Typisierung gestattet typ-
orientiertes Suchen. NoteCards ist in Interlisp geschrieben; es ist nicht Multi-
User-fähig.

Interessante aktuelle Entwicklungen zu Hypermedia finden im Rahmen des
Project Athena am MIT statt. Dort wurde der Toolkit "Muse" für die Konstruk-
tion hypermedialer Lernumgebungen entwickelt, der z.B. für eine Anwendung
verwendet wurde, in der man sich zum Lernen von Französisch auf eine "virtuelle Reise" durch Paris begibt. Man kann sich Videos anschauen, Dialoge an-
hören, aber auch konventionelle Mittel wie Text und Graphik verwenden. In
einem Sprachkurs kann auch beispielsweise ein Student interaktiv am Bildschirm eine fiktive Appartmentsuche in Paris durchspielen. Parallel und synchron zu Bildern oder Videosequenzen werden dabei Untertitel mit Textpassa-
gen angezeigt und Sprache ausgegeben. Der Student kann durch einfache
Kommandos den Videofilm zurückfahren oder wiederholen lassen. Szenen, in
denen dem Studenten Aufgaben gestellt werden, sind als Knoten in einem
Netzwerk festgelegt, so daß dem Studenten die Möglichkeit gegeben wird, interaktiv zu verzweigen und damit den Verlauf des Dialogs zu bestimmen. Muse
läuft unter X und unterstützt die Digitalisierung eines NTSC-Videosignals.
Auch ein Autorenwerkzeug mit Präsentationseditor (Skriptsprache für zeitabhängige Präsentationen) existiert. Muse erlaubt das Setzen von Verweisen
zwischen "Informationspaketen". Folgt man einem Verweis, so wird sein Ziel-
paket aktiviert, läuft also ab.

Zum Schluß noch ein Beispiel im Zusammenhang mit Code-Inspektion: Am
SEI (Software Engineering Institute) der Carnegie Mellon University in Pittsburgh wird ein System entwickelt, mit dem Code-Inspektion gelehrt werden
soll. Das System verwendet eine Hypermedia-Bedienoberfläche mit Standbil-

dern und Video (es nutzt DVI), Hypertext-Werkzeugen zur Untersuchung von Sourcecode, und eine menü-basierende Bedienoberfläche mit Anschluß an natürliche Sprache.

4.4   Kooperative Systeme

Engelbart's und English's System NLS (oN Line System) war eines der ersten CSCW-Systeme [Eng68]. Es war ein Hypertext-System, das Filter für die selektive Betrachtung der vorhandenen Informationen hatte, aber auch eine Unterstützung für on-line-conferencing, allerdings eingeschränkt auf den Austausch von Texten. Es war nicht mehrfensterfähig. Das Nachfolgesystem Augment unterstützt sowohl Mehrfensterfähigkeit als auch Graphik. Augment verfügt über "Electronic Mail", Telekonferenz-Fähigkeit mit "Shared Screen", ein integriertes Hilfe-System, Verweis-Funktionalität, mehrfache Sichten, und Mausbedienung. Engelbart erfand tatsächlich die Maus! Er ist - neben Nelson und van Dam - einer der Pioniere im Bereich Hypermedia / kooperatives Arbeiten.

Andere existierende, einfachere Systeme sind von Gruppen benutzbare Texteditoren. Der Editor selbst muß sich dabei um die Synchronisation und Abstimmung der von einzelnen angestoßenen Änderungen kümmern. Jeder Benutzer benutzt das System dabei so, wie einen normalen Single-User-Editor. Ein Beispiel eines solchen Systems ist das "Collaborative Editing System" [Gre86]. Manche derartige Systeme weisen Anwender explizit auf Aktionen weiterer Anwender hin.

Telekonferenz-Systeme sind als spezielle CSCW-Systeme zu betrachten, sofern sie noch Rechnerunterstützung bieten. Solche Systeme sollen die Geschwindigkeit und Qualität, mit der eine Gruppe eine Entscheidung zu fällen hat, erhöhen. Es gibt spezielle Hilfsmittel für die Wertung von Alternativen, für Abstimmungen, oder für die Erzeugung von Ideen. Solch ein System ist SIBYL [Lee90]. Ein Beispiel für ein Telekonferenz-System für die gemeinsame Erstellung rechnergestützter Dokumente ist das Rapport Multimedia Conferencing System [Ahu88]. Ein weiteres Beispiel ist MERMAID [Wat90] von NEC. MERMAID gestattet den Austausch von Multimedia-Dokumenten mit Video- und Audio-Komponenten über schmalbandiges ISDN. Es gibt bei Konferenzen mit MERMAID ein sogenanntes "Blackboard"-Fenster, in dem jeder Konferenz-Teilnehmer editieren kann. Dabei hat jeder Teilnehmer einen eigenen Zeiger, wodurch es den anderen Teilnehmern leichter fällt, die einzelnen Benutzer-Aktionen zu unterscheiden und nachzuvollziehen.

KMS [Aks88] ist ein verteiltes Hypermedia-System, das für kooperatives Arbeiten eingesetzt wird. KMS entstand aus ZOG, einem Projekt über Bedienoberflächen an der Carnegie Mellon University. KMS-Knoten heißen "Frames", sind nicht typisiert, und können eine beliebige Mischung von Text, Vektor- und Bitmapgraphik beinhalten. Es gibt hierarchische (strukturelle) und nicht-hierarchische (assoziative) Verweise. Links sind unidirektional, starten an einem Graphik- oder Textobjekt, und enden an einem kompletten Frame. Über Links können aber auch Programme gestartet werden, die in einer speziellen Skript-Sprache geschrieben sein müssen. Verteilte Datenbanken werden unterstützt. KMS ist kommerziell erhältlich seit 1983. KMS bietet keine graphischen Übersichtsfunktionen, ist ein geschlossenes System (wie alle anderen derzeitigen Systeme auch), und verlangt sehr viel Rechenzeit. KMS wurde z.B. eingesetzt für die Entwicklung juristischer Datenbanken.

Das leistungsfähigste heutige System dürfte Intermedia [Yan88] vom IRIS-Institut der Brown University (Providence, Rhode Island) sein. Intermedia läuft unter A/UX auf Macintosh II. Intermedia ist ein Multi-User-Hypermedia-System. Intermedia enthält unter anderem Text- und Graphikeditoren, Videoclip-Editoren, Animationseditoren, sowie einen "Timeline-Editor". Benutzer können (bidirektionale) Verweise zwischen Informationseinheiten (benutzerdefinierbaren Blöcken) setzen. Bei Intermedia kann man sogar Daten über Verweise schicken und holen ("warm links"). Dies wird bei Intermedia benutzt, um kooperatives Arbeiten im Multi-User-Betrieb zu ermöglichen. Man kann den gesamten Inhalt einer Intermedia-Datenbank nach Schlüsselwörtern durchsuchen. Über die Gesamtstruktur eines Hypermedia-Dokuments kann man Sichten legen, die Teilausschnitte des Netzes ausfiltern. Leider wurde die Entwicklung von Intermedia kürzlich eingestellt.

5 Einige offene Probleme

Neben globalen Problemen wie der Behandlung zeitabhängiger Datentypen und der Entwicklung von Autorensystemen, insbesondere auf Basis eines Betriebssystems, das Vernetzungsaspekte stärker unterstützt als MS-DOS, etwa UNIX, sehen wir für Multimedia- und Hypermedia-Systeme heute die Standardisierung als zentralen Problembereich an. Darauf gehen wir im ersten Abschnitt ein, anschließend dann auf spezifische Probleme bezüglich Hypermedia bzw. kooperatives Arbeiten. Auch hier werden nur die zentralen Probleme dargestellt, nicht etwa alle!

5.1 Standardisierung

Es ist kaum zu erwarten, daß sich ein einziges Hypermedia-System durchsetzen wird. Aber heutige Systeme sind sämtlich nur stand-alone benutzbar, also geschlossen. Eine Standardisierung der Verweise und Verweis-Verwaltung würde es gestatten, Hypermedia-Daten auch aus unterschiedlichen Hypermedia-Systemen zu verbinden.

Wenn man mit UNIX arbeiten will, muß man das Fenstersystem X berücksichtigen. X enthält aber weder hochleistungsfähige Graphik, noch Audio- oder Video-Funktionalität. Es laufen zur Zeit allerdings Arbeiten, X entsprechend zu ergänzen. PEX ist eine Empfehlung für eine Ergänzung von X zur Verarbeitung von 3D-Graphik. Am MIT wird ferner gearbeitet an einer Erweiterung von X in Richtung Video-Verarbeitung. Es sollen Funktionen für die Darstellung und Speicherung von Videosequenzen angeboten werden; an eine rechnergestützte Steuerung eines Videorecorders ist heute - im Gegensatz zu einer früheren Version - aber nicht mehr gedacht. Das Olivetti Research Center schließlich arbeitet an VOX, einer Audio-Erweiterung von X. Es gibt Pläne, Spracherkennung und Sprachsynthese zu unterstützen. Neben Olivetti arbeiten an dieser Thematik auch das MIT und DEC.

Weitere Standards existieren im Bereich der Dokument-Verarbeitung. Typischerweise wird die Architektur von Dokumenten standardisiert. Noch unberücksichtigt sind aber z.B. Verweise von Hypertext-Dokumenten, oder zeitabhängige Informationstypen wie Audio und Video. Auch Relationen zwischen Informationseinheiten, wie Synchronisation, müssen noch berücksichtigt werden. Einige Dokument-Standards sind SGML (Standard Generalized Markup Language [ISO88a]) und ODA (Office Document Architecture [ISO88b]). SGML unterstützt lediglich die syntaktische Struktur eines Dokuments, nicht aber das Verhalten eines Dokuments bezüglich seiner Darstellung und Verarbeitung. ODA gestattet den Austausch von Dokumenten in einem offenen Netzwerk. ODA kann zwar um neue Informationstypen erweitert werden, nicht aber um zeitabhängige Typen. Die MHEG-Gruppe [ISO90b] arbeitet am Entwurf neuer, objekt-orientierter Architekturen für Hypermedia-Dokumente. Eine weitere Standardisierungsaktivität ist HyTime [ISO91b], eine Modellierung und Sprache für die Darstellung hypermedialer Dokumente. HyTime will den Austausch von Informationen zwischen Hypermedia-Dokumenten erleichtern, selbst wenn diese von unterschiedlichen Anwendungen erzeugt wurden.

Die Arbeitsgruppe JPEG (Joint Photographic Experts Group) innerhalb ISO / IEC arbeitet an einem (De-)Komprimierungsstandard für Graustufen- und Farbbilder. Abhängig von der gewünschten Qualität können Bilder bis zu einem Faktor von 200:1 komprimiert werden. Bis zu einem Faktor von etwa

20:1 kann ein ungeübtes Auge kaum einen Unterschied erkennen! Der JPEG-Standard [ISO91a] ist bereits auf einem Chip der Firma C-Cube (USA) implementiert, der in weniger als einer Sekunde ein Bild komprimiert. Die Arbeitsgruppe MPEG (Moving Picture Experts Group) innerhalb ISO / IEC arbeitet analog an einem (De-)Komprimierungsstandard für Bewegtbilder [ISO90a]. Der Standard wird kompatibel sein mit amerikanischen und europäischen Fernseh-Normen.

Eine wichtige Organisation im Bereich Standards für Hypermedia ist die IMA (Interactive Multimedia Association). IMA wurde 1987 von einer Reihe Firmen (u.a. 3M, Apple, IBM, INTEL, Kodak, Mixcrosoft, NCR, Pioneer, Sony) gegründet mit dem Ziel, Kompatibilität für hypermediale Produkte und Anwendungen zu erreichen. Das amerikanische Verteidigungsministerium hat inzwischen die IMA-Ergebnisse als verbindlich für zu kaufende Software erklärt.

5.2 Hypermedia

Das Finden von Informationen in einem Hypermedia-Dokument ist häufig schwierig. Man kann das Hypertext-System navigierend durchsuchen, also längs der Verweise, kann aber auch durch Suchen nach Schlüsselwörtern, Attributwerten u.ä. vorgehen. Man kann sich auch mittels Übersichten, "Landkarten", sogar mit "Fischaugenlinsen" (nahe Dinge werden detaillierter, entferntere zunehmend mit weniger Details dargestellt) in dem Hypertext-Dokument zurechtzufinden versuchen. Dies gestattet wie die Suche nach Schlüsselwörtern den direkten Sprung an bestimmte Textstellen (nicht über die Verweise). Eine Unterstützung durch Techniken der Künstlichen Intelligenz, vielleicht unter Einbeziehung benutzeradaptiven Systemverhaltens wäre hilfreich. Die genannten Mechanismen müssen kombiniert angeboten werden. Zur Navigation gibt es in manchen Systemen neben den Verweisen auch noch spezifische Kommandos, etwa um in der durchlaufenen Reihenfolge der Knoten einen oder mehrere Schritte rückwärts gehen zu können. Hilfreich ist es, wenn nicht nahezu alle Informationen miteinander verzeigert sind, sondern wenn die Verweise sich tatsächlich an der Zusammengehörigkeit der Inhalte orientieren. Ersteres liefert zwar mehr Flexibilität, unterstützt aber weniger ein zielgerichtetes Suchen. Auch dynamische Verweise können helfen; es ist z.B. manchmal sinnvoll, Verweise zu bereits besuchten Knoten wegzulassen. Es gibt auch schon erste Ansätze, in die Netzstruktur eines Hypertext-Dokuments höhere, abstraktere Schichtungen einzuführen, ähnlich wie man auch beim Chip-Entwurf sehr erfolgreich Hierarchiestufen benutzt, nach schaltungslogischen Gesichtspunkten. Ohne eine solche Hierarchisierung wären heutige Chips tatsächlich nicht mehr entwerfbar.

Offen ist, wie man aus linearen Dokumenten Hypermedia-Strukturen erzeugt.
Es ist nicht einmal klar, wann ein solches Vorgehen überhaupt sinnvoll ist.
Jedenfalls fehlt heute eine Werkzeugunterstützung für die Definition von Ver-
weisen, die über rein technische Hilfestellung hinausgeht. Das Verfassen von
Hyperdokumenten ist überhaupt ein Problem, das heute noch nicht gelöst ist.
Man geht zu sehr von traditioneller Schreibweise für sequentielles Lesen aus.
Es gibt immerhin eine Kriterienliste von Ben Shneiderman, nach der Doku-
mente auf "Hypermedia-Fähigkeit" untersucht werden können:

- Es handelt sich um einen großen Informationskomplex, der aber in logisch
  wohlunterscheidbare Informationseinheiten zerfällt.

- Diese Informationseinheiten stehen in Beziehung miteinander.

- Anwender benötigen nicht zu jedem Zeitpunkt immer die Gesamtmenge
  an Information, sondern nur jeweils Teilausschnitte.

5.3 Kooperative Systeme

Wenn mehrere Benutzer etwa einen Editor gemeinsam benutzen, soll dann
immer nur eine Person jeweils Zugriff zur Modifikation des Inhalts einer Text-
datei haben, oder sollen mehrere gleichzeitig, etwa an verschiedenen Positionen im Text, arbeiten können? Die Frage ist, etwas anders formuliert, ob man
die Koordinierung vollkommen durch die Technik, also eingebaut in die Software, löst (erster Fall), oder ob man davon ausgehen kann, daß sie sich durch
soziales Verhalten, durch Gruppendynamik, einspielt (wie es im zweiten Fall
erforderlich ist). Dann muß z. B. die Gruppe erst lernen, daß es keinen Sinn
macht, wenn alle gleichzeitig ein Dokument zu "scrollen" versuchen, sondern
daß es dafür einer Absprache bedarf: "wir sollten uns einmal den und den Abschnitt anschauen." "Technische" Protokolle sind insbesondere bei Anfängern
zuverlässiger und effizienter, engen aber auch sehr ein, und fördern die eigentliche Gruppenkooperation nicht notwendig. Generell stellt sich die Frage, wie
man anderen Benutzern eigene Aktionen nicht nur darstellt, sondern auch
verständlich macht. Andere sehen ja möglicherweise gar nichts von der "Welt",
in der man selbst lebt, und die bestimmte Gründe für oder gegen eine Entscheidung beinhaltet. Eine Lösung ist hier die Nutzung audio-visueller Kommunikationskanäle, über die solche Entscheidungen zu begründen sind.

Eine sehr wichtige offene Frage bezüglich CSCW ist, ob die Applikation, die
von der Gruppe verwendet wird, einmal zentral, oder auf jedem benutzten
Rechner separat existiert. Im ersten Fall sorgt ein zentraler Server für die Verteilung von Output an alle beteiligten Rechner, und er nimmt Input entgegen,
den er dann an die Applikation weiterreicht. Im zweiten Fall wird Input an
jede lokale Kopie weitergegeben, wobei auf die korrekte Reihenfolge zu achten

ist. Output wird dann lokal erzeugt und muß nicht verteilt werden, da alle Kopien denselben Input erhalten haben. Die "zentrale" Lösung ist einfacher zu realisieren, Applikationen brauchen nicht einmal modifiziert zu werden. Die Lösung mit Kopien bringt allerdings mehr Performanz (es muß nur Input, nicht aber Output verteilt werden, außerdem geht das Arbeiten mit einer lokalen Kopie schneller). Bei der Lösung mit Kopien treten naturgemäß besondere zeitliche Differenzen auf, da lokale Kopien unter Umständen unterschiedlich schnell laufen. Fragen wie "Sehen Sie die Graphik auch schon?" sind typisch. Diese Probleme sind in dem Artikel über das System MMConf [Cro90] detailliert diskutiert.

Soll es immer möglich sein, daß jeder Benutzer einer Gruppe sich seinen eigenen Ausschnitt, etwa aus einem Textdokument, anschaut, möglichst auch noch in der ihm genehmen Repräsentation, oder ist es nicht gelegentlich erforderlich, alle Benutzer auf einen Ausschnitt, und in gleicher Darstellung, zu konzentrieren? Dies Thema ist auch unter dem Stichwort "WYSIWIS" (What You See Is What I See) bekannt. Dies Prinzip sichert, daß alle immer das Gleiche sehen; es stellt sich eben die Frage, ob dies auch immer wünschenswert ist. WYSIWIS ist inflexibel, aber relativ leicht zu implementieren. Als Kompromiß könnte man sich eine abgemilderte Form von WYSIWIS vorstellen, wo zumindest Dinge wie Fenstergröße, Font, etc. individuell einstellbar sind. Ein extremer Fall ist z. B. dann gegeben, wenn für das Editieren von Texten lokal sogar unterschiedliche Texteditoren verwendet werden können. Dies setzt eine Architektur mit lokalen Kopien der Applikation voraus.

Zum Schluß ...

Die aufgeführten Konzepte sollen als Grundlage dienen, um die Herausforderungen hinsichtlich der kooperativen Bearbeitung hypermedialer Informationen bewältigen zu können. Neben materiellen Wirtschaftsgütern erlangen Information, Wissen und maschinelle Intelligenz immer mehr Bedeutung. Schon heute fallen in Wirtschaft, Politik und Forschung mehr Daten an, als verarbeitet oder auch nur nutzbar gemacht werden können. Eine Verarbeitung, die Informationen dem Menschen leichter verständlich macht, also Sortierung, Konzentration und Verteilung dieser Informationen, wird sich zu einer Schlüsseltechnologie entwickeln, deren Beherrschung sowohl wirtschaftliche als auch politische Vorteile bietet. Informationen werden zum Verkauf angeboten werden und im Prinzip jedem zur Verfügung stehen.

Bessere Übertragungsmöglichkeiten, nicht nur in Inhouse-Netzen, werden bald über Breitbandnetze zur Verfügung stehen. Die öffentlichen Netze führen gerade breitbandige ISDN-Dienste ein. Dadurch wird die interaktive Nutzung von Daten, die über Kontinente verteilt gespeichert sein können, möglich, ohne daß der Benutzer sich dessen bewußt zu sein braucht.

Die Übertragungstechniken sind nur dann wirklich nutzbar, wenn entweder alle Beteiligten dasselbe Hypermedia-System benutzen, oder die Standardisierung schon soweit fortgeschritten ist, daß Dokumente leicht zwischen unterschiedlichen Systemen ausgetauscht werden können. Die Fehler der Vergangenheit, wo zahllose Insellösungen entstanden sind, sollten nicht wiederholt werden. Es müssen integrierte und kompatible Systeme angestrebt werden, durch die für die Kommunikationsgesellschaft die Anwendung der Multi-Media-Kommunikationstechniken erschlossen wird.

Wir werden sicher davon ausgehen können, daß Hypermedia und kooperatives Arbeiten sich durchsetzen werden; diese Techniken und Konzepte orientieren sich vollkommen an menschlicher Denk- und Arbeitsweise. Zugleich wird sich ihre Durchsetzung aber eher evolutionär als revolutionär vollziehen. Die heutigen Käufer solcher Systeme sind sicher nicht bereit, bereits existierende Software- und Hardware-Lösungen von heute auf morgen durch neue Lösungen zu ersetzen. Die Käufer wollen außerdem, soweit möglich, herstellerunabhängig sein. D.h., offene, standardgerechte und vernetzbare Systeme sind der Weg der Zukunft. UNIX dürfte damit aus der bisherigen Dornröschen-Rolle bezüglich Hypermedia aufwachen. Noch fehlen UNIX allerdings die insbesondere auf MS-DOS bereits vorhandenen Werkzeuge. Im Bereich der graphischen Bedienoberflächen hat sich allerdings die Anpassung von UNIX an MS-DOS bereits vollzogen. Weitere Schritte müssen und werden folgen.

Literatur

[Acc86]   M. Accetta et.al.: "Mach: A New Kernel Foundation for UNIX Development", Proc. USENIX Summer '86 Conf., Atlanta (1986) 93 - 112

[Ahu88]   S. R. Ahuja, J. R. Ensor, D. N. Horn: "The Rapport Multimedia Conferencing System", Proc. Conf. on Office Information Systems, Palo Alto, CA, 1988, ACM, New York (1988) 1 - 8

[Aks88]   R. M. Akscyn, D. L. McCracken, E. A. Yoder: "KMS: A Distributed Hypermedia System for Managing Knowledge in Organizations", Comm. ACM, Vol. 31, No. 7 (1988) 820-835

[Akt89]   A. Aktas, H. Höge: "Real-time recognition of subword units on a hybrid multi-DSP/ ASIC based acoustic front-end",
Proc. IEEE Conf. on Acoustics, Speech and Signal Processing, 1989, Edinburgh (1989) 101 - 103

[Arn90]   N. Arnett: "A Structural Model of Content-Rich Interactive Multimedia Products", Tutorium, Nicograph Konferenz Tokyo (1990)

[Ave87]   A. Averbuch et.al.: "Experiments with the Tangora 20 000 word speech recognizer", Proc. of the ICASSP '87, Dallas (1987) 701-704

[Bai90]   C.W. Bailey: "Intelligent Multimedia Computer Systems: Emerging Information Resources in the Network Environment",
Library HiTech, Issue 29 (1990) 29 -41

[Bus45]   Bush, V.: "As We May Think", Atlantic Monthly 176 (1945) 101 - 108

[Cro90]   T. Crowley, P. Milazzo, E. Baker, H. Forsdick R. Tomlinson: "MMConf: An Infrastructure for Building Shared Multimedia Applications", Proc. Conf. on Computer Supported Cooperative Work, Los Angeles, CA, 1990, ACM, New York (1990) 329 - 342

[Den89]   H. Dentler et al: "Upgrading a Complex Object DBMS to Full Object-Orientation: A Case Study", Proc. Second Intern. Conf. on Data and Knowledge Systems for Manufacturing and Engineering, Gaithersburg, Maryland (1989)

[Eng68]   D. C. Engelbart, W. K. English: "A Research Center for Augmenting Human Intellect", Proc. Fall Joint Computer Conference, San Francisco, CA, 1968, AFIPS, Reston, VA (1968) 395 - 410

[Goo87]   D. Goodman: *The Complete HyperCard Handbook*, Bantam Books, New York (1987)

[Gre86]   I. Greif, R. Seliger, W. Weihl: "Atomics Data Abstractions in a Distributed Collaborative Editing System", Proc. 13th Annual Symposium on Principles of Programming Languages, St. Petersburg, Fla., 1986, ACM, New York (1986) 160 - 172

[Hal88] F. G. Halasz: "Reflections on NoteCards: Seven Issues for the Nexyt Generation of Hypermedia Systems",
Comm. ACM, Vol. 31, No. 7, (1988) 836-853

[ISO88a] Standard Generalized Markup Language, ISO8879, ISO (1988)

[ISO88b] Information Processing - Text and Office Systems - Office Document Architecture (ODA) and Interchange Format, ISO8613, ISO (1988)

[ISO90a] Coding of Moving Pictures and Associated Audio, Draft ISO11172, ISO / MPEG 90/176 (1990)

[ISO90b] Coded Representation of Multimedia and Hypermedia Information, ISO / MHEG (1990)

[ISO91a] Digital Compression and Coding of Continuous-Tone Still Images, Draft ISO10918, ISO / JPEG (1991)

[ISO91b] Information Technology - Hypermedia/Time-based Structuring Language (HyTime), Draft ISO10744, ISO (1991)

[Küh91] Th. Kühme, P. Witschital: "Direkte Komposition von Bedienoberflächen", Posterband zur Software-Ergonomie '91, Institut für Arbeitspsychologie der ETH Zürich (1991)

[Lee90] J. Lee: "SIBYL: A Tool for Managing Group Decision Rationale", Proc. Conf. on Computer Supported Cooperative Work, Los Angeles, CA, 1990, ACM, New York (1990) 79 - 92

[Nel73] T. H. Nelson: "A Conceptual Framework for Man-Machine Everything", Proc. AFIPS (1973)

[She90] T. Shetler: "Birth of the BLOB - Multimedia Databases will Radically Change the Way You Look at and Work with Information", BYTE, (1990) 221-226

[Wat90] K. Watabe, S. Sakata, K. Maeno, H. Fukuoka, T. Ohmori: "Distributed Multiparty Desktop Conferencing System: MERMAID", Proc. Conf. on Computer Supported Cooperative Work, Los Angeles, CA, 1990, ACM, New York (1990) 27 - 38

[Yan88] N. Yankelovich et.al.: "Intermedia: The Concept and the Construction of a Seamless Information Environment", IEEE Computer, Vol. 21, No. 1 (1988) 81-96

[Zue90] K. Zünkler: "Speech-understanding systems: The communication technology of tomorrow", Schwärzel and Mizin (Eds.): *Advanced Information Processing*, Springer-Verlag Heidelberg (1990) 227-251

Software Engineering Practice, Research and Education

A. Nico Habermann

Carnegie Mellon University

Abstract

The task of education and educators is threefold:

- to teach basic principles that have a lasting value and can be applied in the analysis of events, phenomena and artifacts;

- to provide insight into the current state of the art and the historic development that led to this state;

- to teach a body of facts, procedures and mechanisms for the application of knowledge.

The fundamental aspects of education apply to every discipline, including software engineering. Its objectives of producing high quality software products and software tools are well served by high quality education of its practitioners. When software engineering emerged as a separate subdiscipline, initially most of the effort went into the development of concepts and methodologies. In recent years experience has shown that these concepts and methodologies can not be effectively taught without the support of integrated tools and task-oriented programming environments. We must pay attention to the development of these tools and environments for educational purposes in order to turn out better prepared software engineers.

1. Introduction

It is often hard to define a discipline accurately in terms of primitive notions that are familiar to everybody. For instance, an attempt to describe *computer science*, or *Informatica* as the Europeans say, might be: "Computer science (Informatics) is the discipline that involves the study of algorithms, including their properties and issues of representation, implementation and execution, and that involves the design and application of programs and supporting equipment for the creation of information systems that can be used for information retrieval and for the generation of new information." Although such a definition characterizes the field in general terms, it clearly fails to convey the nature of the problem domain in which computer scientists are interested. It would be hard to derive from this description that, for instance, programming languages constitute a major topic of interest in computer science. It is not uncommon that scientists avoid all problems of describing their discipline with a phenomenal characterization in the style of: "Computer science is what computer scientists do."

In the case of Engineering, we can do a little better than saying: "Engineering is what engineers do." The Dictionary of the American Language says that Engineering is the application of scientific knowledge or technical know-how to the creation of mechanisms that facilitate the achievement of a goal. This description applies well to various forms of engineering as we know them, including civil engineering, mechanical engineering, chemical engineering and electrical engineering. It also applies well to software engineering, where the mechanisms are software tools and programming environments, and the goal is the production of reliable and user-friendly software systems that perform well and that are constructed according to their specifications, on time, and within budget.

It is interesting to note that software engineering has the peculiar characteristic that the mechanism it creates are of the same nature as the goal it pursues: both mechanism and goal are software systems. Mechanical engineering finds itself in a similar position since it devises machines to produce machines. This is in contrast to civil engineering which is not likely to employ mechanisms of the same nature as its goal: the construction of an airport, for example, requires the use of heavy machinery and trucks. There is no particular need for another airport as one of the construction tools.

The two points I wish to make in this short paper are that an important aspect of software engineering is its *application to itself* and that this fact is relevant to software engineering education. Since mechanism and target are both cast in terms of software, it is obvious that similar development support tools will serve the purpose of both. After a brief discussion of the foundation of software engineering and the nature of education, the paper concludes with discussing the application of software engineering to software engineering education.

2. The Foundation of Software Engineering

In order to do a good engineering job, one has to understand both the target product and the available means [Fl84]. This implies that the software engineer must understand the construction and application of software systems and also the techniques for analyzing and improving systems. This is obviously a tall order, because it requires the software engineer to know the core of computer science and to be sufficiently familiar with application fields such as business management or the natural sciences. It requires him or her also to know the typical techniques and mechanisms that have been developed to control and improve the software production process.

Since a thorough knowledge of the main body of computer science is a necessary prerequisite, software engineering should not become the major topic of study until a level has been reached equivalent to that of a senior college undergraduate in computer science. If an undergraduate program in computer science is to prepare for further study in software engineering, it should emphasize programming languages and systems and leave room for electives in other disciplines, including business administration, the natural sciences, the humanities and also the arts. If one also recognizes the need for software engineers to have sufficient background in discrete mathematics, computer technology and computer literacy, it follows that the proper place for a software engineering program is at the master degree level as one of several possible specializations in computer science.

In this day and age people very much agree on the important role of software not only in computer applications, but even in the design of hardware. And the importance is increasing rather than decreasing. A good example of this trend is in Dr. Schwartzel's book "Informatik in der Praxis" in which software dominates, a fact strongly endorsed at the time by one of the insightful leaders of Siemens, the late Dr. Beckurts [Sc86]. However, recognizing the importance of software in applications does not imply that people also recognize the importance of *education* in software engineering. Too many people have the illusion that software can be written by anybody because it requires just a bit of thinking. Besides access to a computer, there is no need for physical tools or engines, nor do we have to buy and transport materials, nor do we need construction space. It is really necessary to recognize this illusion for what it is and realize that software engineering is not something like driving an automobile, but requires specific knowledge and know-how just like other engineering disciplines. The only effective way of acquiring this knowledge and know-how is in my opinion through education.

3. The Nature of Software Engineering Education

In the planning of the Software Engineering Institute, we made a clear distinction between training and education [Ba85]. This distinction has been clearly stated in various documents and is also reflected in the structure of the SEI, notably in the creation of a Technology Transition & Training division and a Research & Education division.

The emphasis of training is on "how to do a job" rather than on analyzing the job and on considering alternative methods. Education, on the other hand, is always analytic in nature; it not only presents new material to students, but it also teaches students to discover common features as well as differences and to make relative value judgments. Another difference between training and education relates to an aspect that many sciences and engineering disciplines have in common: the experimental approach to testing a hypothesis or to providing evidence for an idea or a viewpoint. Whereas training primarily concerns the acquisition of factual information and know-how, education teaches students to apply the scientific method of analysis, experimentation and evaluation.

In the abstract I stated that the task of education and of educators is:
- to teach basic principles that have lasting value and can be applied to the analysis of events, phenomena and artifacts;

- to provide insight into the current state of a discipline and the development that led to this state;

- to teach a body of facts, procedures and mechanisms for the application of knowledge.

For software engineering this implies a program that includes both the teaching of methods and mechanisms as well as hands-on experience. The basic principles of software engineering can be categorized along three dimensions inherent to the construction of large software systems. These dimensions represent:

- The quality of the target software product;

- the process controlling the development of a product;

- the interaction and communication between people creating a product.

The first category, which may appropriately be labeled *product control*, consists of product properties such as reliability, user-friendliness, performance, fault-tolerance, etc. Software engineering involves tools and techniques that measure software products with regard to these various properties and help us create products that possess these desirable properties.

The second category, for which *process control* is an appropriate label, deals with issues concerning what is generally known as the "software lifecycle" which describes the development of a software product as a sequence of steps that starts with requirement specifications and leads through design specifications, implementation, system construction and testing to software maintenance [Fa85]. Years of experience have shown that these steps should not be arranged as successive development phases ordered in time. Requirement specifications, for instance, are always incomplete at the beginning of a project and need refinement when design and implementation are in progress. It seems not even rare that specifications are still being modified when software has reached the maintenance stage [Bo81]. One should therefore treat these steps as coexisting product views, each describing a different aspect of the software system we want to produce. Requirement specifications describe the purpose of a system, design specifications the conceptual architecture and functionality, implementation how the system works, system construction how the pieces are put together, testing how well it works, and maintenance what kind of trouble was encountered, what changes were made and which extensions were implemented.

The third category that deals with people interacting is generally known as *project management*. The need for it arises from people working together as a team whose task it is to get a product out of the door within a predetermined period of time with the use of limited resources [Br75]. Project management tries to increase the probability that this task can be done in the given time frame and with the available resources. It does so in two ways:

- by enforcing rules of behavior and the use of standards;

- by maintaining project status information and making it generally accessible.

Rules of behavior and standards apply primarily to policies on documentation, modification rights and deadline control. When code or documents are modified, there must be a way to force a programmer to leave a trace of the change. It should be impossible for a programmer to leave the project in an ill-defined intermediate state. In addition, managers are likely interested in enforcing documentation and coding standards that make it possible for programmers to share and exchange not only ideas, but also code. Well maintained project information enables programmers to look at the current state of the project and to assemble system configurations from the proper versions of the necessary program modules.

The partitioning of the software production process along the three dimensions, product control, process control and project management, can serve as the basis for a coherent software engineering curriculum. It can be used to categorize the principles of software engineering and can also be used to survey the current state of the art. Once a good overview of the existing techniques is assembled along these three dimensions, one can analyze the status of each individual piece with respect to availability, accuracy, adaptability, formal foundation, etc.

The content put into such a curriculum depends largely on the particular school of thought one likes to associate with. There are those who believe that it is the task of software engineering to develop specific methodologies for the three tasks. They promote particular design methods for programs and particular rules for lifecycle and project management [Bo81, Fa85]. There are others who believe that software engineering should focus on *facilitating* the three tasks, but not try to sell people on a specific methodology [Ha85, Le84]. The methodology camp will of course try to put a lot of their convictions into a software engineering curriculum, while the facilitating camp will emphasize fundamentals, tools and techniques. It seems to me that software engineering can indeed contribute a lot by providing support tools and environments that automate significant parts of production and management without promoting a particular methodology. Moreover, applying a methodology may be useful, but looking for a universal one seems futile. We should also be aware of the danger that applying a methodology may prevent people from thinking when they should.

4. The Educational Environment

Software engineering concepts were first developed in the early seventies when programming-in-the-large became an issue. Their development is quite different from that of other subdisciplines such as operating systems, programming languages and databases. These other subdisciplines gave rise to a large variety of systems, all built around an increasing body of common knowledge and expertise. This has unfortunately not been the case in software engineering. Early on in the development, an irreparable rift emerged between two camps, one consisting of proponents of formal verification and the other consisting of those promoting the informal method of code testing. That rift has not been healed to this date. In addition, many measurement and development support tools have been developed in an adhoc fashion and in relative isolation. The result is a large collection of tools adequate for specific purposes, but lacking coherence and common principles.

The lack of coherence in software development tools is apparent in the programming environments that most programmers work in today. It is common that people work with text editors that don't know anything about programming languages, with programming languages that don't anything about the file system and with debuggers that understand object code, but not the source language in which programs are written.

The recent development in the design of integrated programming environments is an encouraging sign of improvement. Research has resulted in creating environments that provide coherent sets of tools in support of specific software development tasks. There is no doubt that a major task of software engineering in the near future is going to be the production of marketable programming environments that offer integrated sets of task-oriented tools.

The main point to be made here is that a good educational program in software engineering must integrate the traditional oral and written communication between teacher and student with experimental programming environments. These environments should contain both software systems and software engineering tools that can be analyzed and applied by the students. The motivation for such an integrated organization of the curriculum is twofold:

- first, development and measurement tools are not only to be used, but also to be analyzed and modified;

- second, students should work in a rich software environment that enables them to do worthwhile software engineering experiments.

Software engineering and operating system courses have suffered for a long time from a lack of adequate programming environments. In these classes, experimentation has usually not fared well, because students had to implement even minimal support for their work from scratch. The resulting environment was usually too poor to be used for any realistic experiment and absorbed most of the time available for doing a class project. This situation has improved with the creation of tools and environments by talented individuals. However, most of these tools and environments are made for a specific class, lack generality and cannot be easily shared by others.

Having a good environment available to support education has proven to be extremely valuable for programming-in-the-small as has been demonstrated by systems such as the Program Synthesizer and Gnome [Tr81, Ga84]. Benefits will be even greater when environments support the complex task of process control and project management.

The least a programming environment for a software engineering curriculum must provide is a set of common software engineering tools for the development and measurement of software products and the software production process. It is unacceptable to rely on a traditional environment with nothing else than a text editor, a compiler, a debugger and a file system and maybe at best an additional text preparation facility.

Just as the natural sciences and engineering rely on their laboratories, software engineering cannot do without a software laboratory that includes good system examples and the necessary software tools to apply to them. Therefore, no curriculum design should proceed without adopting or designing an educational support environment. If this task is taken seriously at the beginning, there is good hope that designing the curriculum will have an impact on the design of support environments and vice versa. An additional benefit is obtained if the development and enhancement of the support environment is continued and keeps up with further developments and revisions of the course material. The experiences with the Program Synthesizer and with the MacGnome system are very encouraging in that respect. Both systems have progressed considerably since their inception and have included many facilities that provide specific support for the courses in which they are used.

Software engineering is undoubtedly leading to further automation in the near future. Interesting software development systems and language systems have been developed in the past that provide integrated tool sets for the task at hand (e.g., Interlisp [Te81], DSEE [Le84]). However, a serious drawback of these systems is their handcrafted nature. They are typical examples of designs based on good principles, but providing little flexibility for evolution. Reusability through further automation of the system generation process is therefore one of the major promises for the near future. Examples of how to do that kind of automation are the Synthesizer Generator [Tr88], the Gandalf System [Ha86] and others.

5. Conclusion

The main objective of software engineering is to facilitate the production of high-quality software systems, within budget and on time. Software engineering is peculiar in that its target product and the mechanisms to create a product are of the same nature; both are software systems. As a result an important activity of software engineering is the construction of tools to construct tools. A software engineering curriculum must pay attention to this important aspect of software engineering and must include the choice of a rich software engineering environment that provides an integrated set of tools first for analysis and application, but also for the construction of new tools.

A proper framework for a curriculum in software engineering is provided by partitioning the field along three dimensions, involving the software product, the development process and project management. This framework can be used for classifying the principles underlying software engineering, for analysis and for the application of existing tools and mechanisms.

Educational support for software engineering must be developed in parallel with a curriculum design so that the one can have an impact on the other. It is totally unrealistic to rely on software support that students write during the course. Such an approach always leads to poor support and absorbs most of the available time in class. As a result, the experiments carried out with that kind of support are inevitably small in scale and narrow in scope. Creating a permanent educational support environment has the additional advantage that gradual improvements can be tuned to changes and revisions of the curriculum. Only in this way will we be able to dispell the illusion that software engineering is an adhoc activity that can be done by anybody. A well designed education program in software engineering is an essential step to improving the quality of both the software product and the development process. This is a goal of vital interest to industry and society at large which both depend more and more on reliable software systems that are flexible and easy to use.

References

[Ba85]   Barbacci, M.R.; A.N. Habermann; M. Shaw: *The Software Engineering Institute: Bridging Practice and Potential*
IEEE Software **2**, November 1985

[Bo81]   Boehm, B.: *Software Engineering Economics*
Prentice-Hall, Englewood Cliffs, N.J. 1981

[Br75]   Brooks, F.: *The Mythical Man-Month*
Addison-Wesley, Reading, Mass. 1975

[Fa85]   Fairley, R.E.: *Software Engineering Concepts*
McGraw-Hill, New York, N.Y. 1985

[Fl84]   Floyd, Ch.: *Eine Untersuchung von Software Entwicklungsmethoden*
Proc. German Section of ACM, **18**. München April 1984

[Ga84]   Garlan, D.B. and P.L. Miller: *GNOME: An Introductory Programming Environment Based on a Family of Structure Editors*
Proceedings ACM, SIGSOFT/SIGPLAN Software Engineering Symposium on Practical Software Development Environments, Pittsburgh, Pa. April 1984

[Ha86]   Habermann, A.N. and D.E. Notkin: *Gandalf Software Development Environments*
IEEE Transactions on Software Engineering, **12**, 12, December 1986

[Hu89]   Humphrey, W.S.: *Managing the Software Process*
Addison & Wesley, Reading, Mass. 1989

[Le84]   Leblang, D.B. and R.P. Chase, Jr.: *Computer-Aided Software Engineering in a Distributed Workstation Environment*
Proceedings ACM, SIGSOFT/SIGPLAN Software Engineering Symposium on Practical Software Development Environments, Pittsburgh, Pa., April 1984

[Sc86]   Schwärtzel, H.: *Informatik in der Praxis*
Springer Verlag, Heidelberg, Berlin 1986

[Te81]   Teitelman, W. and L. Masinter: *The Interlisp Programming Environment*
Computer **14**, 4, April 1981

[Tr81]   Teitelbaum, R. and T. Reps: *The Cornell Program Synthesizer: A Syntax-Directed Programming Environment*
CACM **24**, 9, September 1981

[Tr88]   Teitelbaum R. and T. Reps: *The Sythesizer Generator: A System for Constructing Language-based Editors*
Springer Verlag, New York 1988

Virtually Shared Memory Architectures for Scalable Universal Parallel Computers

Hermann Hellwagner

Siemens AG

Abstract

Recent results in theoretical computer science confirm that highly parallel, general-purpose shared-memory computers can in principle be built. These results are established by studying emulations of an idealised shared-memory parallel machine model, the *Parallel Random Access Machine* or *PRAM*, on realistic distributed-memory parallel systems. Within this context, this paper reports on the basic approaches to provide the common-memory abstraction in a distributed-memory machine *(Virtually Shared Memory* or *VSM)*.

The background and significance of PRAM emulation, and the rationale of this work – to bridge the gap between theoretical concepts and their exploration in practice – are given in some detail. Two principal alternative VSM architectures are introduced, one using memory *hashing* as suggested by the theoretical work, the second employing *caching* techniques as recent VSM implementations do. The functionality required on each node to provide VSM support, and desirable hardware features are pointed out. Finally, the approach taken to evaluate and compare the performance of the basic schemes is described. Performance figures are to yield insight into the design of VSM for future highly parallel computers.

1 Introduction and rationale

Today, a number of parallel computers are available commercially and are being successfully employed in a growing range of application areas. However, most of these systems are of small or modest scale and/or for special-purpose or limited use only. As a consequence, more research effort has recently been directed into exploiting the potential of highly scalable and truly general-purpose parallel systems. Work to that aim has been carried out on different levels.

First, recent *theoretical work* established basic results and concepts which constructively show that efficient universal parallel computers can in principle be built; no substantial theoretical impediments to general-purpose parallel computing have been found. These insights were obtained by studying emulations of an idealised parallel machine model, the *Parallel Random Access Machine (PRAM)*, on realistic parallel hardware. Notable solutions to the PRAM emulation problem are reported by Valiant [Valiant 90a, 90b] and Ranade [Ranade 87], for example. This issue will be covered in further detail in section 2.

Second, research into *general mechanisms* and novel parallel *architectures* is resulting in progress being made towards the creation of scalable general-purpose parallel machines. Dally's universal mechanisms for concurrency [Dally & Wills 89] and their implementation in the J-machine [Dally et al. 89] may be regarded as an example. BBN's Monarch parallel processor design [Rettberg et al. 90] and, to some extent, the Tera computer architecture [Alverson et al. 90] are commercial endeavours to come up with highly parallel, multiple-purpose systems.

Third, new *components* are being developed which will simplify and stimulate the construction of massively parallel systems. Work in this direction is exemplified by the Inmos effort to develop the next generation of transputers (H1) and new VLSI routing devices (C104) [May & Thompson 90; May 91], allowing such parallel systems to be built with modest effort.

Finally, the advances in architecture and hardware are to be supplemented by innovative *software* techniques and tools, in particular compilers and operating systems to manage the complexity of a massively parallel system.

Obviously, these directions cannot be pursued independently; in fact, in the projects mentioned above, work is being performed on multiple levels. For instance, in both the Monarch and Tera projects, the architecture as well as the crucial building blocks, e.g., processors, communication components, memory controllers, as well as software are developed in an integrated approach. In order to demonstrate the feasibility of the PRAM emulations in practice, theoreticians are aiming at implementing their emulation models in real hardware. For example, Ranade has proposed the Fluent machine, an architecture which can support the abstract machine (a very high-level, powerful programming model) efficiently and inexpensively [Ranade et al. 88]. Other researchers [Abolhassan et al. 91] are planning to do an improved implementation of Ranade's emulation approach.

Despite the considerably different nature of the above approaches, they indicate that future highly parallel, general-purpose parallel computers will have, among others, the following characteristics:

▸ They will feature novel system and subsystem architectures and a well-balanced design. Processors, the interconnection network, the memory architecture, and system software will carefully be reconciled with each other.

▸ They will support fine-grain parallelism through low-latency communication, a lightweight process model and fast process switching, or multithreading [Alverson et al. 90]. On the other hand, massive application parallelism will be required to hide communication and memory access delays.

▸ They will strictly isolate the programmer's view of the machine (the programming model) from the intricate architectural and hardware details. Convenient and powerful abstractions will be provided. This will hopefully open up the route towards more portable parallel software and, eventually, architecture-independent parallel computation [Skillicorn 90].

▸ In particular, it is envisaged that the programmer will be provided with the abstraction of *shared memory*, regardless of whether the hardware platform is a truly shared-memory or a distributed-memory machine. Parallel programming with shared variables is widely regarded as being more convenient and flexible than using message passing. Hence, there is considerable interest in presenting the logical view of shared memory even on distributed-memory systems (perhaps in addition to the message-passing paradigm). Such *logically* common memory is usually referred to as *Virtually Shared Memory (VSM)* or *Distributed Shared Memory (DSM)*.

The work reported in this paper deals with the latter issues concerning memory architectures and virtualisation of machine organisation.

It is carried out within the ESPRIT II project PUMA (*P*arallel *U*niversal *M*essage-passing *A*rchitectures), part of which is investigating the feasibility and viability of Valiant's PRAM emulations in practice. Valiant's results are challenging and significant in that they disclose concepts and algorithms enabling the idealised shared-memory PRAM model to be emulated on a realistic distributed-memory architecture with *optimal (asymptotic) efficiency*. The major objective of the PUMA PRAM research is to establish whether the proposed algorithms are implementable and efficient enough to be used in practical machines, and to devise mechanisms and architectural/hardware support to increase their efficiency in future parallel machines. Thus, in the above context, the PUMA PRAM work aims at bridging the gap between theoretical concepts and their exploration in practice.

The key factor of a PRAM emulation is to provide the common-memory abstraction on distributed-memory hardware in an efficient way; that is, to devise and implement a suitable VSM scheme. This paper reports on the VSM management concepts developed for Valiant's PRAM emulation approach, and on desirable hardware support for distributed global memory.

Two principal alternatives to providing a global view of distributed memory for a future PRAM-based, general-purpose parallel computer have been identified. One is derived from the theoretical approach and is termed the *hashing* technique since it randomises global memory (and accesses to it) across the memory modules available. It is described in section 3. The second approach is inspired by recent proposals and implementations of VSM schemes to provide the global memory abstraction in today's distributed-memory parallel machines. This approach comprises a number of *caching* schemes which exploit locality of reference to reduce both access latency and network load. These are covered in section 4.

Within the PUMA project, new processing and communication components are being developed [May & Thompson 90]. There is confidence that these components already provide suitable hardware support for many of the features envisaged for a scalable general-purpose *message-passing* parallel computer [May 91]; examples include lightweight processes and fast process scheduling, the potential of implementing high-throughput, low-latency interconnect, and virtually full connectivity. However, the devices will not support distributed common memory operations. We have therefore identified features and functionality that future components should implement to efficiently deliver VSM support as well. This functionality is outlined in section 5 by means of the notion of a *VSM Server*.

It is the ultimate goal of our work to quantitatively assess and compare the performance of the two basic PRAM VSM schemes. Section 6 outlines the performance evaluation approach that is taken to obtain useful performance figures. It is hoped that these will prove useful in the design of memory architectures for future PRAM-based, massively parallel computers.

2 PRAM emulation and bulk-synchronous parallelism

A PRAM is an idealised model of a shared-memory parallel computer. It essentially consists of a (possibly infinite) number of processors, accessing and communicating via a global memory (possibly of infinite size). The processors operate synchronously; in each step of the computation, every processor can make an access to common memory. Memory accesses are of uniform cost and take unit time; there is no notion of memory locality.

Different variants of the PRAM model are defined according to simultaneous access of the same memory location by more than one processor. Exclusive-read exclusive-write (EREW), concurrent-read exclusive-write (CREW), and concurrent-read concurrent-write (CRCW) models are the most common ones. The PUMA PRAM work adopts the natural *concurrent-read exclusive-write (CREW)* PRAM convention in which any number of processors may simultaneously (i.e., in a single step) read from the same memory location, but a write into a memory cell must be the sole access to that location in that step.

The PRAM model is significant in that it abstracts from any architectural and hardware details and constraints and allows parallel computation to be studied per se. It offers a powerful, convenient, architecture-independent programming model without imposing limitations on parallelism. It has therefore extensively been used to develop and study (efficient) parallel algorithms, and to devise techniques for parallel algorithm design. A parallel complexity theory has emerged as well.

A wealth of parallel algorithms has been formulated for PRAMs [Gibbons & Rytter 88; Karp & Ramachandran 90]. They are usually not in a form that allows immediate use in a given practical problem; rather, they must be tailored to the specific machine architecture and software environment. It would therefore be preferable to have this matching step happen automatically; that is, to have the PRAM emulated on the given machine.

In this setting, the PRAM model, together with an appropriate parallel programming language, would represent a powerful programming model and could serve as a platform to write architecture-independent, portable parallel software. The programmer would have explicit control of the parallelism in the program, but does not have to take care about memory and process allocation or communication. The tedious tasks of memory and communication management are performed by the emulation algorithm. That is, the emulation establishes the link to the actual machine, and it must do this efficiently, even if the machine's architecture does not match the programming model's abstractions at all.

Valiant's analysis [Valiant 90a, 90b] has disclosed a method how a PRAM can be emulated efficiently (in an asymptotic sense) even on a distributed-memory and loosely coupled machine such as the hypercube. The emulation is via an intermediate model, the so-called *bulk-synchronous parallel (BSP) model*. The basic principle is depicted in figure 1.

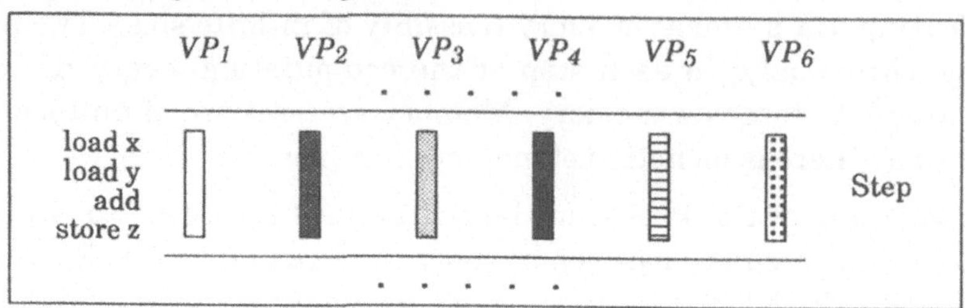

(a) PRAM execution in steps

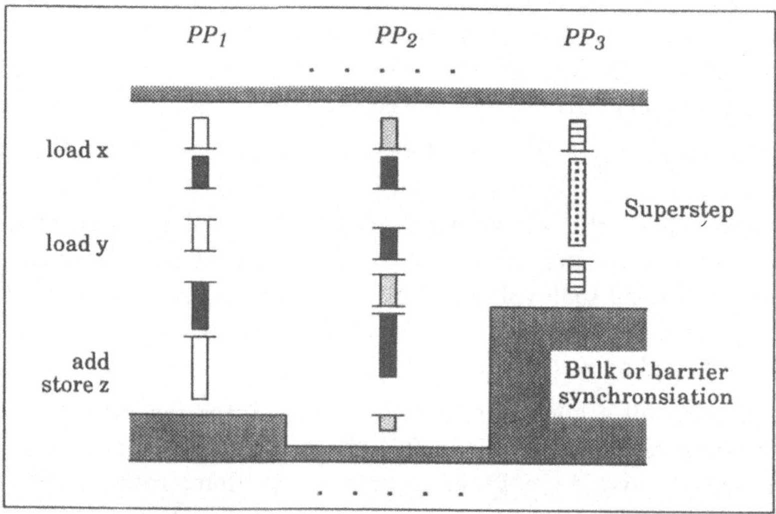

(b) BSP machine execution in supersteps

Figure 1   Bulk-synchronous parallelism for PRAM emulation

A PRAM algorithm utilises virtual processors (VPs) as shown in figure 1a. The VPs execute synchronously in PRAM steps, in each step performing operations as given exemplarily for VP_1. (For sake of illustration, the steps shown are of coarser grain than those introduced above.) Each PRAM step is emulated by a BSP *superstep* as follows (figure 1b). The PRAM VPs are mapped to processes on physical processors (PPs) of the BSP machine evenly. Thus, every PP executes multiple processes concurrently. Using the hashing technique described in more detail in the next section, the PRAM global memory is randomly distributed among the private memories of the PPs. Then, with high probability, a global memory request issued by a BSP process will result in a message being sent to the PP hosting the requested data. In that case, the requesting process is descheduled, and another process resumes execution. Thus, frequent process switching is employed to hide the communications latencies involved in memory accesses. Sufficient parallelism must be provided by the programmer such that ready-to-run processes are available to be scheduled whenever required.

Since the PRAM VPs run in parallel and independently during a step, the processes of the BSP program can proceed in arbitrary order and independently during a superstep. Shared data accesses (interprocess communication) are governed by the specific PRAM model, in our case that of CREW variety. At the end of a superstep, each process issues a synchronisation request, resulting in global synchrony being established eventually. At the superstep barrier, the memory contents and the global "computational state" at the end of the simulated PRAM step are established in the BSP machine. The coarse-grain synchronicity of the BSP model is much more appropriate for a loosely-coupled system than the tightly synchronous PRAM style of execution. It must be noted that additional forms of synchronisation are not prohibited by this model.

The only prerequisite for efficient execution is, therefore, a sufficient degree of parallelism *(excess parallelism)* exhibited by an application program. The quantitative figures are given in the sequel. For the sake of clarity, the following description is simplified and holds for the emulation of an EREW PRAM only. The detailed analysis can be found in [Valiant 90a].

Let p denote the number of PPs available in the BSP machine, and v the number of VPs in the simulated (EREW) PRAM; let $v = p \cdot \log p$. A PRAM step takes unit time. Then, $\log p$ BSP processes are mapped to each node. This represents the minimum degree of excess parallelism required for hiding memory access latencies. All the BSP processes together issue $O\,(p \cdot \log p)$ global memory requests in a single superstep, $O\,(\log p)$ per node. On a p-node hypercube, for example, these requests can be routed through the network and satisfied by the memory modules (the nodes' private memories) in $O\,(\log p)$ time. Consequently, on each node of the BSP machine, $\log p$ processes (PRAM VPs) are executed (emulated) in $O\,(\log p)$ time, yielding a PRAM emulation of optimal asymptotic efficiency.

The analysis shows that any program written on a high-level shared-memory programming model can be emulated on the BSP model with only a *constant factor of inefficiency*. It can be shown further that the BSP model can be implemented in hardware again with only a constant-factor loss in efficiency, given that the machine's interconnection network provides sufficient throughput and low latency. The hypercube and butterfly topologies satisfy this condition. Thus, the BSP model has the property of *efficient universality*, in the same vein as the von Neumann model has for sequential computation. Therefore, Valiant proposes the BSP model to take over the role in the world of parallel computing that the von Neumann model has for sequential computing: that of a standardising model bridging the gap between the high-level, diverse world of algorithms and software, and the low-level, diverse world of hardware.

Whether or not this will turn out to become reality, the analysis has made one thing clear: that a *scalable* shared-memory machine can *in principle* be built. Whether or not the PRAM emulation approach and distributed global memory will turn out to be a feasible way to provide the shared memory abstraction, depends on this constant to be small or to be made small by architectural and hardware support in a real machine.

3 VSM management based on memory hashing

Closely coupled to the above analysis and the BSP model is distributed global memory management based on memory *hashing*. The technique randomly distributes global data and, at run-time, accesses to it throughout the system's memory modules (the nodes' private memories). Although this sounds counter-intuitive and neglects any locality of reference usually exhibited by programs, randomisation is the key element of any PRAM emulation. The technique drastically reduces the danger of hot spots at individual memory modules and in the network, which may substantially reduce machine performance. Thus, memory randomisation is not merely a theoretical concept, but is being explored in practice as well. For example, both the Monarch and Tera machine designs incorporate randomisation in their memory architectures.

Figure 2 shows the basic principle of the hashing technique. Global memory is distributed evenly among the nodes in the parallel machine on a *per-word* basis. Every global (logical) memory address A is mapped through two hash functions:

▸ The *global hash function H* maps A to a node PP_i.

▸ The *local hash function H_i* (specific to each node) maps A to an actual memory location (physical address) A_j within PP_i's local memory.

It must be noted that randomisation is applied to global data only. Data that is private to a node can be held in a conventionally addressed portion of the node's local memory.

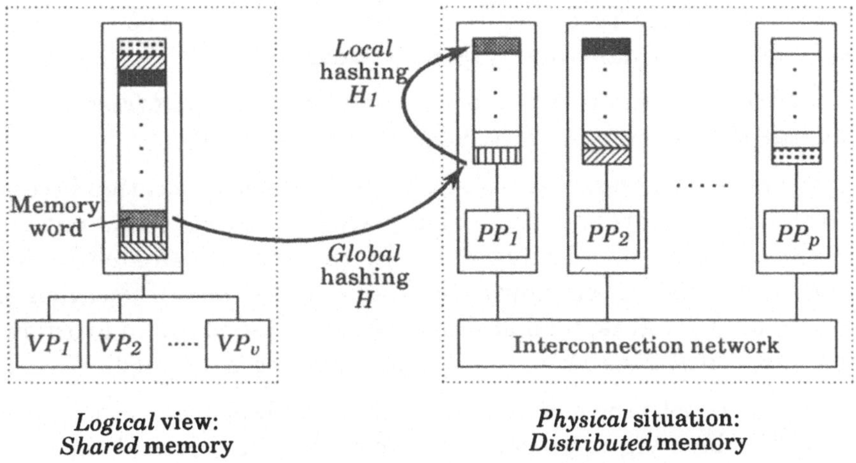

Logical view:
Shared memory

Physical situation:
Distributed memory

Figure 2 Fundamental approach to VSM based on hashing

The purpose of global hashing is to spread out global memory addresses (and, at run time, global memory accesses) as uniformly as possible among the nodes (memory units) of the system, avoiding to overload individual units even if the memory accesses are arbitrarily non-uniform.

Local hashing is used to organise local memory in such a way that each access to a logical (global) address can be satisfied by a *constant* number of actual accesses to physical (local) memory. In fact, an upper bound on the number of actual accesses can be determined that, with high probability, is not exceeded.

The hash functions used in the theoretical analysis must have the property of generating a provably (approximately) even distribution of global memory locations throughout the memory units. So-called *good* hash functions [Valiant 90a] satisfy this condition. However, they have the drawback that their computation involves evaluating a polynomial of degree $O(\log p)$.

In a real machine, evaluating these functions may cause notable hardware and/or run-time overhead. Fortunately, simulations – albeit for different PRAM emulation approaches [Ranade et al. 88, Abolhassan et al. 91] – have shown that *linear* hash functions suffice in practice. That is, the emulation is comparably efficient (with respect to constant factors) to that obtained using the good hash functions. The advantages gained using linear hash functions are simple hardware, including fewer registers required for storing the hash function coefficients, and fast evaluation.

There is a second disadvantage to the theoretically desirable hash functions. The local hashing step potentially maps multiple distinct logical addresses to the same physical address. Such an occurrence is referred to as a *collision*. The potential for collisions has two severe consequences:

- Each memory location must have associated with it an *address tag*, namely the logical address mapped into this particular location.

- On every memory access, the tag stored in the memory location is compared with the logical address of the memory access request to find out whether the location holds the desired data. In case of a mismatch, a *collision resolution* method is employed to find out the actual location of the requested data. That is, further locations are accessed (in an overflow area, for instance) until a match on the logical addresses is detected.

As a consequence, both the memory access times and the memory requirements induced by the hashing approach are fairly high in practical terms. As an example, consider the overhead in memory space. First, since the global hash function H does not perfectly evenly distribute logical addresses among nodes, more than the expected number of m/p locations have to be provided per memory unit, where m denotes the size of the PRAM shared memory. Valiant's analysis suggests that, with high probability, a factor-of-three overhead will suffice. Second, the need for address tags once more nearly doubles memory requirements. Clearly, this is not acceptable in a real machine where memory potentially is a valuable resource.

A practical solution is pointed out in [Abolhassan et al. 91]. For the realisation of a PRAM machine proposed in that paper, a linear hash function of the type $H(A) = kA \bmod m$ is intended to be employed, where $0 \le k \le m-1$, and k and m are relatively prime. This function generates a one-to-one mapping of logical to physical addresses and is evaluated quickly, in particular if m is a power of two. A similar function is reported to be practical in [Ranade et al. 88]. It must be noted, however, that for these functions the universality properties can no longer be proven.

Further improvement may be achieved by combining global and local hashing into a single step. Assume that the binary representation of $H(A)$ has length $\log m$ bits. Then, the more significant $\log p$ bits can be used to determine the memory unit where A is mapped to, and the less significant $\log m - \log p$ bits give the location within that module.

Both the theoretical and the practical hashing schemes will be considered in the performance evaluations addressed in section 6.

4 VSM management employing caching

The above automatic memory management technique generates a *worst case* memory access behaviour of programs by disrupting any locality of reference typically exhibited by the programs. Nevertheless, efficient universality can be shown.

However, Valiant concedes that one can do even better. If the programmer does not wish to have memory and communication managed by the system in the proposed manner, he can retain control over these functions to exploit locality, for instance, and improve performance of the application *by constant factors.* Valiant gives several examples of problems (matrix multiplication, FFT, a sorting algorithm) which can be implemented optimally on the BSP model without resorting to hashing. Instead, more natural assignments of memory and communication are used, or locality is exploited, to yield performance improvements over a pure hashing-based implementation. This approach has the drawback that the programmer has to manage locality and communication himself, not being able to take advantage of the convenient view of global memory.

The attempt to automate exploitation of data locality (and communication), in order to relieve the programmer from this onerous task, naturally leads to the second approach to VSM management: a *caching* system.

Caching has proven highly beneficial in sequential computing. Many architectural refinements and optimisations of memory architectures for sequential machines have been developed. These resulted in substantial improvements in performance of sequential computers over the last decades. Valiant argues that such enhanced implementations are not inconsistent with the basic von Neumann model: such machines are still general-purpose.

In analogy, implementations of the BSP model that incorporate additional features do not (necessarily) violate the spirit of the model. Our work is concerned with exploring such additional architectural and hardware features and implementation options to make Valiant's approach work in practice. Caching is one area to be considered as an implementation option for the BSP model.

Caching always introduces a coherence problem, even in sequential computing, and entails extra overhead in hardware, software, and communication, respectively. Caching systems require careful design to make sure that this additional overhead is highly over-compensated for by the more localised access behaviour and reduced memory access times of programs.

102

We have therefore investigated a substantial part of the VSM schemes recently described in the literature [Hellwagner 90]. These schemes have been proposed for or implemented on small-scale systems only, comprising a few tens of nodes at most. However, part of the principles and techniques appear to be applicable in a massively parallel system as well.

The principal objective determining design and implementation of such VSM systems is to achieve *short global memory access latencies*. The issue is addressed by all systems we have considered by a *cache-like copying* technique (figure 3). Local memory is viewed as a cache of the shared address space, and a local (cache) copy of a data block is usually made *on demand*, i.e., when data in the block is referenced. A block as depicted in figure 3 may be thought of as a chunk of memory consisting of a few words, a page of fairly large size, a segment, or a user-defined structure. *Replication* of data brings along a number of advantages. It allows locality in data accesses to be exploited (speeding up consecutive accesses), lets multiple read accesses to the same data take place at the same time using local accesses (reducing potential memory contention), and decreases the number of remote accesses (reducing network load).

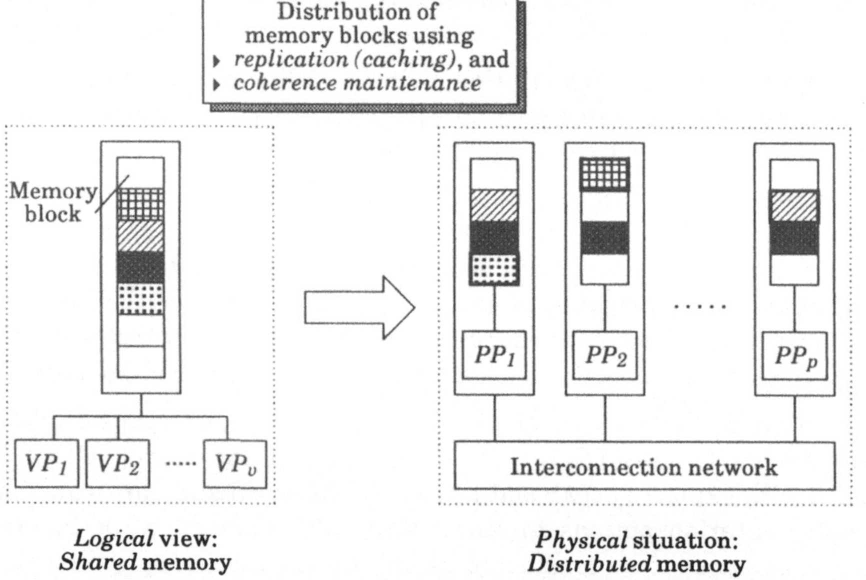

Figure 3 Fundamental approach to VSM employing caching techniques

However, replication (caching) also raises a *memory coherence problem*. When multiple copies of a memory object exist, and a write operation to a copy occurs, different instances of the object will have (at least temporarily) different values stored in them. A *coherence maintenance mechanism* must make sure that all copies of that object end up with the same data eventually.

Maintaining memory coherence in a user-transparent and efficient way is the primary concern in providing VSM. Coherence establishment generates additional communication. Another objective of VSM is to keep this *extra communication costs* (network traffic, additional delays in memory accesses) as low as possible, such that they are amortised by the gain achieved due to increased locality of data accesses.

Investigating the VSM schemes has made clear that there is no single solution to VSM management using caching. Rather, there is a wide spectrum of possible approaches which are worth being investigated in more detail. Based on the findings gained from the study, we have identified the principal design space of caching-based VSM for an envisaged BSP machine. It is shown in figure 4.

The major possible design choices are described in the sequel. Based again on the insights from the literature study, and with regard to limited time and resources scheduled for performance evaluation, we have already decided on some strategies and left others open for further investigations and evaluation. These decisions are also given below.

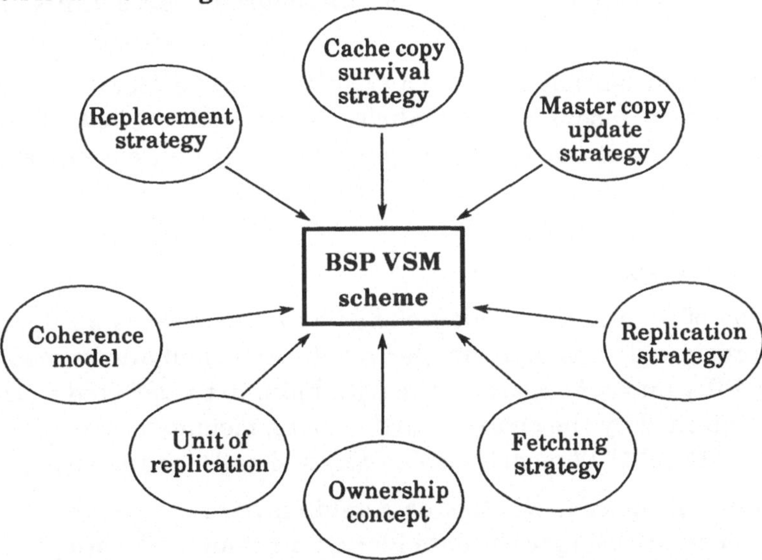

Figure 4 Design space for BSP VSM using caching

▶ *Coherence model*

Efficient coherence maintenance is best achieved by customising the coherence model and mechanisms to the programming, execution, and synchronisation models to be supported. The coherence model of the BSP VSM is, therefore, largely determined by the BSP execution model as follows. Within a superstep, coherence can be completely relaxed; the underlying (simulated) CREW PRAM precludes write conflicts to happen within a superstep. Multiple write copies of a data block may simultaneously exist in the system, potentially being inconsistent temporarily (*weak coherence*). At superstep barriers, i.e., during the global synchronisation procedure, *strong* coherence must be established. This condition must be guaranteed to hold *before* the next superstep starts.

While weakly coherent memory during supersteps boosts performance (in that it avoids memory synchronisation at *every* write operation), strong coherence at superstep barriers implies that the programmer is presented with the same convenient, coherent view of global memory as with the hashing method. Thus, this model is both natural and sufficient for a CREW PRAM/BSP machine.

▸ *Unit of replication*

A data block, which represents the unit of replication, may be of fixed size (in the sense of a page) or of variable size (in the sense of a segment). The size may in principle vary from a few bytes to large units of several kilobytes.

Our VSM survey has not disclosed any guidelines at all for determining *type* and *size* of data blocks. For simplicity, a *fixed-sized block* of contiguous global memory locations will be assumed to be the unit of replication in the BSP VSM system, and the block size will be left as an open parameter in the evaluations.

▸ *Ownership concept*

The notion of a data block being *owned* by a processor is used in all VSM schemes reviewed. It is both simple and effective, and allows modifications made to different *cache copies* of the data block to be collected in the *master copy* (maintained by the owner). Furthermore, memory access violations (in the sense of the CREW model) may be detected and signalled by the owner.

The remaining choice is whether ownership is *fixed* or may be *migrated* to a node frequently writing to the data block, for example. For simplicity again, the *fixed ownership* concept will be adopted.

▸ *Fetching strategy*

Fetching of a data block may be *on demand* only or include *prefetching*. All VSM schemes reviewed use *on-demand fetching* only, and this strategy will be adopted for our VSM schemes.

▸ *Replication strategy*

The replication strategy determines if and when a data block is replicated to another node. Options are *unrestricted* and various *selective* replication schemes. For sake of simplicity, most VSM schemes permit data to be replicated unrestrictedly, i.e., whenever access is demanded. Selective replication uses compile-time information or access statistics, for example, to decide whether to replicate data. Roughly, a node that frequently accesses a data block will receive a copy; a node that has lost interest in a block, will discard it. *Unrestricted replication* will be used in the BSP VSM system.

▸ *Master copy update strategy*

Modifications made to cache copies of a data block must be communicated to the block owner and update the master copy eventually. This problem is well known from hardware caches: updates to cache lines must update main memory as well. There are two solution strategies [Smith 82] which may also be employed in BSP VSM, with a similar interpretation:

- *Write through.* A modification to a cached block will be propagated to the master copy immediately.

- *Write back.* All modifications to a cached block will be communicated to the master copy at the end of the current superstep.

For BSP VSM, there is a number of intermediary solutions:

- *Hybrid.* Modifications to a cached block are propagated to the master copy in clusters from time to time. Examples of policies determining at which points in time this will happen are: after fixed time intervals; after a certain number of modifications have occurred; when another data block is entered.

▸ *Cache copy survival strategy*

This strategy addresses the question what will happen to cache copies at superstep barriers. The options are as follows:

- Cache copies will be *invalidated* at barrier synchronisation time.

- Cache copies will be *updated* by the end of a superstep.

Both methods will be considered in the evaluations. In the updating method, changes to cache copies of a data block will be collected in the master copy and propagated to all sites holding cache copies. Updating of cache copies may in turn be governed by a write-through, write-back or a hybrid policy.

▸ *Replacement strategy*

When a new cache copy is to be allocated and there is no room available in local memory, another cache copy has to be replaced. Again, a number of methods have been proposed and implemented in hardware caches, the best known being [Smith 82]:

- *Random*;

- First-In First-Out *(FIFO)*;

- Least Recently Used *(LRU)* and approximations thereof.

These can be adopted for BSP VSM. It should be noted that an effective replacement method is crucial in conjunction with the cache copy *update* technique since replacement is the only means of getting rid of cached blocks. A good replacement policy avoids too many (obsolete) copies of a data block to exist in the system, occupy memory space, and cause undesirable and potentially unnecessary update overhead (communication).

Performance evaluation of VSM systems employing caching will have to focus on a few schemes which cover the spectrum of solutions as completely as possible. It will be one of the primary tasks to define a *representative set* of memory organisation schemes using caching.

5 VSM Server functionality

To specify the functionality required for managing distributed global memory according to the above schemes, and to point out desirable hardware support, the *VSM Server (VSMS)* notion was developed (figure 5). The VSMS is an abstract "device" on each node which implements the global memory abstraction for its processor. It provides *run-time* mechanisms for global memory access as well as for global (barrier) synchronisation.

Whenever a process of a BSP program issues a `read` or `write` instruction to access global data, the local VSMS is invoked and takes over responsibility to satisfy the request. For that purpose, it either accesses local memory or communicates with a remote VSMS. The invoking processor, the application process and the programmer, respectively, are not aware of where the required data actually resides, whether or not communication takes place, nor how the common memory abstraction is implemented. In particular, it is made transparent (from a functional point of view) if the VSM is based on the hashing approach, or if caching techniques are employed. The VSMSs

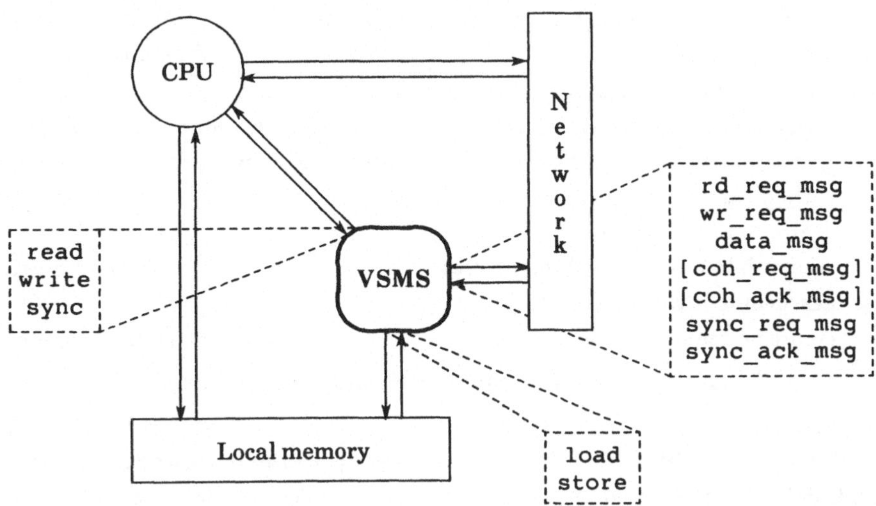

Figure 5 VSM Server

cooperatively manage the distributed common memory, hiding the intricate details from the processor and the programming model.

Since in the BSP execution model (and even more in the VSM caching schemes) global memory accesses and global synchronisation are related to each other, the VSMS must also handle sync requests. Thus, the VSMSs together also implement the barrier synchronisation mechanism of the BSP model. This also enables the VSMSs to check whether the CREW global memory access pattern is violated, and to raise a memory access error if this has happened.

It is obvious that the functionality of the VSMS differs considerably for the different VSM architectures introduced previously. A simple example may suffice to illustrate the VSMS functional behaviour and to point out where hardware support is vital for an efficient VSM implementation. Figure 6 outlines the operations and communications that VSM Servers perform when a BSP process on node PP_i reads global data at logical address A; here, the VSM is assumed to be organised according to the theoretical hashing approach (with global and local hashing steps separated).

$PP_d := H(A)$ /* Map log. addr. A through global hash funct. H to dest. node PP_d */
$\underline{if}\ PP_d = PP_i$ /* Is data item local ? */
    $\underline{then}\ A_i := H_i(A)$ /* If so, map A through local hash funct. H_i to local mem. loc. A_i */
         load data item from location A_i /* This may include collision resolution */
         $\underline{if}\ A_i$ is marked as *modified*   /* Check CREW memory access behaviour */
            $\underline{then}$ signal *memory access violation* error
            $\underline{else}$ mark A_i as *read*
         return data item to invoking process   /* read finished */
    $\underline{else}$ deschedule invoking process
         create and send `rd_req_msg` to PP_d /* `data_msg` still outstanding */

(a) VSMS operation on node PP_i on a `read A` *instruction*

$A_d := H_d(A)$ /* Local hashing */
create `data_msg` for PP_i and   /* Set up pointer in message to data item; */
  include data item from location A_d /* this may include collision resolution */
$\underline{if}\ A_d$ is marked as *modified*   /* Check CREW memory access behaviour */
     $\underline{then}$ signal *memory access violation* error
     $\underline{else}$ mark A_d as *read*
create and send `data_msg` to PP_i /* Return data item to requesting node */

(b) VSMS operation on node PP_d on receiving a `rd_req_msg` *message from PP_i*

return data item from `data_msg` to the waiting process
reschedule that process   /* read finished */

(c) VSMS operation on node PP_i on receiving a `data_msg` *message from PP_d*

Figure 6   VSMS operations on a read access to global data

Many of the essential features that the VSMS has to provide are captured in this example. They are roughly summarised as follows:

▸ A VSMS can be invoked by local requests to global data (instructions issued by the processor) as well as remote requests (messages received from the network). Both request types are serviced in a different way. Servicing the second type of accesses involves DMA access to the local memory, independently of the CPU.

▸ Address translation is an operation crucial for the overall performance of the VSM. It is therefore indispensable to implement address translation in hardware. In the hashing schemes, this amounts to evaluating the hash function(s) quickly using dedicated hardware. In the caching schemes, address translation involves two aspects: computation of the *effective address* (physical memory location), and determination of the *owner* of the requested data, if it is detected that data is not accessible locally. It is proposed to support this process by associative memories usually referred to as *translation look-aside buffers*.

- In the two-step hashing scheme, actual memory accesses potentially involve collision resolution. The VSMS must therefore be capable of comparing address tags and performing the collision resolution method efficiently. Furthermore, if the local processor is waiting for the requested data, it must be stalled until the data is available. This again calls for a hardware solution.

- Memory access behaviour in the sense of the CREW PRAM/BSP model is checked on every read and write operation. That is, *access status* bits must be checked and set by the VSMS, and reset on every synchronisation event.

- The VSMS must be able to deschedule processes (and reschedule them), depending on whether the requested data is local or remote.

- The VSMS must also initiate communication and, inversely, be invoked asynchronously on message arrival. This requires close interaction with the communications processor on the node.

- As pointed out previously, the VSMSs cooperatively implement barrier synchronisation. In the first place, it is intended to investigate logarithmic (binary tree-style) barriers based on message-passing only (see also figure 6). It is easily shown that this perfectly fits into Valiant's basic PRAM emulation model. Should this turn out to be a serious performance bottleneck, more efficient mechanisms, in particular hardware support will have to be investigated.

- Finally, the VSMS must also run the coherence maintenance protocols if caching is used. This introduces new message types that are exchanged between VSMSs (see figure 6).

As can be seen from this list of functional requirements, the VSMS must make use of and/or closely interact with the CPU, the communications processor, the process scheduler, and the memory controller. It is believed that the next-generation transputer [May & Thompson 90; May 91] already supports part of the VSMS functions quite well. For example, it has a microcoded scheduler and a powerful communications processor which can activate and deactivate processes autonomously by utilising this scheduler. In many respects, this device represents a suitable basis on top of which VSM support can be implemented.

6 Performance evaluation approach and conclusion

There are two major questions that are of interest in conjunction with PRAM emulation and scalable universal parallel computers:

▸ What is the constant factor of inefficiency hidden in the asymptotically optimal PRAM emulation? Is this within any practical limits?

▸ Is hashing the appropriate paradigm for VSM organisation, or can caching yield benefits in a massively parallel system as well?

To get reasonably reliable answers to these questions, performance of the two basic VSM organisation schemes will be evaluated using *trace-driven simulation*. Work is being carried out to implement the VSM schemes on top of an interconnection network simulator which has been developed and used within PUMA for network studies [Hofestädt et al. 91]. The advantage that stems from using the network simulator is that all the network effects which essentially determine the performance of the VSM scheme, are captured in close detail. Therefore, there is hope that a reasonably accurate estimate of the constant can be obtained. Furthermore, the implementation effort for the VSM schemes is modest because they just represent new load models of the simulator, without the simulator kernel or the network model being affected.

The traces that will drive the simulator contain global memory accesses and global synchronisation requests on a per-process basis. They will be generated by a PRAM/BSP emulation tool developed within the PUMA project as well. The emulator can run programs written in bulk-synchronous parallel style. A number of frequently encountered algorithmic kernels (e.g., sparse and non-sparse matrix operations, FFTs, Quicksort), PRAM-specific programs (parallel prefix and a minimum spanning tree computation), and a more realistic scene analysis application will be implemented in BSP style with excess parallelism and will be used to derive traces. The traces will contain sufficient detail such that the behaviour of the application processes can be mimicked realistically enough in the simulation load model to allow for realistic performance figures to be obtained.

There is some uncertainty as to whether this detailed modelling and simulation will permit performance results to be obtained for massively parallel systems. In fact, experience in the network investigations has shown that it will be feasible to simulate systems with roughly a thousands nodes only. However, there is confidence that these simulations will provide important and reliable parameters which can in turn be fed into less detailed simulation models (synthetic load) or analytical models capturing the behaviour of truly highly parallel machines.

It is hoped, therefore, that using this approach insight can be gained into which approach to VSM organisation to pursue for future massively parallel systems. In particular, it will be interesting to see how caching will perform in a highly concurrent environment.

Acknowledgment

Thanks are due to Holm Hofestädt, Axel Klein, and Günter Watzlawik for helpful discussions. The work reported in this paper has been carried out within the context of the cooperative project PUMA (*Parallel Universal Message-passing Architectures*) and has partly been funded under ESPRIT P2701.

References

[Abolhassan et al. 91]
F. Abolhassan, J. Keller, W. J. Paul: *On Physical Realizations of the Theoretical PRAM Model*, Unpublished Research Report, Univ. Saarbrücken (1991).

[Alverson et al. 90]
R. Alverson, D. Callahan, D. Cummings, B. Koblenz, A. Porterfield, B. Smith: "The Tera Computer System", *ACM SIGARCH Computer Architecture News 18, 3 (Proc. 1990 Int'l. Conf. on Supercomputing)*, pp. 1–6.

[Dally & Wills 89]
W. J. Dally, D. S. Wills: "Universal Mechanisms for Concurrency", *Proc. PARLE'89*, pp. 19–33.

[Dally et al. 89]
W. J. Dally, A. Chien, S. Fiske, W. Horwat, J. Keen, M. Larivee, R. Lethin, P. Nuth, S. Wills: "The J-Machine: A Fine-grain Concurrent Computer", in G. X. Ritter (ed.): *Information Processing 89*, Elsevier Science Publishers B.V. (1989), pp. 1147–1153.

[Gibbons & Rytter 88]
A. Gibbons, W. Rytter: *Efficient Parallel Algorithms*, Cambridge University Press, Cambridge (1988).

[Hellwagner 90]
H. Hellwagner: *A Survey of Virtually Shared Memory Schemes*, SFB Report No. 342/33/90 A, Techn. Univ. Munich (1990).

[Hofestädt et al. 91]
H. Hofestädt, A. Klein, E. Reyzl: "Performance Benefits from Locally Adaptive Interval Routing in Dynamically Switched Interconnection Networks", *Proc. of the 2nd European Distributed Memory Computing Conference,* Munich, 22–24 April 1991.

[Karp & Ramachandran 90]
R. M. Karp, V. Ramachandran: "Parallel Algorithms for Shared-Memory Machines", in J. van Leeuwen (ed.): *Handbook of Theoretical Computer Science,* North-Holland, Amsterdam (1990).

[May & Thompson 90]
D. May, P. Thompson: "Transputers and Routers: Components for Concurrent Machines", *Proc. Japanese Occam User Group Meeting* (1990).

[May 91]
D. May: "The Next Generation Transputers and Beyond", *Invited Talk at the 2nd European Distributed Memory Computing Conference,* Munich, 22–24 April 1991.

[Ranade 87]
A. G. Ranade: "How to emulate shared memory", *Proc. 28th IEEE Symp. on Foundations of Computer Science* (1987), pp. 185–194.

[Ranade et al. 88]
A. G. Ranade, S. N. Bhatt, S. L. Johnsson: "The Fluent Abstract Machine", in J. Allen, F. T. Leighton (eds.): *Advanced Research in VLSI (Proc. 5th MIT Conf.),* MIT Press, Cambridge, MA (1988), pp. 71–93.

[Rettberg et al. 90]
R. D. Rettberg, W. R. Crowther, P. P. Carvey, R. S. Tomlinson: "The Monarch Parallel Processor Hardware Design", *COMPUTER 23, 4* (1990), pp. 18–30.

[Skillicorn 90]
D. B. Skillicorn: "Architecture-Independent Parallel Computation", *COMPUTER 23, 12* (1990), pp. 38–50.

[Smith 82]
A. J. Smith: "Cache Memories", *ACM Computing Surveys 14, 3* (1982), pp. 473–530.

[Valiant 90a]
L. G. Valiant: "General Purpose Parallel Architectures", in J. van Leeuwen (ed.): *Handbook of Theoretical Computer Science,* North-Holland, Amsterdam (1990).

[Valiant 90b]
L. G. Valiant: "A Bridging Model for Parallel Computation", *Comm. ACM 33, 8* (1990), pp. 103–111.

Mechatronics System Engineering

M. Marhöfer, J. Löschberger
Siemens AG

Abstract

Mechatronic systems comprise analog and digital hardware, software, sensors and actuators as well as mechanical and other components. Mechatronics is the interdisciplinary science of the development and manufacturing of mechatronic systems.

From an overall system description, all parts of a mechatronic system have to be developed by a set of interconnected tools. The essential part of that sequence of methods and tools - from conceptual design to the manufacturing process - and interfaces in between these tools are now available or in development. There is a considerable demand for such tools, not only because of the required reduction of the time-to-market but also because mechatronics enables the design of completely new classes of products.

Therefore corporate research of Siemens is supporting our business units by making available to them the required software and related services.

1 Introduction

Mechatronics is an interdisciplinary area in engineering science, that has arisen from the classical disciplines mechanical and electrical engineering and computer science. A typical mechatronic system samples data from a sensor, processes the data and outputs instructions to an actuator that converts the instructions to a physical force or a movement [Sch89]. Mechatronics as scientific area describes the development and implementation of such systems. Efficient development of mechatronic systems requires support by powerful computer-aided tools, from the simulation of the physical process to the code generation for a specific microcontroller. Another output of a mechatronic design process must be a qualified description of the system, that meets the strict requirements for a safe and fault tolerant construction if the mechatronic systems are used in critical environment. *Figure 1* shows the scope of mechatronics within the hierarchy of automation.

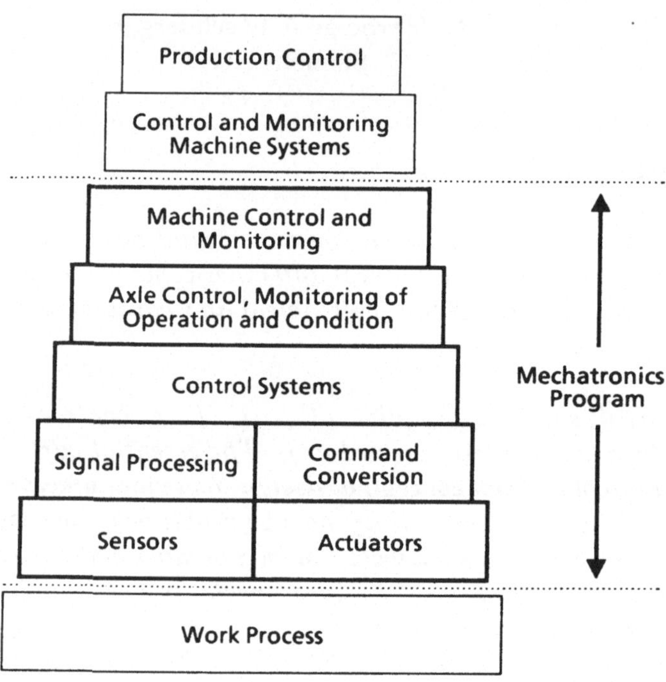

Figure 1: Scope of mechatronics within the hierarchy of automation

Siemens is a system house, that developes and sales complete systems, i.e. systems with hardware, software, sensors and actuators, comprising electronics, mechanical and other components. For that reason the corporate research labs of Siemens are, in cooperation with the business units, engaged in this area. Besides other activities, the department of applied computer science and software is supporting our business units in extending their toolsets for mechatronic system engineering.

The objectives of the paper are to survey mechatronics system engineering both from the design and the application perspective. In chapter 2 some examples of typical mechatronic systems are described. Chapter 3 lists the necessary methods and tools for mechatronic design in detail. Technical and educational trends in mechatronics are described in chapter 4. The conclusion also indicates the work that has to be done to enable future mechatronic products. The focus of this paper is on system engineering of mechatronic systems, therefore important other areas of mechatronic research like technological aspects, pneumatic and hydraulic control systems and the design of electric or electronic devices are not or only slightly considered.

2 Examples of Mechatronic Systems

Already today, mechatronic systems can be found in many places, where the synergetic combination of mechanics, electronics and software enables the construction of a system not feasible otherwise. Main application areas for such systems are factory automation, automobile and aircraft equipment and, last but not least, the private household. Many mechatronic systems are working unnoticed, because their mechanisms are hidden to the user (e.g. anti-locking brake).

In this chapter, we describe some examples of mechatronic systems in order to illustrate the problems arising in their construction and to motivate the methods and computer-aided tools for designing such systems. A typical feature of most systems is the close interaction between the heterogeneous subsystems (e.g. between electronics and a mechanical device). Therefore many mechatronic systems incorporate a control loop controlling the interactions.

G. Schweitzer describes *active magnetic bearings*, where a rotor is supported without any contact [Sch90]. This new type of bearing can help solving classical bearing problems in machine dynamics. The control loop to adjust the bearing gap works with a microprocessor where control software is implemented, sensors to measure the bearing gap, and power amplifiers to drive the electromagnetic elements (the actuators) to adjust the bearing gap. In one application, a milling spindle is magnetically supported; the cutting power is about 35 kW and the rotation speed is up to 40,000 rpm. Here, a very fast and precise control scheme is required. Solutions with a control rate of up to 15 kHz have been designed for this purpose.

An *active suspension system* is another very demanding example of a mechatronic system [JLM90]. Here, a compromise was required between comfortable and safe suspension behavior. Low power consumption and robust control were additional requirements. A hierarchical, three-level control system has been constructed, where its single modules can be designed, tested and installed separately from each other. On the lowest level, one control module is provided for every active suspension element, above, a module is associated with every axis and finally one module is acting as top level control of the vehicle's active suspension.

The Siemens Automotive business unit is producing an *engine control system*, which is, together with the engine, an example for another mechatronic system [Kie90]. These control systems are based on the 8-bit microcomputers SAB 80515/517 and the 16-bit type SAB 80166. The code size is around 32 kByte and an increase of up to 100 kByte in the next few years is predicted. These control systems comprise the electronics (digital and analog) as well as the sensors and actuators (mounted internally or externally of the control system). One of the design challenges was the accomplishment of a solution which reduces the cost of designing similar control systems for other engines. The solution adopted here is a modular concept, where building blocks can be combined easily. Even for the microcomputer this concept is applied, leading to application-specific microcomputers. Besides the electronic components, sophistication of sensors should not be underestimated (cf. section 3.4 on sensors and actuators).

The *electromagnetic needle printhead* is another example of a mechatronic system, where its mechanics and electronics are interacting in a carefully designed way [WJ90]. Software is not involved on this level of system integration. The special features of this system are the extremely fast actuators (180 µsec response time) with interactions between electronic, magnetic and mechanic components and the highly non-linear mechanical subsystem. The application requires, besides other features, a high printing frequency ($>$ 2.5 kHz) and a long product lifetime. For modelling the electromagnetic subsystem, three-dimensional finite element analysis has been applied. In the reference, design, analysis and optimization of the system is described in detail.

Further examples of mechatronic systems are *lenses for autofocus cameras* driven by a microprocessor controlled ultrasonic motor as mentioned in [BD90], and diverse *components of smart robots*.

3 Methods and Tools

Computer aided, automated design and development of mechatronic systems comprises six main tasks (similar to [Han89]):

- Conceptual design of the mechatronic system. Collection and analysis of background information and boundary conditions, definition of objectives and targets of the project.

- Specification of the system. Description of input and output signals and functional description of the system.

- Modelling the system. Development of theoretical and experimental models to understand the system.

- Analyzing the system. Getting characteristics of the system through simulation. Detailed simulation of critical parts of the system.

- Synthesis of the system. Optimizing the mechatronic construction and design of needed control loops.

- Realization of the system. Realization as prototype, hardware-in-the-loop simulation, product realization.

A block-diagram of the interaction of tools and tasks to design a mechatronic system is shown in *figure 2*. For nearly all tasks CAD tools are available. Most of them work interactively at workstations. Interfaces between the tools are available for e.g. mechanical construction/mechanical structure analysis or within electronic design for digital/analog simulation. Nevertheless an essential part of the required interfaces are in a development state until now. The following sections describe the tasks in detail and review some state-of-the-art tools for each category.

3.1 Conceptual Design and Specification

When designing a mechatronic system first of all it is a necessity to get ideas how a defined task could be realized. This has to be done by mechatronics engineers. Methods to create and sample ideas are for example brain-storming, the double team method or the collection of ideas in idea matrices. It could be supported by computers through an expert system [STV90].

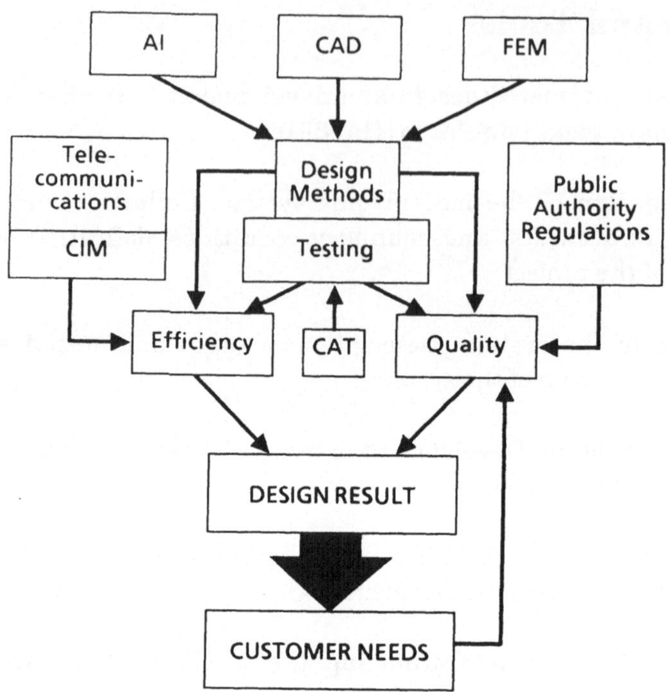

Figure 2: Interaction of tools and tasks to design a mechatronic system

To specify the selected idea of the solution CASE-tools can be used. Computer aided software engineering (CASE) has been developed to organize the development process of large and complex software products. Today CASE is defined as computer aided *system* engineering. The CASE-tools have been modified, so that they are able to define software-requirements under realtime conditions. For example, the flow of control can be described in addition to the data flow [Tea90]. Tools are available that help in the architectural design of software-hardware systems. The designed software could be mapped onto hardware resources for system simulation [Ada90].

Until now, specification tools are available only for software systems or software-hardware systems. Because mechatronic systems comprise other system parts, e.g. mechanics, specification tools for mechatronics have to be developed. High level system modelling as to be realized in CASE tools, helps to design the function of the mechatronic system.

A first approach of an overall design tool for mechatronics is DSL , Dynamic System Language [JLM90]. This language is also used to define simulation models. It allows the formulation of nonlinear models of any desired hierarchy. Mechanic, hydraulic, electric and electronic systems can be described in a common language.

The design of mechatronic systems cannot be automized to the degree as it has been achieved in software-engineering or VLSI design. The mechatronics designer has to interact with this process at many stages. Moreover, it should be possible, to compare the function of the designed mechatronic system with the specified function defined from the mechatronics user. Therefore user-friendliness is an important feature of those tools.

3.2 Modelling and Simulation

Performing a simulation could be described as experimenting with models. Each simulation program consists essentially of two parts [KH89]:

- A coded description of the model inside the simulation program. This description is termed the *model representation.*
- A coded description of the experiment to be performed on the model. This description is called the *experiment representation* inside the simulation program.

The model representation for simulation should eventually be derived from specification models to ensure consistency. The experiments have to be created based on the definition of the mechatronic system. An automatic generation of experiments, as testpattern generators generate input signals for special electronic devices, are not available until now.

Modelling of systems is useful in different domains (behavior, function, structure,...) and abstraction levels. An overall model of the mechatronic system could be the specification model as described in section 3.1. In the next level a model for every part of the mechatronic system must be created. The depth of the model depends on the sensitivity of the mechatronic system to changes within that part. It might be necessary to write or use models for special sections that describe a special relation within this part more accurate and on a more detailed level. The final result should be a hierarchical model of the system.

For abstract models, that means models that take only a global view on a relation, a way to get the system response function could be the derivation of the input-output relation from theoretical considerations. If a closed description of those models is available, a complete analytical solution might be possible. The result describes the relation between input and output to one part of the system. As models become more complex, only simulation and experimental results give a valid description of the input-output relations.

For example the description of an intake manifold of a car engine is examined: To simulate the behavior of the engine for the purpose of designing an idle-speed controller, a simple model of the manifold, consisting of a factor depending on the throttle-angle and a factor depending on the engine's rotational speed can be used. If the exact air mass flow to one cylinder has to be computed, a complex model of the air manifold, high sophisticated simulation programs for flow simulation have to be exploited.

It should be possible to simulate a subsystem on a very low, detailed level while it interacts with other subsystems and the overall system simulated on a high level. The output of a simulation is only correct in case the model is complete with respect to the goal of investigation.

Modelling and simulating parts of a system with dedicated software helps to understand and optimize that part. Simulation packages for a lot of physical processes are available.

Very important for detailed investigations of material behavior are finite element programs. Not measurable processes can be modelled and visualized. A prerequisite for true models is the knowledge of the material parameters. Finite Element Analysis describes models as composed of small elementary cells. These cells have to be small enough to be described as regular elements even if the body has no regular structure. Within one regular element, equations for physical quantities e.g. pressure and velocity in flow analysis can be easily derived. The behavior of the complete body is derived from the behavior of all small cells [KFR88]. Because of the large number of elementary cells only local problems can be solved with finite element methods. To examine the effect of small input changes at points in a big distance with an unique medium between the source and the destination, the boundary element method is used. This method solves the equations only at the borders of the elementary cells. Those programs have pre- and postprocessors for input of geometry and input signals and output of simulation results.

For mechanical systems multibody dynamic simulation can be used. The mechanical construction is described by the geometry, the mass properties and the topology. Multibody dynamic simulation is on a higher level than finite element analysis.

The available simulation tools are able to solve specific, isolated problems. Only some interfaces exist, so that the output of one simulation starts another simulation. But an integration of simulation tools for different physical effects, as it is demanded for simulation of mechatronics, is not yet available.

3.3 System Design

System design is a very important part in mechatronics. Computer-aided system design includes system simulation, as partly described in section 3.2. Other parts of system design are control system design and optimization. We focus here on control system design because of its significance for mechatronic design.

Control system simulation on a block-diagram level can be done by several programs [KH89]. The input of the programs is textual in an easy, problem oriented language, or graphical with block diagrams. Modern programs use a graphical input. The user builds the system out of blocks in the same manner as scetching the system. Each of the blocks describes a relation between input and output parameters. The system equations are described internally as state-equations, i.e. a system of first order ordinary differential equations. A state of a system at one time is a minimum amount of information which together with the knowledge of the inputs for a later time is sufficient to uniquely determine the output of the system [JM86]. Nonlinear relations can be described, but for simulation the problems are linearized. Analog (continuous) or digital (discrete) control units can be designed and tested. Signal processing of measured or produced signals is possible. Controllers can be optimized, a design of robust control or usage of expert base driven controllers is possible.

In 1980 Moller introduced MATLAB, an interactive program for the manipulation of complex matrices. This program has been the basis for many CACSD-programs (computer aided control system design). As a typical CACSD program, Matrix$_x$ is described here in more detailed [ISI90]. On a text screen, matrix algebra can be executed. The graphical input of systems and the design of controllers from block diagrams is performed with *Systembuild*. Output from *Systembuild's* analysis is a linearized state equation of the system. For the simulation an integration algorithm, time vectors and input vectors have to be chosen. After the simulation, the output signals are stored in a matrix to the time points described in the time vector. The representation of the signals as two and three dimensional graphics is supported. For the classical design of controllers Nichols plots or Bode diagrams can be computed and displayed. Subprograms or macros are built in to realize algorithms of signal processing like fast fourier transform or computation of digital filter designs. System identification can be done with e.g. extended ARMA (auto regressive, moving average) models. Matrix$_x$ is able to produce source code in ADA, C or FORTRAN based on the model of a discrete controller. A complete CACSD Design Cycle is shown in *figure 3*.

As an example a model of a combustion engine with a controller for idle speed is plotted in *figure 4*. An advantage of Matrix$_x$ is a hierarchical bottom-up structure. Within a so-called superblock an extensive model of that system, including other superblock can be described. *Figure 5* shows the output of the simulation and the mode of operation of the idle speed controller. A sudden increase in the moment at time $t=1s$ is compensated by opening the throttle valve to eliminate the loss of rotational speed.

As a conclusion, it is obvious that state-of-the-art CACSD-programs are helpful to an engineer as a workbench. Such tools to develop and optimize classical control structures are available commercially. Tools for transforming control structures into software for the target system are mostly in an early stage of development. No tools are available that select the best control algorithm for a given problem. Newest control theories like fuzzy set control are not yet implemented.

3.4 Implementing Mechatronic Hardware

Mechatronic hardware comprises some combination of mechanic, hydraulic, pneumatic, electric or electronic hardware. In this paper we focus on the components interfacing electronics and its environment: sensors and actuators.

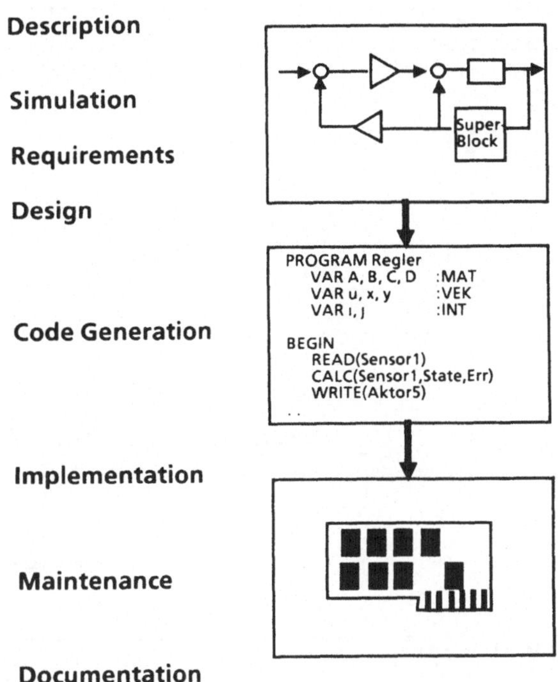

Figure 3: CACSD Design Cycle

As we are looking at mechatronics system engineering, not technology of sensors or actuators but the application of sensors and actuators is our focus.

We assume that for the construction of mechatronic systems intelligent sensors should be available. Intelligent sensors or actuators are mechatronic systems by themselves. With sophisticated algorithms, sensors send a linearized and corrected signal to the bus interface. To construct intelligent sensors/actuators extensive know-how about technology and physical principles of the sensor environment is needed [Kle90].

An example of an intelligent sensor is an airborne ultrasonic sensor system for precise distance measurement [Mag89]. Though it is an active sensor principle, changes in the physical transport medium air have an influence on the sensor output. The internal signal processing of the sensor to compute the distance is hidden to the mechatronic system.

Continuous Super-Block	Ext.Inputs	Ext.Outputs
Leerlaufregelung	1	4

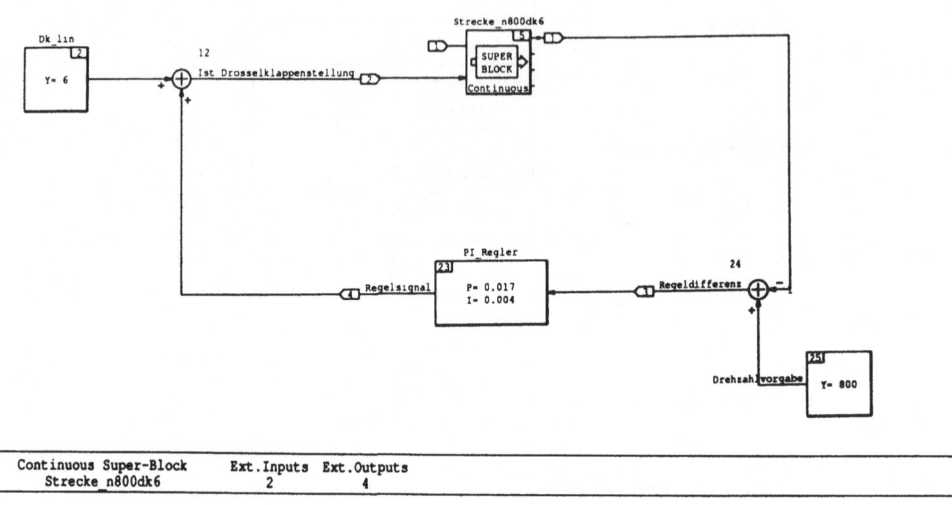

Continuous Super-Block	Ext.Inputs	Ext.Outputs
Strecke_n800dk6	2	4

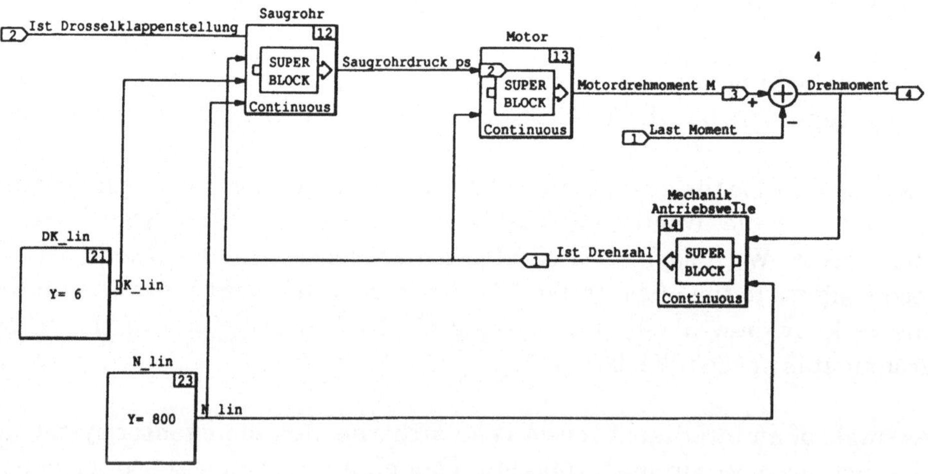

Figure 4: Model of a combustion engine with controller for idle speed

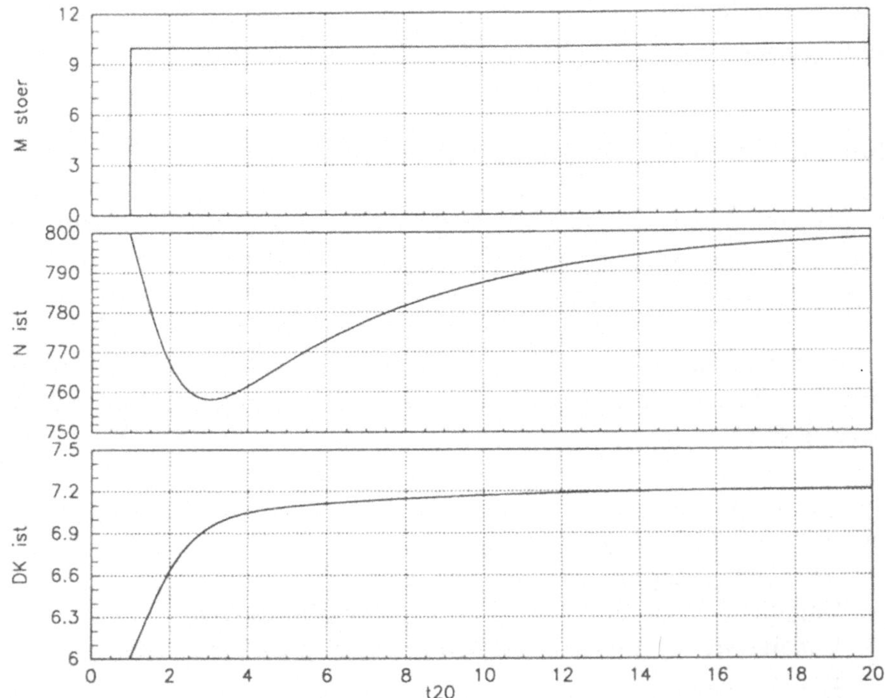

Figure 5: Output of simulation with Matrix$_x$: Response of the idle speed controller to sudden increase of moment at $t=1s$.

Important for the system design of mechatronics is the availability of sensor/actuator models [Trä86]. A database with a description of the sensor/actuator, their interfaces and interferences in a high level description language would be helpful. Until now, it is not possible to simulate the interaction of different physical quantities to a sensor [Kle90]. It should be possible to simulate the process with this sensor/actuator description. An easy test of different sensor principles and a selection of the best sensor/actuator combination has to be possible. With this library of sensor/actuator descriptions a true simulation of the closed loop: physical system - sensor - control - actuator could be done.

If different sensors are necessary to compute all needed states of a physical system, the best combination must be determined. The minimizing function could be for example costs of the system, accuracy of output or speed of the mechatronic system.

3.5 Mechatronics Software Implementation

Software is an essential part in most of the mechatronic systems. Here we describe methods and tools for the implementation of software for processors and computers embedded in mechatronic systems.

In addition to the standard requirements for good software, the mechatronics environment has its special set of stringent requirements. To name some of the more important ones:

- Rigorous execution-time requirements
- Restricted memory requirements
- Ability to integrate code written in assembly language
- Support for a heterogeneous multiprocessing system
- Consistent documentation even after numerous changes and improvements
- Reliability and safety requirements depending on application (e.g. according to DIN VDE V 0801 [Deu90])

In sharp contrast to these requirements, today's state-of-the-art in designing and implementing software for mechatronic systems is mostly characterized by the cumbersome process of writing assembly language programs based on informal or half-formal specification. One reason for that is, that here not the widely-used standard microprocessors are to be programmed, but custom-build single-chip microprocessors, microcontrollers and digital signal processors (DSP), where, due to the limited market for the required tools, only a minimal set of programming tools is commercially available. Recently, some tools for control system design have become available, which are able to produce automatically high level language programs (see last part of this section).

In order to introduce the special environment for implementing software, we first give some empirical results [JK89]. Jundt and Klein consider the programming of a microcontroller in a car engine control system. Some functions are scheduled for execution every cycle of constant duration, whereas other functions are to be executed at certain angles of the crankshaft, depending on it's rotational speed. They argue that assembly level programming is mandatory, at least for some crucial parts of the program. In this context, they point out the problem of planning the real-time behaviour in the design stage. For an earlier 16-bit microcontroller, they also compared the relative efficiency of programming in C language against programming in assembly language:

	Assembly language	C
# statements (source code)	1	0.35
runtime	1	1.5
memory	1	1.5

For C, results are becoming more favourable as the more advanced 16/32 bit microcontrollers are better equipped for C and also compilers are becoming more efficient [Sie90].

In this chapter, we describe some more advanced techniques for producing mechatronics software. These techniques are supporting the production of assembly level programs under some of the above listed requirements. The approaches presented here are examples for making use of the following techniques to partially automate this process under the stringent requirements described above:

    a) Configuration based on a library of modules
    b) Generation from a textual specification
    c) Compilation from a high level language
    d) Generation from a graphical specification

Also on the assembly language level, a software configuration system can be very helpful for the software engineer. The assumption is, that for many areas of application a set of well-defined, reusable software modules can be defined, which implements a set of frequently used functions. Application programs are then composed by selecting the appropriate modules. In this way, only a small percentage of the software has to be programmed in assembly language directly and the possibility for design errors is significantly reduced. The configuration system contains the module library and supports the software engineer in assembling the required modules.

Similar, but more flexible is the generator. The software engineer can tailor his module by specifying the values for the module´s parameters. In general, both assembly level configuration systems and code generators have a strong dependence on the target processor and are of limited flexibility. A more general code generator for the 8061 / Intel 8096 processor has been developed at the Ford Motor company [SGG85].

Compilers, e.g. signal processing language compilers, offer more flexibility, allowing more freedom in describing the signal processing or control task. The DSPL (Digital Systems Programming Language) Compiler has been developed as the implementation backend to the IMPEX toolset for control system design ([Han89], [Han87]). The intention here was to create the means for implementing a digital controller on various DSPs (digital signal processors), microcontrollers or the like (hardware independent description).

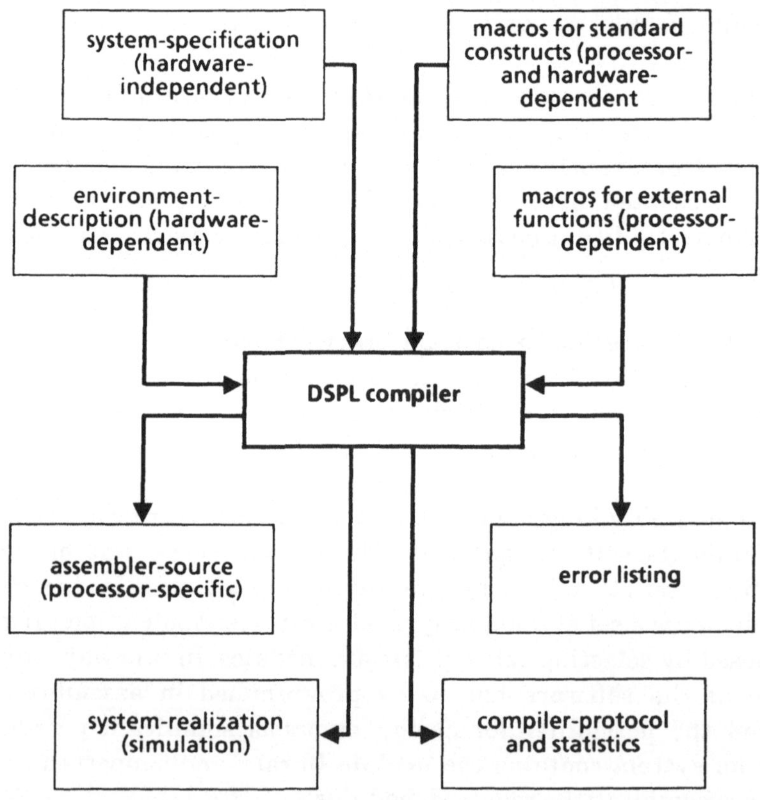

Figure 6: Data flow through for the DSPL compiler [Han87]

The language DSPL is a machine readable description of the signal processing tasks, independent from processor and other target hardware. This compiler takes a programmable control description as input, transforms it into a machine-independent intermediate representation and finally generates machine code for the target DSP, e.g. the TMS 320C25. It is possible to add extra assembly level code directly as in-line machine code blocks or as external procedures written in assembly language. This feature makes it easy to mix high level programs with specially written assembly code. It is also considered crucial for acceptance of such a tool, as long as hand-optimized assembly level code can outperform every other technique to produce the code.

This compiler and the language DSPL are restricted to a certain subset of language constructs which are especially useful to implement digital control. It is less general than e.g. a Pascal or C compiler but at the same time allows for more efficient code optimization. It is possible to globally optimize either for runtime or for storage requirements. Multitasking is not supported in the cited version of the compiler. In a preliminary comparison with a Pascal compiler, the code produced by the DSPL compiler was three times faster than the code generated from a Pascal description of the control algorithm.

An example for the generation from a graphical specification can be found in an environment for programming microprocessors, called "Microtool", as developed in the GM Research Laboratories [EM91]. The tool has been developed in the context of software for on-board microprocessors. The input for the system is not one-piece textual specification, but the programmer uses several distinct but collaborating smart editors (on one screen) to input the various aspects of the intended program (e.g. address layout, data definition, interface). Algorithms are described graphically as a hierarchically restricted flowchart in another smart editor. The editors are smart in the sense that they check the input as it arrives for syntax and consistency. The inputs are stored in a database and both assembly level code as well as its documentation are generated from this database. Therefore, many design errors are detected as soon as the user makes them and it is very easy to keep code and documentation always consistent.

The Microtool is based on a restrictive program model where the execution always begins at the main entry point and the flowgraph contains only single input / single exit control structures. This restriction can easily be fulfilled by most applications considered in this paper. The advantage of the restrictive program model is in the code optimization and in the greatly reduced stack manipulation.

Microtool is an operational system. Delco Electronics is currently testing and evaluating the system on parallel development projects.

3.6 Safety-related Issues for Mechatronic Systems

Applications of mechatronic systems are often safety-related. In case of a malfunction, high damage or even loss of human life are possible consequences. Therefore, in many cases the designer has to take special care, that his construction is safe and he has to prove this to some controlling authority (e.g. Technischer Überwachungsverein, TÜV, in Germany). Standards ensuring the safety requirements are just emerging. Safety is not only mandatory in the automobile, but also in many other areas like computerized medical devices [BSH85].

To illustrate the urgency of safety-issues, we describe the best-known examples in the US public record of computer-related deaths and injuries [Jac90]. It happened in Texas March 1986, that two patients receiving treatment from a computer-controlled radiation therapy machine - a Therac-25 produced by Atomic Energy of Canada - had burning sensations during the normally painless treatment and died some months later. Investigations found that both accidents were caused by the programs controlling the machine. Several similar accidents happened between 1985 and 1987. At this time the FDA (Food and Drug Administration) had no requirements, and performed no reviews on practices or software quality in medical devices. In September 1987 the FDA annouced that it would begin reviewing embedded control software in some classes of devices.

Similar developments towards regulations and standards ensuring safety of computerized and mechatronic equipment are under way both on the international level and also as national efforts. Basic standards on risks and risk classification are prepared by IEC SC65 A WG 10; in Germany we already have DIN 31000 part 2 and DIN 19250 for risk classification. For safety-related computer application, in Germany the standard DIN V VDE 0801 [Deu90] has been proposed. This standard describes at least for hardware and software the actions that have to be performed to avoid faults during design and to confine faults during the operation of the system. The required level of safety is derived from the DIN 19250 standard. To our knowledge up to now, there is no tool supporting a designer in the application of these standards.

To support the mechatronics designer and system engineer in general aspects of safe design and engineering, an Integrated Safety Development System (ISDS) has been developed [Die89]. The system is applied to support the design of safe active magnetic bearings (AMB) as described in chapter 2 of this paper. ISDS is contributing in several ways to the safety of these AMBs. A configuration system is reducing the rate of software design faults. Diagnosis of faults happening during normal operation is supported by an expert system. Finally, an exception handler is associated with every process. In case of an exception (e.g. divide by zero), the exception handler guarantees at least a controlled stop.

4 Trends in Mechatronics System Engineering

Extrapolating the state-of-the-art, a Japanese expert has observed the following trends in mechatronics [Ish89]:

- Systems of today will be the components of tomorrow (e.g. computers, software systems)

- Due to the decline in cost of these components, it is justified to use only a small fraction of those components abilities

- Priority is shifting towards reliability, ability to extend and renew the system

- Dependent and autonomous systems will increase

- Micro-mechanical systems will be subsystems of mechatronic systems (e.g. for sensors)

The question is, how do we develop the mechatronic systems of tomorrow. A related question is, how do we educate the engineers for this task. Looking at the tools necessary to design these systems, we can foresee the following trends in mechatronics system engineering:

- The tools and design systems will become interconnected through common system descriptions and interfaces and a framework will integrate the tools and control their usage.

- The user interface of mechatronic design and engineering systems will improve and thereby enable a closer interaction between the engineer and the supporting software.

- The system designer must have a basic knowledge of all areas involved in the design of a mechatronic systems, e.g. mechanics, electronics and software.

As a prerequisite, the education of those involved in mechatronics design and systems engineering must be improved. Many countries involved in mechatronics are currently improving their educational system in this direction. We only mention a few examples.

In Japan, traditionally the universities play only a minor role in such tasks. It is reported that e.g. the Brother Corporation has established a 10 month, full time training course in mechatronics for mechanical engineers [Buu90]. In Switzerland, at the ETH Zürich, a one-year postgraduate program in mechatronics has been established [Sch90]. Recently, in Austria at the University of Linz, the department of computer science has established a curriculum for mechatronics. In Finnland, they have just completed a 3-year research effort in mechatronics and started an educational program offering periodic training courses in major cities [STV90]. In Sweden, at the Royal Institute of Technology (KTH), beginning in 1984 project work in "Microcomputer Design for Embedded Systems" was offered to extend the program for a master degree in mechanic engineering, thus starting a mechatronic-oriented curriculum [Han90]. The situation in England is described in [Tay90], where e.g. at Glasgow College the Department of Mechanical and the Department of Electrical Engineering have developed since 1984 a new Bachelor of Engineering degree programme in mechatronics, originally termed "mechanic-electronic programme". In Germany, several universities are active in mechatronics research and have gradually extended some engineering curricula accordingly. Examples are the "Institut für Automatisierungstechnik" at the University of Paderborn and the "Institut für Mechatronik" at the University (GHS) of Duisburg.

As the synergetic combination of mechanic, electronic and other components like software is understood better and the engineers are prepared more specifically, we will see numerous mechatronic products in the factory, in the office, in the automobile and in the private home.

5 Conclusion

Although mechatronic systems existed long before their new name was adopted from the Japanese, it is only since a few years that industry and academia have recognized the full potential of mechatronics. Universities in many nations have begun to qualify engineers specifically for mechatronics. An increasing number of products is exploiting the synergetic combination of mechanics, electronics, software and other techniques.

Therefore, design, system engineering and manufacturing of mechatronic systems is becoming an increasingly important issue in industry. For many single tasks in the development of a mechatronic system, methods and tools are available to the engineers. Other tools, e.g. a library for modelling sensors and actuators, are still to be developed. The long-term goals for mechatronics system engineering include the following:

- A wide-band description and specification technique covering all components (electronics, mechanics, software, . . .) of a mechatronic system.

- An integrated toolset under a convenient framework to control the tool usage and to provide a convenient user interface (based mostly on available tools)

Within Siemens Corporate Research, we are collaborating with our business units to making available the required methods and tools for mechatronics system engineering and supporting their application. Our goal is to help the business units to shorten the time for development and to increase the quality of new mechatronic products. It is not neccesary to establish one big CAD-tool to solve all mechatronic problems, but to provide our clients with fitted solutions.

Both Japan and Germany have a good position in this field. Germany seems especially strong in mechanical engineering and related fields as control theory. Companies like Siemens are very active in mechatronics and experienced in many technologies contributing to such systems. A significant reduction in the lead time of mechatronic products is required and the application of recently developed tools will contribute to a reduction of design and systems engineering time. Moreover, new classes of products will become feasible by these tools and techniques.

Acknowledgements

We acknowledge the contributions of Mr. Klos, Mr. Meixner and other colleagues in preparing this paper. Special thanks to those colleagues who, like Dr. Buchenrieder and Dr. Storjohann, have read draft versions of this paper. Their painstaking effort has substantially improved the quality and readability of our paper.

References

[Ada90]   CADRE Technologies Inc.: Architecture Design & Assesment System (ADAS), application note, 1990.

[BD90]   D. A. Bradley, D. Dawson: "Mechatronics - An Integrating Approach in Engineering Design", Proc. of the IMechE, Int. Conference Mechatronics: Designing Intelligent Machines, Cambridge, 12.-13.9.1990, pp. 195 - 199.

[BSH85]   H. Bassen, J. Silberberg, F. Houston, W. Knight, C. Christman, M. Greberman: Computerized medical devices: Usage trends, problems and safety technology. In Proc. of the Seventh Annual Conf. of IEEE Engineering in Medicine and Biology Society, Sept 27-30, 1985, Chicago, pp. 180-185.

[Buu90]   J. Buur: "Mechatronics in Japan - Strategies and Practice in Product Development", Proc. of the IMechE, Int. Conference Mechatronics: Designing Intelligent Machines, Cambridge, 12.-13.9.1990, pp. 131 - 136.

[Die89]   D. Diez: "Sicherheitstechnisches Entwerfen eines Mechatronik-Produktes am Beispiel eines Magnetlager-Systems", VDI-Ber. Nr. 787 (1989), pp. 277 - 289.

[Deu90]   Deutsche Elektrotechnische Kommission im DIN und VDE (DKE), Normenausschuß Maschinenbau (NAM) im DIN Deutsches Institut für Normung e. V.: *DIN V VDE 0801/01.90 Grundsätze für Rechner in Systemen mit SIcherheitsaufgaben*, 1990.

[EM91]   J. L. Elshoff, M. Marcotty: "Microtool: An Environment for Programming Microprocessors", IEEE Software, January 1991, pp. 42 - 48.

[Han87]   H. Hanselmann: "Implementation of Digital Controllers - A Survey", Automatica, Vol. 23 (1987), Nr. 1, pp. 7 - 32.

[Han89]   H. Hanselmann: "Regelung schneller Mechanik mit digitalen Signalprozessoren", VDI-Berichte Nr. 787 (1989), pp. 307 - 323.

[Han90]   M. Hanson: "Integration of Advanced Microcomputer System Design in Mechanical Engineering Education", Proc. IMechE, Int. Conf. Mechatronics: Designing Intelligent Machines, 1990, pp. 261 - 270.

[Ish89]   T. Ishii: "Future Trends in Mechatronics". *Proceedings of the International Conference on Advanced Mechatronics*, Tokio, 21.-24.5.1989, p. 1-5.

[ISI90]   Integrated System Inc.: Matrix$_x$ User Guide, 1990.

[Jac90]   J. Jacky: Risks in medical electronics, Communications of the ACM, Vol. 33, No. 12, p.138.

[JK89]   W. Jundt, H. Klein: "Software-Struktur für Echtzeitanwendungen bei rotierenden Maschinen", VDI-Berichte Nr. 787 (1989), pp. 259 - 276.

[JLM90]   K.-P. Jäker, J. Luckel, W. Morit: "Entwurfswerkzeuge der Mechatronik", Forum 90 Wissenschaft und Technik: Neue Anwendungen mit Hilfe aktueller Computer-Technologien (Hrsg. A. Schütt), Trier, 1990.

[JM86]   M. Jamshidi, Malek-Zavarei: *Linear Control Systems - A Computer Aided Approach*. Pergamon Press 1986.

[KH89]   W. Karplus, J. Halin: "Mathematical Modeling and Digital Computer Simulation of Engineering ans Scientific Systems", seminar 65.1 of American Interface Cooperation at ETH Zürich from 19.-23.6.89, 1989.

[KFR88]   G. Kämmel, H. Franeck, H.-G. Recke: Einführung in die Methode der finiten Elemente. Hanser Verlag, München, 1988.

[Kie90]   U. Kiencke: "Modulares Konzept für Motorsteuerungssysteme", VDI-Berichte Nr. 819 (1990), pp. 455 - 468.

[Kle90]   P. Kleinschmidt: "Intelligente Sensor-Systeme", Tagungsband Meß- und Automatisierungstechnik '90, Baden Baden, 18./19.9.1990.

[Mag89]   V. Magori: "Signal Processing for Smart Ultrasonic Sensors", Proceedings of the Conference on VLSI and Computer Peripherals CompEuro, Hamburg, 8.-12.5.1989, pp. 3-21 to 3-26.

[Sch89]   G. Schweitzer: "Mechatronik - Aufgaben und Lösungen", VDI-Berichte Nr. 787 (1989), pp. 1 - 16.

[Sch90]   G. Schweitzer: "Mechatronics - A Concept with Examples on Active Management Bearings", Proceedings of the IMechE, Int. Conference Mechatronics: Designing Intelligent Machines, Cambridge, 12.-13.9.1990, pp. 239 - 245.

[SGG85]   R. J. Srodawa, R. E. Gach, A. Glicker: "Preliminary Experience with the Automatic Generation of Production Quality Code for the Ford/Intel 8061 Microprocessor", IEEE Trans. Ind. Electronics, IE-32, p. 318.

[Sie90]   Siemens AG, Bereich Halbleiter, Marketing Kommunikation: Microcomputer Components, SAB80C166/83C166, User Manual, 6.90.

[STV90]   V. Salminen, K. Tanskanen, A. Verho: "The Finish Mechatronics Approach Experiences in Adapting to Educational, Research and Industry Purposes", Proceedings of the IMechE, Int. Conference Mechatronics: Designing Intelligent Machines, Cambridge, 12.-13.9.1990, pp. 137 - 148.

[Tay90]   G. T. Taylor: "The Mechatronics Curriculum for the Modern Engineer", Proceedings of the IMechE, Int. Conference Mechatronics: Designing Intelligent Machines, 1990, pp. 271 - 279.

[Tea90]   CADRE Technologies Inc.: Teamwork Product Description, 1990.

[Trä86]   H. R. Tränkler: "Sensorspezifische Meßsignalverarbeitung", Fachtagung Sensoren - Technologie und Anwendungen, Bad Nauheim, 17.-19.3.1986, NDGB-Fachbericht Nr. 93, VDI-Verlag Düsseldorf 1986, pp. 301 - 317.

[WJ90]   E. Wassmuth, F. Junker: "Modelling and Simulation of Mechatronic Systems: Application to a Needle Printhead", Proceedings, IMACS-IFAC International Symposium on Mathematical and Intelligent Models in System Simulation MIM-S2 90, Bruxelles, 3.-6.9.1990, III.C.2-1 - III.C.2-6.

Wiederverwendung von Software: Herausforderung für die Zukunft

W. Meyer, H. Lausecker

Siemens AG

Zusammenfassung

Die immer größer werdende Nachfrage nach hochwertiger Software und die allgemein verschärfte Wettbewerbssituation zwingen uns heute dazu, Ziele und Mittel des modernen Software-Engineering neu zu bewerten. Standen bisher Anstrengungen im Vordergrund, um durch methodisches Vorgehen und den Einsatz rechnergestützter Werkzeuge die Komplexität von Software und ihres Neuerstellungsprozesses zu beherrschen, so zeichnet sich heute ein weiteres Ziel ab: Es gilt, Verfahrensmodelle und technische Grundlagen zu schaffen, um eine möglichst hohe Nutzungshäufigkeit einmal entwickelter Software zu fördern.

Wiederverwendung von Software anstelle fortwährender Neuentwicklung scheint heute unumgänglich, um in Zukunft Software-Entwicklungen "bezahlbar" zu halten. Ein verstärktes Bewußtsein, daß jedes Stück neu entwickelte Software eine Investition für zukünftige Projekte und Produkte sein muß, ist die Folge.

Auch wenn der Begriff Software-Wiederverwendung erst heute zum Schlagwort geworden ist, so wurde Wiederverwendung schon in der Vergangenheit in unterschiedlichen Formen und Ausprägungen vollzogen. Erst in jüngerer Zeit hat man jedoch damit begonnen, sie in einem umfassenderen Kontext zu sehen und sie als festen Bestandteil in den Software-Entwicklungsprozeß zu integrieren. Unterstützt wurden diese Bemühungen durch neue Software-Techniken, wie etwa die Objektorientierung. Gerade diese scheint besonders geeignet, um die technischen Grundlagen für die Schaffung und Nutzung wiederverwendbarer Software bereitzustellen.

1 Einleitung

Die zunehmende Nachfrage nach immer leistungsfähigeren und damit komplexeren Software-Produkten und die durch verschärfte Wettbewerbssituation und technischen Wandel kürzer werdenden Lebenszyklen erfordern geeignete Maßnahmen, um die Software-Produktion den sich ändernden Randbedingungen anzupassen. Neben der Beherrschung der Komplexität muß Software-Engineering - stärker als bisher - helfen, die erforderliche Entwicklungszeit zu reduzieren (Time To Market) und die Wirtschaftlichkeit einer Software-Entwicklung (Mitteleinsatz) zu verbessern.

Vor diesem Hintergrund erscheint die Idee, bereits vorhandene Software in die Entwicklung neuer Software-Produkte mit einzubeziehen, folgerichtig und vielversprechend. Dabei ist der Gedanke, etwas Vorhandenes wiederzuverwenden, gar nichts spektakulär Neues. Ganz im Gegenteil. Andere Disziplinen, etwa die Hardware-Technik, tun dies schon lange und mit großem Erfolg. So fällt es auch schwer, die derzeit noch immer praktizierte Vorgehensweise der Software-Entwickler zu verstehen, benötigte Software immer wieder von Grund auf neu zu entwickeln.

Software-Engineering hat sich daher der Herausforderung zu stellen, Verfahrensmodelle und technische Grundlagen zu schaffen, um eine möglichst hohe Nutzungshäufigkeit einmal entwickelter Software zu fördern und auf diese Weise das Ziel Software-Wiederverwendung zu erreichen.

Bevor in den nächsten Abschnitten die unterschiedlichen Aspekte der Wiederverwendung von Software eingehend diskutiert werden, soll zunächst der Begriff "Software-Wiederverwendung" näher untersucht werden.

2 Der Begriff Software-Wiederverwendung

Dem Wortlaut nach heißt Software-Wiederverwendung, vorhandene Software "wieder" oder "wiederholt" zu verwenden. Da es eine fundamentale Eigenschaft von Software ist, daß sie grundsätzlich wiederholt ausgeführt werden kann - kein Texteditor oder Compiler ergäbe ansonsten einen Sinn - könnte man diese Möglichkeit als eine Form der Wiederverwendung verstehen. Auf diese eher triviale Betrachtungsweise soll hier jedoch nicht näher eingegangen werden. Vielmehr wird unter Software-Wiederverwendung die Einbeziehung vorhandener Software als Ganzes oder in Teilen in die Entwicklung neuer oder die Weiterentwicklung bestehender Softwaresysteme verstanden.

Das entscheidende Kriterium, ob Software als wiederverwendbar bezeichnet werden kann, ist seine potentielle Fähigkeit zur Einbettung in einen geänderten Kontext. B. Meyer definiert Wiederverwendbarkeit als "the ability of software products to be reused, in whole or in part, for new applications" [Mey88].

Gegenstand der Software-Wiederverwendung sind primär Programmtexte, bindfähige oder unmittelbar ausführbare Programmeinheiten. Da zu ihrer

Entwicklung Methoden, Verfahren und Werkzeuge des Software-Engineering für Design, Implementierung, Test und Dokumentation eingesetzt wurden, nutzt man bei der Wiederverwendung auch diese Verfahren und Werkzeuge mittelbar wieder. Neben der Einbeziehung von fertigen Programmen ist es auch denkbar, Wiederverwendung auf der abstrakten Ebene von Spezifikationen, Konzepten oder Algorithmen zu betreiben.

Somit reicht Software-Wiederverwendung weit über das simple Kopieren von Programmtexten hinaus. Wer wiederverwendbare Software erstellen möchte, braucht unterstützende Verfahren und Werkzeuge, um vorhandene Software oder Software-Teile für die spätere Nutzung systematisch zu hinterlegen (Archivieren) und bei Bedarf auch wiederfinden zu können (Retrieval-Techniken). Dazu gehören außerdem Verfahren zur Klassifizierung von Software-Teilen, die Bereitstellung zugeordneter Dokumentation, um so den Entstehungsprozeß nachvollziehbar und die Funktionalität transparent zu machen.

Für die Neuerstellung von wiederverwendbarer Software gilt es, Techniken bereitzustellen, um Software parametrisieren, neu konfigurieren und mit geringem Aufwand portieren oder adaptieren zu können. Nicht zu vergessen ist in diesem Zusammenhang das nachträgliche Auswerten und Aufbereiten von existierender Software durch Techniken und Werkzeuge des Reverse Engineering.

Zusammenfassung: Software-Wiederverwendung umfaßt alle Themenbereiche, die sich mit Verfahren zur Herstellung und Aufbereitung von Software befassen, so daß Software in Teilen oder als Ganzes mit angemessenem Aufwand in einen neuen Kontext eingebettet werden kann. Weiterhin wird ein geänderter Software-Entwicklungsprozeß benötigt, der die Einbeziehung von wiederverwendbarer Software in die Softwareentwicklung zum integralen Bestandteil hat.

3 Nutzen der Software-Wiederverwendung

Erhöhung der Wirtschaftlichkeit ist das meistgenannte Argument, um die Notwendigkeit von Software-Wiederverwendung zu begründen. Dieses Argument erscheint auch auf Anhieb stichhaltig, denn es ist mit Sicherheit günstiger, einmal entwickelte Software gleich mehrfach einzusetzen, als sie jedesmal neu zu entwickeln.

Da aber andererseits für die Entwicklung und Bereitstellung wiederverwendbarer Software ein Mehraufwand getrieben werden muß, ist es sinnvoll, sich anhand von Maßzahlen und einem mathematischen Modell zu verdeutli-

chen, wie hoch der Nutzen durch Wiederverwendung - zumindest theoretisch -
sein kann.

Ein solches Modell zur Berechnung der relativen Kosten der Software-Wiederverwendung schlagen Barnes et. al. vor, wobei sie von folgenden Überlegungen
ausgehen [Bar88]:

Jedem Software-Entwickler steht ein Pool von Software-Bausteinen zur Verfügung, aus dem passende Bausteine für das Projekt entnommen werden
können. Umgekehrt werden in einem Projekt auch Bausteine erstellt, die sich
für die Wiederverwendung eignen und in den Pool eingebracht werden.
In einem Kostenmodell für ein Projekt sind dann folgende Einzelkosten zu
berücksichtigen: Eine "Nutzungsgebühr" für die Entnahme von Bausteinen
aus dem Pool, Aufwände für die Integration dieser Bausteine in das Projekt,
sowie Einnahmen durch den "Verkauf" von Bausteinen an den Pool.
Damit ergibt sich folgende Formel:

$$RC = (1 - R_{CREATED} - R) * C + R_{CREATED} * E / N + R * (E / N + b) \qquad (I)$$

wobei: RC — relative Kosten einer Software-Entwicklung mit Wiederverwendung

$R_{CREATED}$ — Anteil der im Projekt neu entwickelten wiederverwendbaren Software

R — Anteil im Projekt wiederverwendeter Software

$C = 1$ — relative Kosten einer Software-Neuentwicklung ohne
Wiederverwendung (normiert)

E — relative Kosten für die Entwicklung wiederverwendbarer
Software

N — Anzahl der Wiederverwendungen, über die sich das Investment für die Entwicklung wiederverwendbarer Software
amortisiert.

b — relative Kosten der Integration wiederverwendbarer Software

Für die relative Produktivität gilt dann

$$RP = 1 / RC \qquad (II)$$

Der Break-Even-Point ist erreicht, wenn die Kosten der Software-Wiederverwendung gleich sind mit den relativen Kosten einer kompletten Software-
Neuentwicklung ($RC = 1$). Daraus errechnet sich die notwendige Mindestanzahl N_0 der Wiederverwendung von Software zu

$$N_0 = E / (1 - R * b / (R_{CREATED} + R)) \qquad\qquad (III)$$

Für den wirtschaftlichen Nutzen der Wiederverwendung stellt die Häufigkeit des Einsatzes einer wiederverwendbaren Software-Komponente somit die entscheidende Größe dar.

Eine Beispielrechnung soll zeigen, welchen Nutzen man von Software-Wiederverwendung auf Basis einiger konkreter Zahlen erwarten kann. Die nachfolgend herangezogenen Werte stützen sich auf Erfahrungen ab, die in ZFE-Projekten gewonnen wurden bzw. sind Mittelwerte von in der Literatur genannten Zahlen (enorme Streuung). Trotz der diesen Werten anhaftenden Unsicherheiten bekommt man auf diese Weise einen recht guten Eindruck, ob Wiederverwendung als nutzbringendes Ziel erreichbar ist.

- Produktanteil an wiederverwendbarer Software: 40% ($R = 0.4$).

- Mehrkosten für die Entwicklung wiederverwendbarer Bausteine: 50% ($E = 1.5$).

- Mehrkosten für die Integration wiederverwendbarer Bausteine: 30% ($b = 0.3$).

- Anteil an neu bereitgestellter, wiederverwendbarer Software: 10% der projektbezogenen Softwareentwicklung ($R_{CREATED} = 0.1$).

Obwohl hier eher pessimistische Werte angesetzt wurden, ergibt sich für die notwendige Mindestanzahl an Wiederverwendungen N_0 der Wert 1.97.
Gelingt es, die durchschnittliche Häufigkeit der Wiederverwendung von Softwarebausteinen auf 3 zu steigern, so ergibt sich nach (I) für die relativen Entwicklungskosten $RC = 0{,}87$ und damit nach (II) für die relative Produktivität $Rp = 1{,}15$. Das bedeutet bereits eine recht beachtliche Produktivitätssteigerung um 15%.
Daß einmal entwickelte Bausteine mehrfach eingesetzt werden können, steht außer Zweifel. Erfahrungen bei IBM haben gezeigt, daß sogar "große" Software-Komponenten bis zu 10 mal wiederverwendet werden konnten. Somit zeigt uns die Beispielrechnung, daß der Nutzen von Software-Wiederverwendung wirtschaftlich attraktiv und zweifellos erreichbar ist.
Neben reduzierten Herstellungskosten gibt es jedoch noch zwei weitere Argumente, die für die Software-Wiederverwendung sprechen: Die erwartbare Reduktion der benötigten Entwicklungszeit (Time To Market) und die Erhöhung der Qualität der entwickelten Produkte durch Einbezug qualitativ hochwertiger Software-Bausteine. Beide Aspekte blieben im Berechnungsmodell von Barnes unberücksichtigt. Das Potential, das sich hinter Software-

Wiederverwendung verbirgt, ist somit noch beträchtlich höher, als zuvor berechnet.

Angaben über den Faktor der Verkürzung der Entwicklungszeit zu nennen, ist heute überaus problematisch. Auch die Literatur enthält dazu keine konkreten, nachvollziehbaren Aussagen. Einig ist man sich jedoch über die positive Auswirkung der Wiederverwendung auf Projektlaufzeiten.

Anders ist dies beim Aspekt der Qualitätssteigerung. Gerade bei Anwendungsgebieten, bei denen nicht nur hohe Sachwerte, sondern auch menschliches Leben von der Korrektheit und Zuverlässigkeit der Software abhängen (Überwachungssysteme in der Intensivmedizin, Verkehrsleit- und Sicherungssysteme etc.), geht es darum, ganz besonders zuverlässige Software zu erstellen. Hier kommt der Software-Wiederverwendung eine enorme Bedeutung zu, denn nachweislich verbessert sich die Qualität der Software mit der Anzahl der Einsatzfälle. Und je besser Software ausgetestet ist, um so mehr eignet sie sich für einen Einsatz in sensitiven Bereichen.

Berücksichtigt man weiterhin, daß der Einsatz formaler Techniken und Verfahren oftmals Voraussetzung ist, um die Korrektheit von Software überprüfen und nachweisen zu können, müssen allein dafür Aufwände angesetzt werden, die um Größenordnungen über dem heute üblichen Erstellungsaufwand für qualitativ hochwertige Software liegen. Gelingt es dann, diese extrem kapitalintensive Software mehrfach einzusetzen, bekommen Wirtschaftlichkeitsbetrachtungen eine ganz neue Dimension.

4 Objekte der Software-Wiederverwendung

Die Wiederverwendung von Software ist keinesfalls auf den Programmcode begrenzt. Selbst wenn vordergründig nur Programmteile kopiert werden, so nutzt man damit mittelbar auch all das zur Entwicklung aufgebrachte Know-How, die zugehörige Dokumentation (Daten-, Funktions- und Entwurfsbeschreibungen) und implizit auch alle Testfälle für diese Software mit. Neben dem eigentlichen Programmcode können aber auch Architekturmodelle, Konzepte, Algorithmen und formale Spezifikationen Gegenstände einer Wiederverwendung sein. Gerade bei diesen abstrakten Objekten hat sich gezeigt, daß sie als Kandidaten für eine Wiederverwendung ganz besonders interessant sind. Während Programmtexte jeweils in einer bestimmten Programmiersprache abgefaßt und ihr Ablauf oft an bestimmte Systemumgebungen gebunden ist, sind diese abstrakten Objekte in aller Regel besser in einen neuen Kontext übertragbar und besitzen somit ein höheres Potential zur Wiederverwendung.

Kehrt man zu weniger abstrakten Objekten wie Programm-Komponenten zurück, so erscheint es interessant, "Umfang einer Komponente" und "Nutzen durch Wiederverwendung" zueinander in Beziehung zu bringen. Allgemein gilt die Regel, je elementarer eine Komponente ist, desto besser eignet sie sich für einen erneuten Einsatz. Einen Extremfall stellen die Grundkonstrukte von Programmiersprachen dar: Elemente einer Programmiersprache werden de facto zig-tausendfach wiederverwendet. Der Nutzen nimmt jedoch zweifelsfrei mit der Funktionalität der wiederverwendbaren Einheit zu. Gleichzeitig sinkt die Wiederverwendungshäufigkeit. Gelingt es beispielsweise, ein komplettes Betriebssystem wiederzuverwenden, ist damit fast schon der Idealfall und der höchst mögliche Nutzeffekt erreicht. Es genügt allerdings nicht, sich bei Wiederverwendbarkeitsbetrachtungen auf Elementarbausteine zu beschränken oder Komplettlösungen anzustreben.

Benötigt werden vielmehr "Grundbausteine mittlerer Größe". Sie gilt es, zu identifizieren, zu spezifizieren, zu archivieren und im Bedarfsfall wiederzufinden. Diesen Grundbausteinen ist derzeit das Hauptinteresse der Forschung gewidmet. Der Begriff "Grundbaustein" bedeutet nicht unbedingt, daß es sich dabei um fertige Bausteine handeln muß, die unmodifiziert in ein Softwareprodukt übernommen werden können (Fertigfabrikate). Gemeint sind auch Halbfabrikate, die in Verbindung mit geeigneten Techniken, Methoden und Werkzeugen nach gegebenenfalls notwendigen Adaptionen zu einem neuen Produkt montiert werden können.

So ist es auch nicht weiter verwunderlich, daß die verstärkte Beschäftigung mit dem Gedanken der Software-Wiederverwendung zeitlich mit dem Aufkommen der Objektorientierung zusammenfällt. Gerade diese neue Technik des Software-Engineering bietet Konzepte an, die besonders geeignet erscheinen, um "Grundbausteine mittlerer Größe" bereitzustellen. Diese Bausteine lassen sich - bedingt durch die Vorgehensweise des objektorientierten Designs - relativ einfach in einen neuen Kontext einbetten und sind zudem wesentlich leichter an neue Anforderungen anpaßbar, als dies bei Software-Komponenten möglich ist, die mit bisherigen Techniken entwickelt werden.

5 Ansätze und Techniken der Software-Wiederverwendung

Prinzipiell kann man zwei Ansätze der Wiederverwendung unterscheiden: die *nicht-geplante* und die *geplante* Wiederverwendung.

Im ersten Fall wurde bei der Software-Entwicklung noch nicht an eine spätere Wiederverwendung gedacht. Die Entscheidung darüber, ob Teile oder die gesamte Software wiederverwendet werden sollen, wird erst im Nachhinein getroffen und es sind deshalb oft umfangreiche Restrukturierungs- und Aufbereitungsmaßnahmen zu treffen, um die Software in eine Form zu bringen, daß sie sich für die Wiederverwendung eignet. Aufgaben, die es in diesem Zusammenhang zu lösen gilt, sind die Analyse der Codestruktur, Lokalisierung bestimmter Funktionalität, Isolation von Datenbereichen und Datenstrukturen sowie entsprechende Restrukturierungsmaßnahmen. Dazuzurechnen ist auch die Überprüfung der vorhandener Software auf Übereinstimmung mit existierender Dokumentation.

Obwohl diese Aufgaben sehr anspruchsvoll sind und Forschungsaufwände erbracht werden müssen, wird ihnen oft nur wenig Aufmerksamkeit gewidmet. Erst in jüngerer Zeit beginnt sich eine neue Disziplin des Software Engineering unter dem Stichwort CARE (computer aided reverse engineering) zu etablieren. Ziel ist dabei, Software in einen Zustand zu bringen, der dem der geplanten Wiederverwendung entspricht.

Bei der geplanten Wiederverwendung werden bereits bei der Entwicklung der Software Vorkehrungen getroffen, um eine spätere Wiederverwendung zu erleichtern. Nach Endres werden vier Arten der geplanten Wiederverwendung unterschieden [End88]:

- die Programm-Portierung

- die Programm-Adaptierung

- die Schablonentechnik und

- die Bausteintechnik.

Als klassische Methode ist die *Programm-Portierung* bekannt. Ziel ist dabei die Übertragung einer kompletten Applikation in eine neue Systemumgebung. Die Basis der Portierung bilden die abstrakten Elementarkonstrukte einer höheren Programmiersprache. Steht innerhalb der neuen Systemumgebung ein Compiler für die Implementierungssprache zur Verfügung, so hängt der Portierungsaufwand ausschließlich davon ab, wie sehr Besonderheiten der ursprünglichen Systemumgebung (etwa durch Verknüpfungen zum Betriebssystem) ausgenutzt wurden.

Die *Programm-Adaptierung* geht über die Portierung hinaus. Hierbei werden bei der Entwicklung bereits Vorleistungen erbracht, indem Programmteile, die eng mit der Systemumgebung verwoben sind, durch eine entsprechende Auslegung der internen Programmstruktur leicht austauschbar gemacht werden. Veränderungen, die erwartbar sind, werden bereits einprogrammiert und können später bei Bedarf durch Parametrisierung aktiviert werden. Die Grenzen dieser Technik liegen in der "Vorplanbarkeit" von abweichenden Randbedingungen.

Bei der *Schablonentechnik* wird lediglich ein Programmgerüst zur Verfügung gestellt, das später ergänzt werden muß. Diese Technik wird heute bereits von zahlreichen Programmiersprachen unterstützt. Zwar handelt es sich dabei meist um applikationsspezifische 4GL Sprachen, doch findet man adäquate Ansätze auch bei einigen neueren 3GL Sprachen. Zu nennen sind hier die "generics" in Ada [Ada83] oder die "templates" in C + + [Ell90].

Die *Bausteintechnik* ist der wohl wirkungsvollste Ansatz zur Bereitstellung und Nutzung wiederverwendbarer Software. Mit Bausteinen sind dabei die in Kapitel 4 (Objekte der Wiederverwendung) bereits angesprochenen "Softwaregrundbausteine mittlerer Größe" gemeint, die in unterschiedlichen Ausprägungen zur Verfügung gestellt werden können. Es gibt mehrere technische Ansätze, die alle das Ziel verfolgen, Bausteine nutzbar zu machen:

Eine längst vertraute und immer noch aktuelle Technik zur Bereitstellung von Bausteinen ist der Einsatz von Unterprogrammen. Zwar gab es zu den Zeiten der Entwicklung der FORTRAN-Bibliotheken für mathematische Anwendungen und der Standard-Bibliotheken für C das Schlagwort Wiederverwendung noch nicht, doch ihre hohe Akzeptanz und ihre häufige Nutzung demonstrieren, daß vorgefertigte Unterprogramme als geeignetes Mittel für die Software-Wiederverwendung anzusehen sind.

Unterprogramme weisen jedoch als Instrument der Wiederverwendung einige Mängel auf. Zwar sind sie parametrisierbar und damit flexibel auslegbar, doch muß die Flexibilität mit einer Vielzahl von Parametern erkauft werden. Durch große Parameteranzahl werden die Schnittstellen schnell unhandlich und die Unterprogramme bergen in aller Regel auch viel redundanten Code in sich. Da der Datenaspekt klar im Hintergrund steht, eignen sich Unterprogramme primär "nur" zur Bereitstellung von Algorithmen.

Einen signifikanten Fortschritt zur Bausteintechnik stellen die abstrakten Datentypen dar. Wie ihr Name schon sagt, spielt dabei die Datenstruktur die dominierende Rolle. Um diese herum sind Zugriffsfunktionen gruppiert, die die Bereitstellung und Manipulation der verborgenen Daten übernehmen. Auf diese Weise besteht eine klar definierte Schnittstelle zu den intern verborgenen (und damit geschützten) Daten. Abstrakte Datentypen repräsentieren somit Softwarebausteine mit eindeutig abgrenzbarer Funktionalität und hoher Lokalität. Sind sie auch noch parametrisierbar (generics, templates), so liegen bereits in Grenzen anpaßbare Softwarebausteine vor.

Einen Schritt weiter in Richtung einer flexiblen Bausteintechnik geht die Objektorientierung. Aus Sicht der Wiederverwendung bringen vor allem die Konzepte der Klasse und der Vererbung zusätzliche Möglichkeiten. Klassen sind Muster für abstrakte Datentypen und weisen somit alle oben genannten Vorzüge auf. Zusätzlich hat der Programmierer jedoch die Möglichkeit neue Klassen aus bereits vorhandenene abzuleiten (Unterklassenbildung, Vererbung). Dabei "erbt" er die gesamte Funktionalität der Oberklasse(n), kann diese jedoch selbst *erweitern*, geerbte Funktionalität gezielt *"außer Kraft"* setzen (durch Redefinition) oder auch *modifizieren*. Interessant an diesen abgestuften Formen zur Nutzung existierender Funktionalität ist die Tatsache, daß Komponenten, von denen Funktionalität übernommen wird, dazu nicht angetastet werden müssen. Somit erfüllen diese Konzepte aus technischer Sicht alle wesentlichen Voraussetzungen, um wiederverwendbare Software-Bausteine konstruieren zu können, die eine klar definierte Funktionalität aufweisen und gleichzeitig auf recht einfache Weise an neue Anforderungen angepaßt werden können.

6 Aktuelle Forschungsaktivitäten

Weltweit laufen heute zahlreiche Forschungsaktivitäten zum Themenkomplex Software-Wiederverwendung, wobei die flexible Bausteintechnik einen klaren Schwerpunkt bildet. Innerhalb der Bausteintechnik spielt dabei vor allem die Objektorientierung eine dominierende Rolle, da sie gerade für Wiederverwendung deutliche technische Vorzüge aufweist.
Doch im Kontext der Objektorientierung sind noch zahlreiche Aufgaben zu lösen. Für ZFE gilt es vor allem, die neue Technik der Objektorientierung und ihren Einsatz bei der Software-Wiederverwendung für die industrielle Praxis nutzbar zu machen. Die Forschungsaktivitäten zu diesem Thema konzentrieren sich heute auf folgende Arbeiten:
Umsetzung theoretischer Erkenntnisse der Grundlagenforschung durch Entwicklung von Pilotapplikationen in direkter Zusammenarbeit mit Bereichen des Hauses. Zu nennen sind hier Projekte aus den Anwendungsgebieten Betriebswirtschaft [Ach90], Büroautomatisierung, flexible Fertigung [Mey89], Betriebssysteme für Großrechner, Telekommunikation und private Netze. Als begleitende Maßnahmen zum Know-How-Transfer werden Schulungen durchgeführt sowie Studien und Erfahrungsberichte erstellt [Sch90], die über die bei ZFE installierte *Clearingstelle für Objektorientiertes Programmieren* (Informationsdrehscheibe) breit im Hause gestreut werden.
Aufbau von Bausteinbibliotheken auf Basis der objektorientierten Technik (sog. Klassenbibliotheken). Die derzeit in Entwicklung befindlichen Bibliotheken werden mehrere hundert Klassen enthalten. Spezielle Koordinierungsteams sorgen für die Einhaltung einheitlicher Designprinzipien und frühzeitige, gegenseitige Wiederverwendung spezifizierter Komponenten.
Auch in den Themenkomplex Klassenbibliotheken fallen unsere Anstrengungen zur *Entwicklung von methodischen Grundlagen und Werkzeugen zum Aufbau, zur Organisation und Pflege von Klassenbibliotheken.*

Ein heute noch kaum gelöstes Problem sind *automatische Verfahren zum Retrieval* "geeigneter" wiederverwendbarer Bausteine in großen Klassenbibliotheken. Hierzu wurden Arbeiten, die weit im Vorfeld liegen, begonnen.

Weitere Arbeiten zur Software-Wiederverwendung laufen unter dem Stichwort *Formale Techniken*, wobei es darum geht, Spezifikationstreue und Korrektheit von Software nachzuweisen.

7 Resümee

Es wurde gezeigt, welch hohes Potential in der Wiederverwendung von Software liegt. Die unmittelbaren wirtschaftlichen Vorteile, die sich durch Produktivitätssteigerung ergeben, lassen sich recht einfach nachweisen. Weiterer Nutzen, der allerdings schwer quantifizierbar ist, liegt in Wettbewerbsvorteilen, deren Ursachen in reduzierten Projektlaufzeiten (Time To Market) und erhöhter Qualität von Softwareprodukten zu finden ist.
Um Software-Wiederverwendung im "großen Stil" betreiben zu können, sind jedoch noch zahlreiche Anstrengungen auf unterschiedlichen Ebenen notwendig. Neben der weiteren Verstärkung des Bewußtseins, daß neu entwickelte Software als Investition für die Zukunft verstanden werden muß, ist es erforderlich, strategische, organisatorische und technische Maßnahmen zu treffen.

Software-Wiederverwendung muß ein von allen getragenes Ziel werden.

Software-Engineering muß sich daher weiterhin der Herausforderung stellen, Verfahrensmodelle und technische Grundlagen zu schaffen, um eine möglichst hohe Nutzungshäufigkeit einmal entwickelter Software zu fördern und auf diese Weise das Ziel Software-Wiederverwendung zu erreichen. Die aktuellen Forschungsergebnisse bei ZFE zeigen, daß die technischen Voraussetzungen dazu geschaffen werden können. Mehrere Themenfelder, beispielsweise die Objektorientierung, Formale Spezifikation und Verifikation sowie Design- und Testverfahren werden dazu ihren Beitrag leisten müssen.
Auf all diesen Gebieten laufen bei ZFE heute intensive Forschungsarbeiten. Erste Ergebnisse mit Zielrichtung Wiederverwendung von Software zeichnen sich ab; Eine Herausforderung für die Zukunft bleibt das Thema Software-Wiederverwendung jedoch allemal.

Literatur

[Ach90]   E. Achter, S. Paul: *Objektorientierter Entwurf einer betriebswirt-schaftlichen Einheit "Einkauf"*, AKZ: ZFE 045/SOF3/Ach,Pa, 1990

[Ada83]   *Reference Manual for the Ada® Programming Language,* ANSI/MIL-STD 1815A, 1983

[Bar88]   B. Barnes et. al.: *A Framework and Economic Foundation of Software Reuse*, in W. Tracz (ed.): *Software Reuse: An Emerging Technology*, Computer Society Press, Washington, 1988

[Ell90]   A. Ellis, B. Stroustrup: *The Annotated C + + Reference Manual,* ANSI Base Document, Addison-Wesley Publishing Company, 1990

[End88]   A. Endres: *Software Wiederverwendung: Ziele,Wege, und Erfahrungen,* Informatik-Spektrum, Band 11 Heft 2, 1988

[Jon84]   T.C. Jones: *Reusability in Programming: A Survey of the State of the Art*, IEEE Transactions on Software Engineering SE 10(5): 488-493, September 1984

[Lan89]   R.G. Lanergan, C.A. Grosso: *Software Engineering with Reusable Designs and Code*, in T.J. Biggerstaff, A.J. Perlis (ed): *Software Reusability Vol. II*, ACM Press, NY, 1989

[Mey88]   B. Meyer: *Object-Oriented Software Construction*, Prentice Hall, Hemel Hempstead, 1988

[Mey89]   W. Meyer, S. Paul: *Objektorientierung in der Fertigungssteuerung,* Tagungsband zur GUUG-Jahrestagung, Wiesbaden, 1989

[Pri88]   R. Prieto-Diaz, G.A.Jones: *Breathing New life into Old Software*, in W. Tracz (ed.): *Software Reuse: An Emerging Technology,* Computer Society Press, Washington, 1988

[Sch90]   P. Schlüter, A. Behdjati, P.Fleischer, S.Bagdon: *Objektorientierte Software-Entwicklung: Konzepte und Terminologie*, Software-technik-Trends, Band 10 Heft 2, 1990

VLSI-Based System Design Challenges in the Early 1990s

A. Richard Newton

University of California, Berkeley

Abstract

As electronic technologies decrease in cost and so find their way into everyday life at an increasing rate, it is utility and ease of use that play a key role in determining the success or failure of a product or product family. Innovations in user interface and a proliferation of personal technologies will obsolete general-purpose computing as an end-user technology during the 1990s and the general-purpose computer companies of today will have to adapt very quickly to survive. Markets such as personal, mobile communications systems, the "home bus," and "virtual reality" interfaces will play a key role in driving these changes. To meet these challenges a number of new base technologies must be developed, including new packaging technologies, computer-aided design and engineering systems, and design approaches for low power logic and memory.

1. Introduction

Electronic technologies made dramatic strides during the past decade, leading to single VLSI chips with over 1 million transistors in 1989, compared with only 50,000 transistors at the beginning of the decade. By the end of this decade, conservative estimates suggest 50-100 million transistors/chip and clock speeds of over 200MHz for logic circuits. To be able to take advantage of such potential, a number of new base technologies must be developed. These include new packaging technologies, computer-aided design and engineering systems that can synthesize fully-testable integrated circuits from a behavioral description, and design approaches for low power logic and memory.

As electronic technologies decrease in cost and so find their way into everyday life at an increasing rate, it is utility and ease of use that play an increasingly important role in determining the success or failure of a product or product family. Innovations in user interface and a proliferation of personal technologies - electronic technologies used by individuals - will obsolete general-purpose computing as an end-user technology during the 1990s and the general-purpose computer companies of today will have to adapt very quickly to survive. The personal, mobile communications system will play a key role in driving these changes, as described below.

To support a global communications network for combined voice, data, and video information services, broad-band network services where the physical location of a user or their data must be transparent on a national and even international basis, will be developed.

2. Base Technologies: The Push

2.1 Introduction

Electronic systems can be described at a number of levels of abstraction, from the concrete integrated circuit (IC) or printed circuit board (PCB) mask layout level to an abstract description of the behavior of the circuit that carries no information about how the function of the system is to be implemented, just what it should do. Between these to levels, there are a number of "schematic" levels of abstraction, which can be loosely classified as *gate level*, where the function of the circuit is expressed explicitly in terms of Boolean variables and the individual functions that operate on these variables are relatively simple, and *register level*, where the data types in the description are more abstract - perhaps busses containing many bits, perhaps abstract data types like "instruction", "floating point number," or "packet." Using this classification, the electronic design process in the late 1970s is illustrated in Fig. 1.

During these years, the behavioral requirements of a system were usually described in everyday language and handed to a human system designer who would translate (and interpret) the specification into a register-level implementation. This was then further partitioned and handed to other designers to be implemented at the logic level and those descriptions were converted to mask level layouts, usually by another designer skilled at the layout task. The circuits were then fabricated using captive fabrication facilities.

In the late 1970s, because of the rising cost of a modern IC manufacturing facility (over $300M today), a new business was created - the *silicon foundry* or *silicon broker*. By building a new facility, or renting time on an exiting facility, and offering access to a wide range of customers who could not afford their own IC line, these entrepreneurs were able to make a small profit. However, unless the manufacture and sale of high-volume circuits was a main line of business and the foundry was willing to continue to make major capital investments on an on-going basis, these businesses were not very profitable.

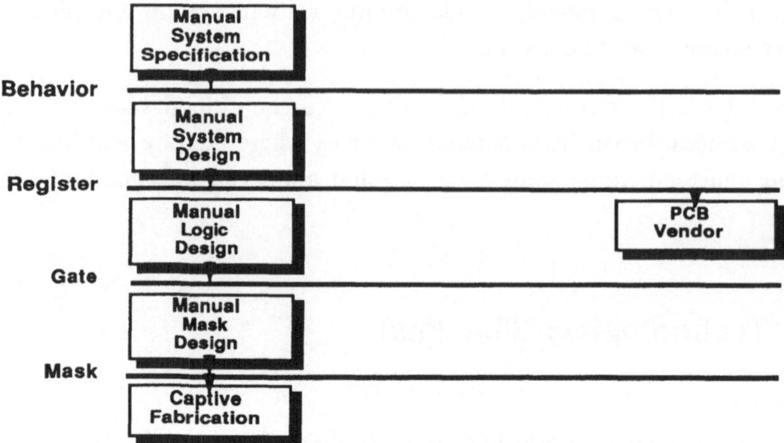

Fig. 1. Electronic System Design in the Late 1970s

During the early 1980s, a number of entrepreneurs put together CAD systems for the automatic layout of semi-custom (gate array, standard cell) circuits from a logic gate level schematic description. When combined with a foundry or captive fabrication facility, this led to a new business - the Application-Specific Integrated Circuit (ASIC) vendor, as shown in Fig. 2. This arrangement - manual behavioral, register, and gate designs with automatic physical design - is still the most common approach to custom and semi-custom digital IC design today. However, over the past decade the clock speed of typical digital logic circuits has increased from about 5Mhz to over 40MHz and by the end of this decade, effective clock speeds of over 200MHz are likely (though much of the actual logic will probably be asynchronous, as explained later). At these speeds, it is no longer the performance of silicon that is the issue but rather the performance of its associated packaging technology.

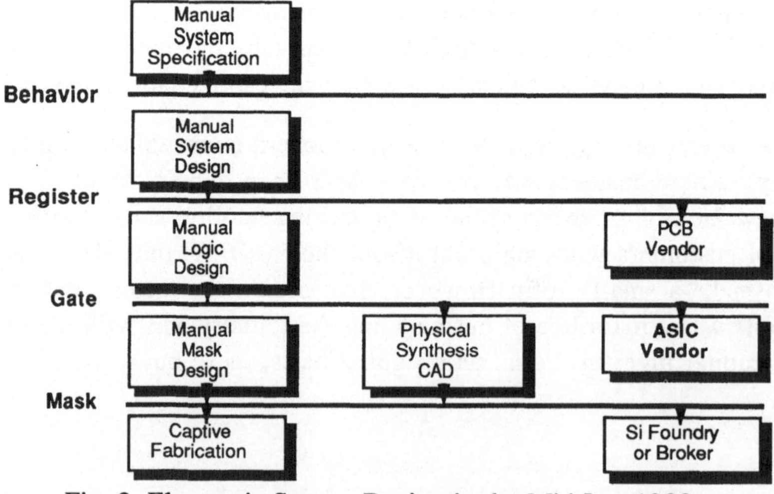

Fig. 2. Electronic System Design in the Mid-Late1980s

2.1 Packaging and Multi-Chip Modules

One of the major thrusts of the early part of the next decade will be the development of new low-cost, high-density packaging technologies for IC-based systems. These technologies are required for high performance systems (e.g. workstations and server applications - compute servers, mass-storage servers, speech servers) on the one hand, as well as low power and small form-factor systems (e.g. personal communications devices) on the other.

Unfortunately, the PCB industry has not kept up with the reduction in feature size achieved on silicon, as shown in Fig. 3. with the exception of a few relatively sophisticated and expensive technologies (e.g. the IBM Thermal Conduction Module (TCM) and the NEC Liquid-Cooled Module (LCM)). For the major markets of the 1990s where low-cost, high-volume personal technologies will be of most importance, a revolution in packaging technology is required.

I believe that one of the most important directions this will come from is the use of silicon substrates as printed circuit boards, where individual unpackaged die are bonded directly to a silicon wafer, perhaps using wire bonds or Tape-Automated Bonding (TAB) techniques, but more likely using a flip-chip "solder bump" style of attachment (though the bumps themselves will probably not be solder). Perhaps the most important reason for using silicon as a base for these Multi-Chip Modules (MCMs) is economic. Because the silicon MCM can use features that are over 10 times larger that an IC, the silicon MCM can be developed using obsolete IC processing equipment and can use silicon wafers that have been rejected by the IC industry. In addition, the silicon MCM can still meet the performance requirements of modern digital systems.

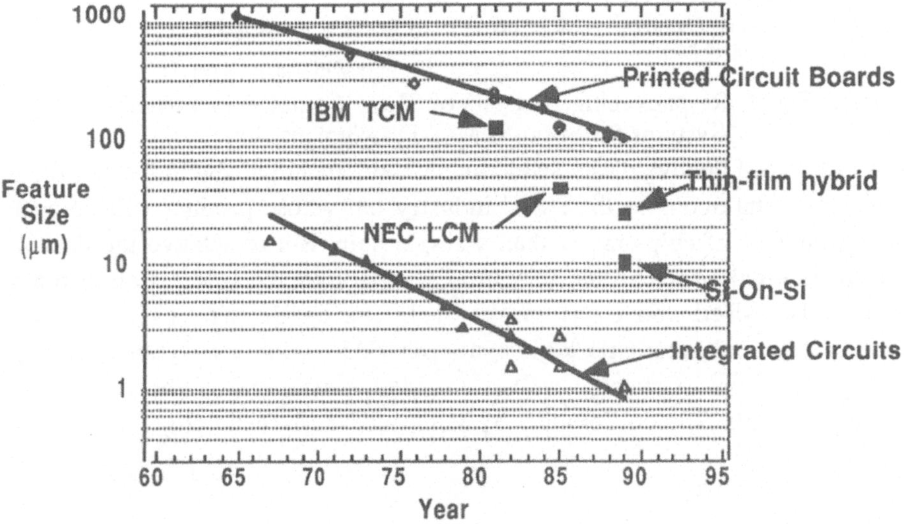

Fig. 3. Feature Size versus Year for IC and PCB Technologies

Fig. 4 contains a summary of the analysis of three complex electronic systems: a state-of-the-art microprocessor with associated cache, floating-point, memory and input-output chips, a high-performance system made from large CMOS gate-arrays, and a modern ECL design. In each case, by re-packaging these existing designs on flip-chip silicon MCMs, over 4ns could be removed from the critical path. In Fig. 5, the percentage performance cost of that 4ns is shown as a function of clock rate and it is clear that without such improvements the IC package and associated PCB will cause over 400% reduction in system clock rate by the end of the decade. By designing ICs specifically for use in MCM technologies, additional performance or power savings can be obtained in the chip input-output circuits. This will lead to Application-Specific MCMs as a new business opportunity. For example, one might imagine a RISC workstation module or a video processing (HDTV) module. Some of these modules will represent the commodity products of the 1990s and those companies that are first to set the standards (pin out, bus protocols, etc.) for such commodity MCMs will be in a strong market position.

	Case 1 (CMOS µP)	Case 2 (CMOS gate-array)	Case 3 (ECL super- computer)
Package capacitance	3.1 ns	1.7 ns	1.3 ns
Interconnect length	1.4 ns	3.3 ns	0.7 ns
High-Z Tx. lines	0.4 ns	0.8 ns	0.3 ns
Interconnect inductance			1.1 ns
Simultaneous switching delay			1.0 ns
Total reduction in cycle time	4.9 ns	5.8 ns	4.4 ns

* Courtesy of nChip, San Jose, CA.

Fig. 4. Re-packaging Analysis of Three Complex Electronic
Systems for Si-on-Si MCM implementation *

As shown in Fig. 6, I believe these developments will lead to a new industry - the ASIC-MCM industry - analogous to the ASIC industry but whose product will be a module containing a number of chips rather than a single chip. But to achieve the design turn-around needed to make such an industry truly competitive, the automation of the design process must be raised above the mask level. During the late 1980s we saw the emergence of practical automatic logic synthesis CAD, with new synthesis companies like Synopsys, Silc, and Trimeter as well as notable internal logic synthesis developments at CAD companies like Silicon Compiler Systems and VLSI Technology.

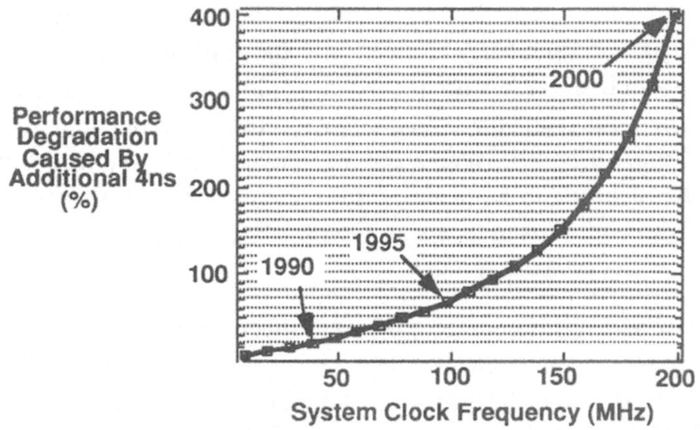

Fig. 5. Performance Degradation Due to 4ns Delay on a Critical Path

Many major corporations with captive ASIC fabrication facilities also developed practical synthesis systems. These developments will continue into the 1990s, with sequential synthesis and test as an initial thrust.

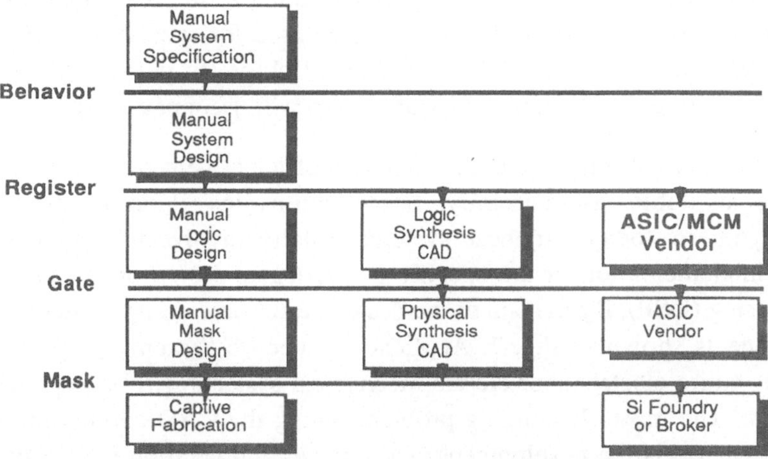

Fig. 6. Electronic System Design in the Early 1990s.

2.2 Synthesis-driven CAD/CAE

There is no doubt that the CAD/CAE industry plays a critical role in the IC and PCB design process today, and so will consolidate its role as a base technology for the electronics industry during this decade. With the emergence of logic synthesis, where the synthesis program manipulates both the combinational and sequential components of the design prior to cell placement and routing, the final logic-level description is no longer created by the designer and so all aspects of the logic-level testing of the design must also be carried out by the computer. Today, a chip-level scan design approach is often used, where every memory element in the IC can be accessed directly via special testing pins.

The flip-flops are linked together in a long scan chain and a test pattern for the combinational logic is sequentially scanned into the flip-flops. The test is then applied, the result being latched back into the scan chain elements and then the result is sequentially scanned out. Thus the scan approach reduces a sequential testing problem to a combinational one. Of course, such a brute-force approach, where every latch is made accessible whether it needs to be or not, results in considerable overhead in most cases. In CMOS, the overhead is usually a significant area penalty. In bipolar technologies a delay penalty is usually of most concern.

In the last few years significant progress has been made in the area of sequential synthesis-for-test, where the sequential synthesis CAD system not only tries to find a design with smaller area and delay than a manual design but it also tries to guarantee a design that is 100% testable from the normal system input-output pins, without requiring special access to the on-board memory elements. Researchers have shown that it is always possible to create such an implementation, for any clocked sequential machine or combination of machines, and such a 100% testable non-scan implementation will almost always require less area, be faster, and use less tester time than a full scan based implementation. This early work promises to revolutionize the IC testing process in the early part of this decade. Scan will continue to be used for special on-chip blocks (e.g. ROM, arithmetic circuits) and at the boundary of chips (to permit chip isolation for board or MCM testing) but the remainder of system will use a non-scan approach.

During the latter part of the decade, practical and efficient behavioral synthesis systems will become available commercially. Some companies claim to offer automatic behavioral synthesis today but these systems usually involve trivial mappings from behavior to implementation or are specific to particular design problems, like Digital Signal Processing (DSP). By the end of the decade, electronic design systems will use the major components shown in Fig. 7. Application-Specific System companies will then appear, where entire electronic or electro-mechanical systems will be implemented from a specification. The most challenging problem facing the CAD community before this point can be reached is the development of languages and notation for the unambiguous specification of the desired behavior of a complex electro-mechanical system.

2.3 High Band-width, Low Cost Communications

Another important base technology for this decade will be the implementation of a broad-based, high-bandwidth network linking homes and businesses internationally. This heterogeneous, digital broad-band network will use optical fiber, satellite, and a vast collection of mobile cellular and micro-cellular systems. This will also involve a consolidation of the existing

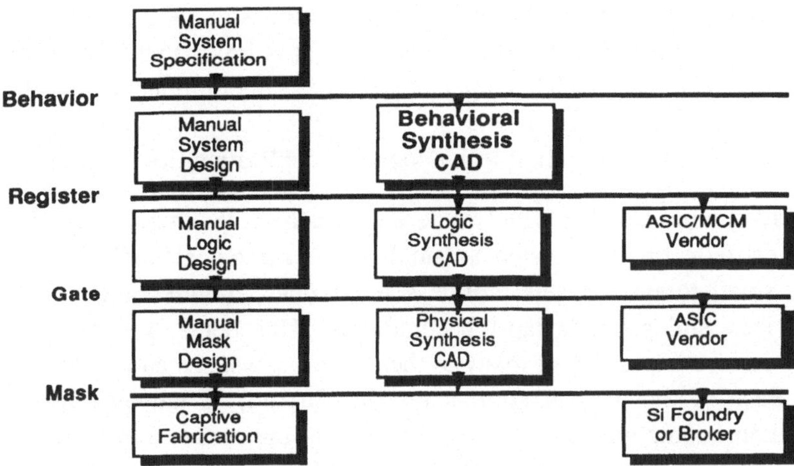

Fig. 7. Electronic System Design in the Late 1990s.

telephone, cable television, mobile communications, direct-broadcast satellite and radio services into an integrated infrastructure for communications.

3. Global Market Opportunities: The Pull

3.1 Introduction

While technology trends mentioned above are important in their own right for improvements in existing products and product families, they will also enable new markets for electronic technologies. On the other hand, there must first be some seed of desire if such markets are to grow. For example, in the late 19th century it was technically possible to build very tall buildings and there was certainly a desire in the crowded down-town areas of major cities for higher density housing but it was not until the telephone was developed that the sky-scrapers of today became practical.

Two major market trends in the next decade will be virtual elimination of the end-user market of today for general-purpose computing. This market will be displaced by an application-oriented computing and communications market, driven from the bottom by consumer electronics companies, as the computer finds its way into the television set, and from the top as computer companies integrate full-motion video into their systems. As the general-purpose von Neumann computing module becomes a commodity, the significant profit margins will move to those who can find the right application-oriented uses of such modules. For example, in Fig. 9 the revenues and profits of both Intel and Compaq Computers are shown. Intel, a company which develops a number of standard, high-volume semiconductors and the inventor of many of the basic technologies of today's electronic industry, has shown steady growth over the past twenty years. On the other hand, Compaq computers began reporting revenues in 1982 and has grown rapidly to be a company of almost the same size as Intel. It is ironic that in one sense Compaq can be seen as a company which simply "repackages" Intel products and sells them to an end-user market. In the next decade, it will be the Compaqs who must adjust or be displaced by those who apply their technologies in application-oriented ways.

Another market trend over the past two decades has been the importance of personal and portable electronic products, such as small radios, personal audio products like the Walkman, small television sets, cordless telephones, mobile radiotelephones, radio paging devices, and portable lap-top computers. This demand exists in spite of the relatively primitive capability of many of these present systems compared to what can be achieved. Each of the present approaches satisfies only a narrow range of portable communications, computing and data access needs as opposed to a truly universal system. Such a system would be able to support a flexible range of transmission rates with a variety of end-user applications, including speech recognition, data retrieval, computation, video and graphics. What is needed is a universal portable

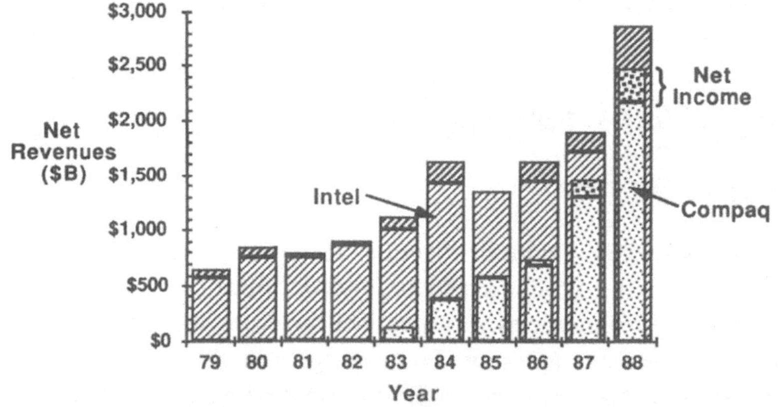

Fig. 9. Reported Revenues and Income of Intel
and Compaq Computers

communications network that would be an extension of the ISDN concept that could support all of these functions.

3.2 Personal Communications Technologies

Even though in recent years there have been significant advances in moving information within networks, comparable progress is not being made on the problem of getting information in and out of such networks. A major bottleneck has thus appeared at the user terminal, which arises from the following:

- The lack of portability of multi-media terminals and communications devices.
- The limited flexibility, "intelligence" and range of existing networks.
- The difficulty of the user to be able to comprehend and control the vast amounts of information and services which are being made available.

One possible solution to this problem is the Personal Communications System concept. To meet the low power and small form-factor requirements of personal technologies, each individual will carry a personal communications device - much like a miniature terminal. Rather than a full-blown computer, this device will only be responsible for user input-output and communication with a host network. Of course, there will be a number of different models of such devices, to meet a wide range of needs, from a simple low-bandwith speech-oriented device to high-bandwith (1-5Mbits/sec on a 1.3-1.6GHz carrier) device that will support full-motion video. Since most of the computation must be performed remotely to conserve power in the portable terminal, a high-bandwidth link is required for video-oriented applications. To provide for a reasonable number of users per unit area, a very high frequency, micro-cellular approach will be used, where each cell is on the order of 200m-1km in diameter. Within buildings, the antennae for such a network will be installed in each room and perhaps infra-red frequencies will be used. Outside in highly-populated areas, small antenna will probably be installed on the top of lamp-posts to create microcells. Away from the cities, direct-broadcast satellite communication is more likely.

With millions of mobile users on an international voice, video and data network, the software challenges are immense. Since the users are completely mobile, their logical domain - their personal data repositories and software services - must be completely transparent to the physical devices that manage this information. If a user flies from California to New York, or even to Munich, her data and services must be linked to her instantaneously if the network is to be effective. The data may or may not migrate to where she is, depending on the effectiveness of the network links and the amount of time she stays in her new location. The data consistency, reliability and security issues associated with managing hundreds of millions of such users, while still providing acceptable levels of service, are enormous.

For a hardware point of view, the challenges include reliable, high-bandwidth communications in difficult environments, very low power, high-performance logic and memory technologies and design styles. I expect asynchronous design to be needed here as well as a significant amount of analog front-end processing. From an architectural point of view, what is a good computer architecture for low power, as distinct from the usual goal of high-performance? High-density, non-volatile memory technologies, such as flash E^2PROM, will also be needed here.

Finally, CAD/CAE requirements include synthesis for low power, tools for asynchronous design, improved analog CAD, and techniques for testing asynchronous circuits.

4. Summary

The next decade promises significant challenges to both researchers and major corporations in the end-user electronic product marketplaces. In the early part of the decade, the needs of high-performance and low-power, personal electronic systems will drive industry to new packaging technologies as well as asynchronous digital design styles for many products. These developments will require new CAD systems, including new approaches to physical design and design partitioning, synthesis, simulation, and testing. Finally, emerging global standards and networks with millions of mobile users will create enormous software challenges.

Signalverarbeitung und Quell-
rekonstruktion beim Biomagnetismus

A. Oppelt, K. Abraham-Fuchs, R. Graumann, S. Schneider,
B. Scholz, P. Strobach

Siemens AG

1 Einleitung

In letzter Zeit hat die magnetische Ortung bioelektrischer Quellen im menschlichen
Körper wieder verstärkte Aufmerksamkeit gefunden. Die Methode ist schon seit 1965
bekannt [1], doch stehen erst jetzt Vielkanalsysteme zur Verfügung, die Patientenmes-
sungen in vertretbarer Untersuchungszeit ermöglichen (Abb. 1).

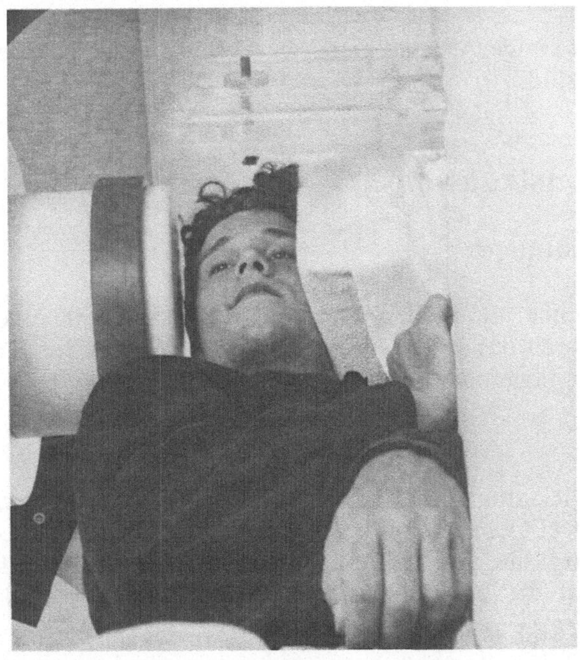

*Abb. 1: Kopfuntersuchung mit dem biomagnetischen Vielkanalmeßsystem
KRENIKON® an der Universität Erlangen.*

Zur Entwicklung des KRENIKON$^®$ (aus dem Griechischen 'Bild der Quelle') waren außergewöhnliche interdisziplinäre Anstrengungen in Hard- und Software erforderlich. Es zeichnet sich die erste kommerzielle Anwendung der SQUIDs (Superconductive Quantum Interference Device) ab, womit die moderne Medizintechnik - nach der Magnetresonanztomographie zum zweiten Mal - ein Thema der Tieftemperaturphysik unmittelbar der Öffentlichkeit zugänglich macht.

Bei einer biomagnetischen Untersuchung wird die magnetische Feldverteilung über einem Körperteil, z. B. dem Kopf oder dem Herzen, abgetastet. Vielkanalgeräte ermöglichen die parallele Erfassung des Magnetfeldes an mehreren Aufpunkten mit hoher zeitlicher Auflösung. Hierzu gelangen supraleitende Induktionsspulen zur Anwendung, deren Strom mit SQUIDs nachgewiesen wird. Die nachzuweisenden Magnetfelder liegen im Bereich von einigen fT bis pT; diese Größenordnung macht aufwendige Maßnahmen zur Unterdrückung externer Störungen erforderlich, wie den Einsatz (passiver und aktiver) Kompensationsspulen und magnetischer Abschirmkammern (aus Mumetall).

Neben dem gerätetechnischen Aufwand tritt als weiteres Problem die Interpretation biomagnetischer Messungen auf, deren physikalische Einschränkungen mit speziellen Algorithmen, besonders bei der Quellokalisierung und der Abtrennung unerwünschter Signale, begegnet wird. Der Nachweis magnetischer Felder und die Lokalisation der zugrundeliegenden elektrischen Aktivität beinhaltet im wesentlichen Aussagen zur biologischen Funktion; die Relation dieser Aussagen zur Morphologie bedeutet eine Steigerung der diagnostischen Qualität, die durch Überlagerung biomagnetischer Daten mit medizinischen Bildern ermöglicht wird.

Im folgenden seien einige Aspekte hierzu beschrieben, die besonders für den Informatiker von Interesse sind.

2 Quellenrekonstruktion

2.1 Modellbetrachtungen

Das Magnetfeld einer räumlichen Stromdichteverteilung in einem Objekt wird in bekannter Weise durch das Gesetz von Biot-Savart beschrieben. Teilt man die Stromdichten auf in eingeprägte oder Quellströme und Rückströme,

$$\bar{j} = \bar{j}_Q + \bar{j}_R \, ,$$

so kann man den Rückstrom zurückführen auf die elektrischen Potentiale an den Grenzflächen zwischen zwei Gebieten mit unterschiedlicher elektrischer Leitfähigkeit [2]. Bei bekannter Leitfähigkeit und Objektgeometrie ist der Anteil der Rückströme berechenbar, womit die externe Magnetfeldverteilung $\mathbf{B} = \{B_i\}$ nur noch von den Quellströmen $\mathbf{j}_Q = \{j_{Qk}\}$ abhängt:

$$\mathbf{B} = \mathbf{L} \, \mathbf{j}_Q \, .$$

Das Matrixelement in **L** beschreibt dabei das Magnetfeld pro Stromdichte am Ort r_i hervorgerufen durch die eingeprägten Stromdichte am Ort r'_k (Führungsfeld).

Insbesondere ergibt sich bei homogener Kugel und unendlichem Halbraum, daß der Rückstrom nicht zur oberflächennormalen magnetischen Feldkomponente beiträgt, wie denn auch ein normal zur Oberfläche fließender eingeprägter Strom kein magnetisches Feld liefert. Bei Kugel und Halbraum läßt sich zudem der Beitrag der Rückströme zu den magnetischen Feldkomponenten tangential zur Objektoberfläche analytisch angeben [3], die elektrische Leitfähigkeit spielt dabei ebenso wie der Kugelradius keine Rolle. Ein Stromdipol im Kugelmittelpunkt liefert kein externes magnetisches Feld.

Biomagnetische Felder hängen in sehr viel geringerem Maße von den Rückströmen ab als bioelektrische Felder, der Hauptbeitrag wird fast immer von den eingeprägten Strömen geliefert - beschrieben durch das Biot-Savart'sche Gesetz. Diese unmittelbare Abhängigkeit ermöglicht eine genauere Lokalisierung der Quellströme aus magnetischen als auch aus elektrischen Messungen - weitgehend unabhängig von der Kenntnis der exakten Geometrie und der elektrischen Leitfähigkeit des Meßobjekts. Es ist meist ausreichend, den Einfluß der Rückströme näherungsweise zu berücksichtigen, indem man die Objektstruktur durch einfache Geometrien wie Kugel oder unendlicher Halbraum annähert.

2.2 Lokalisierung von Stromdipolen

Das einfachste Modell bioelektrischer Aktivität ist eine Quelle und Senke in verschwindendem Abstand. Ein solcher Stromdipol symbolisiert viele tausend Nerven- oder Muskelzellen, die gleichzeitig in einem kleinen Volumen aktiv sind. Fokale elektrische Aktivität, wie sie beispielsweise im Elektroenzephalogramm (EEG) bei Epileptikern während eines Spike Wave Komplexes auftritt oder im Elektrokardiogramm (EKG) während einer Extrasystole, läßt sich so beschreiben.

Die sich ergebende Feldverteilung beinhaltet einen Nord- und einen Südpol (Abb. 2), deren Abstand a durch die Entfernung d des Dipols vom Feldmeßgitter gegeben ist. (Beim unendlichen Halbraum folgt $a = d/\sqrt{2}$.) Die mit der Dipoltiefe zunehmende Breite der Magnetfeldverteilung begrenzt die mit biomagnetischen Messungen erzielbare Trennschärfe. Zwei Feldverteilungen wird man noch auseinanderhalten können, wenn ihre Pole entsprechend der Verteilungsbreite versetzt sind. Das bedeutet, daß sich zwei gleichstarke und gleichtiefe Stromdipole noch trennen lassen, wenn der Abstand etwa der Tiefe entspricht.

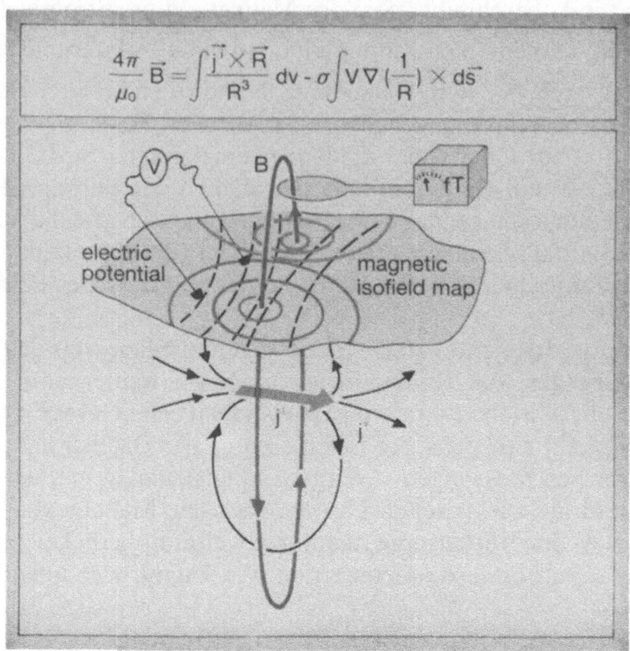

Abb. 2: Ein Stromdipol in einem elektrisch leitenden Objekt erzeugt Rückströme, die an der Oberfläche als elektrisches Potential abgegriffen werden können. Das magnetische Feld ergibt sich nach Biot-Savart durch Beiträge der eingeprägten und der Rückströme; letztere können auf das Oberflächenpotential zurückgeführt werden.

Ein einzelner Dipol kann aber genauer lokalisiert werden. Das an m diskreten Aufpunkten gemessene Magnetfeld wird mit dem von einem Modelldipol verglichen, dessen Parameter solange verändert werden, bis die Abweichung der berechneten von der gemessenen magnetischen Feldverteilung (Zielfunktion Z) minimal wird:

$$Z = \sum_{i=1}^{m} (B_{ber}(r_i) - B_{gem}(r_i))^2 = min$$

Ein Blick auf die Zielfunktion (Abb. 3) macht deutlich, daß ein nichtlinearer Optimierungsalgorithmus zum Einsatz gelangen muß. Bewährt hat sich das Levenberg Marquardt Verfahren, eine Kombination von Newton- und Gradientenverfahren. Die Lokalisierungsgenauigkeit ist dann letzten Endes durch das Signal-zu-Rauschverhältnis bestimmt.

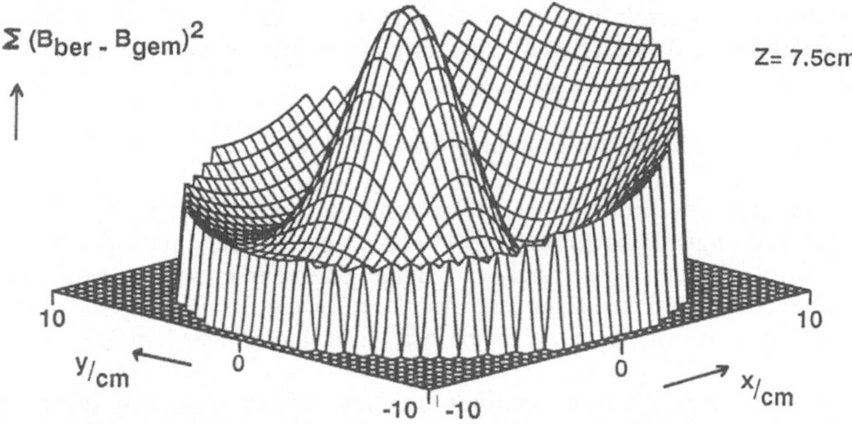

Abb. 3: Zielfunktion eines Stromdipols bei einer Kugel mit 24 cm Durchmesser in 5 cm Abstand vom Mittelpunkt. Das nur schwach ausgeprägte Minimum macht die Lokalisierung anfällig auf Mehrdeutigkeiten.

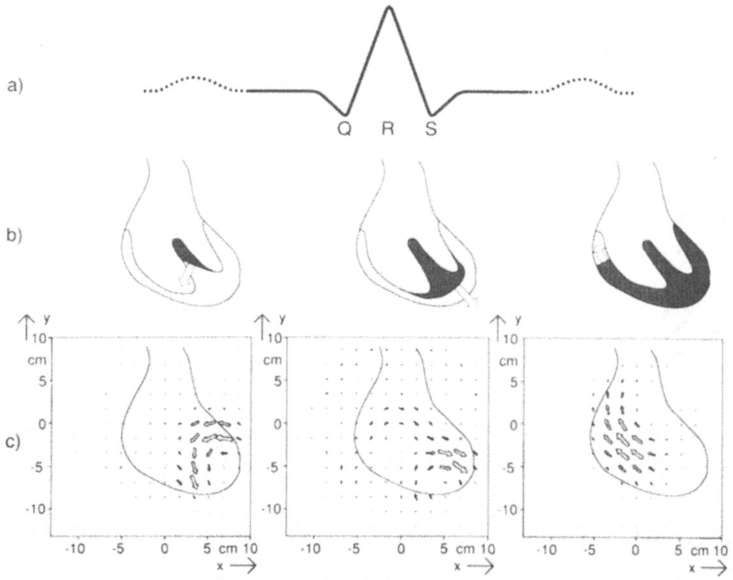

Abb. 4: Magnetische Ortung der Muskelströme im Herzen (c) während des QRS-Komplexes des EKG (a) und Vergleich mit dem Verlauf der Depolarisationsfront

Natürlich lassen sich auch mehrere Stromdipole mit dem skizzierten Verfahren gleichzeitig lokalisieren. Da jeder Stromdipol durch 6 Parameter beschrieben (3 Komponenten der Stärke, 3 Ortskomponenten) wird, ist die Zahl der mathematisch exakt berechenbaren Dipole gegeben durch die Anzahl der Meßpunkte der Feldverteilung geteilt durch 6. Insbesondere bei endlichem Signal- zu-Rauschverhältnis nimmt bei mehreren Dipolen die Gefahr der Fehllokalisierung zu.

2.3 Lokalisierung über das Führungsfeld

Deshalb geht man das Problem der Rekonstruktion verteilter Quellen direkt durch Auflösen der Führungsfeldgleichung an. Die Führungsfelder sind in einer Matrix zusammengefaßt, deren Zeilenzahl der Zahl der Feldmeßpunkte m entspricht. Die Spaltenzahl ist identisch mit der Zahl der Volumenelemente n, in die das Meßobjekt eingeteilt ist, und wird sich also im Prinzip an der möglichen Auflösung zweier Dipole orientieren.

Da i. A. die Zahl der zu bestimmenden Stromdichten die zur Verfügung stehenden Gleichungen übertrifft, der Rang der Matrix also durch die Zahl der Feldmeßpunkte bestimmt ist, ist die Lösung des linearen Gleichungssystems nicht eindeutig. Üblicherweise minimiert man deshalb die Norm der möglichen Lösungen [4]

$$\sqrt{\left(\sum_{i=1}^{n} j^2(r_i)\right)} = min,$$

was auf die Bestimmung der Minimum-Norm-Lösung mit Hilfe der Pseudo- oder Moore-Penrose Inversen der Führungsfeldmatrix führt:

$$j_{min} = L^T (L\ L^T)^{-1} B.$$

Es wird also eine Pseudostromdichte durch lineare Überlagerung der von den Aufpunkten ausgehenden Führungsfelder

$$j_{min}(r_i) = \sum_{k=1}^{n} w_k L_k(r_i)$$

rekonstruiert, (die mit der tatsächlichen nicht notwendigerweise übereinstimmen muß) wobei die Wichtungsfaktoren gegeben sind durch

$$w_k = \sum_{l=1}^{m} (LL^T)_{kl}^{-1} B_l.$$

Das Problem der Rekonstruktion dreidimensionaler Stromdichteverteilungen erweist sich im mathematischen Sinn als schlecht gestellt (ill posed). Dies erklärt sich physikalisch durch die mit zunehmendem Abstand vom Feldmeßgitter auseinanderlaufenden Führungsfelder, die schließlich nur noch gering von der Lage des Aufpunkts abhängen. Deshalb beschränkt man sich auf die Rekonstruktion von Stromdichteverteilungen in Ebenen parallel zu den Feldmeßpunkten, wobei dann die Ebene ausgewählt wird, deren (jeweils auf das Maximum normierte) Stromdichte wiederum die kleinste Norm ergibt.

Eine Eingrenzung der Minimum-Norm-Lösung ist mit statistischen Argumenten möglich: Aus der quadratischen Abweichung der Magnetfeldverteilung, die durch die am Ort r' rekonstruierten Stromdichte erklärt wird, läßt sich ein Maß für die Wahrscheinlichkeit angeben, daß dieser Strom allein die gemessene Magnetfeldverteilung beschreibt

$$p(r') = \exp(-c(\sum_{i=1}^{m} (B_{ber}(r_i) - B_{gem}(r_i))^2 / \hat{A}^2)$$

$\hat{A}$: mittlere quadratische Rauschamplitude des gemessenen Feldes
c: freier Parameter

Fällt diese Wahrscheinlichkeit unter eine empirisch bestimmte Schwelle, wird der entsprechende Minimum-Norm-Strom verworfen.

Weiterhin können die über das gesamte Meßobjekt rekonstruierten Pseudostromdichten durch Einbringen von a priori Wissen über die Organstruktur auf biologisch sinnvolle Gebiete beschränkt werden, wodurch sich auch die Stabilität der Lösung verbessert.

2.4 Informationsgehalt einer biomagnetischen Messung

Der Informationsgehalt I einer biomagnetischen Messung nimmt nicht linear mit der Kanalzahl zu; Unabhängigkeit der Signale und des Rauschens in den einzelnen Kanälen vorausgesetzt, ergibt sich [5]

$$I = \frac{1}{2} \sum_{i=1}^{m} ld \left((S^2/R^2)_i + 1 \right).$$

Signal und Rauschen seien dabei dargestellt im Orthonormalsystem der Eigenvektoren $\{u_i\}_k$ der quadratischen Matrix LL^T:

$$S_i = \sum_{k=1}^{m} u_{ik} B_k , \quad S_i S_j = 0 \quad (i \neq j) ,$$

$$<R_i^2> = \sum_{k=1}^{m} u_{ik}^2 \sigma_k^2 = \sigma^2 .$$

Für eine quantitative Aussage wird beliebig oft ein Einzeldipol mit konstanter Stärke, aber statistisch schwankend in Ort und Richtung, in das Meßobjekt gesetzt. Über alle Richtungen gemittelt herrscht dann an jedem Ort die gleiche Stromdichte $<j^2>$. Für den quadratischen Mittelwert des externen Magnetfeldes am Aufpunkt i ergibt sich dann

$$<B_i^2> = <j^2> \sum_{k=1}^{n} L_i^2(r_k) .$$

166

Mit der Matrixidentität (Eigenwertgleichung)

$$L L^T = u \Lambda u^T, \quad \Lambda = \{\Lambda_i\}, \quad u u^T = 1$$

folgt für das quadratische Mittel des orthogonalisierten Signals

$$<S_i^2> = <j^2> \sum_{k,l=1}^{m,n} u_{ik}^2 L_i(r_1)^2 = <j^2 \Lambda_i .$$

Somit ergibt sich bei vorgegebener mittlerer Stromdichte $<j^2>$ und Rauschamplitude σ^2 der Informationsgehalt einer biomagnetischen Messung an m Aufpunkten zu

$$I = \frac{1}{2} \sum_{i=1}^{m} ld(\Lambda_i <j^2>/\sigma^2 + 1) .$$

In einer Kugel werden bereits bei üblichem Signal-zu-Rauschverhältnis etwa 80 % des maximal möglichen Informationsgehaltes gemessen, wenn sie gleichmäßig zur Hälfte mit Aufpunkten belegt wird (Abb. 5); bei den gegenwärtigen 37 Kanalgeräten werden immerhin schon 40 % erfaßt.

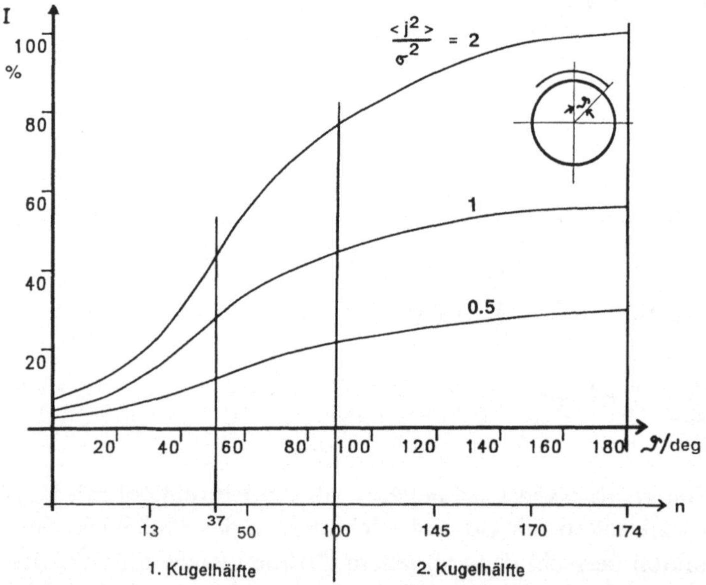

Abb. 5: Informationsgehalt als Funktion der Ausdehnung des Feldmeßnetzes von magnetischen Vielkanalmessungen am Beispiel einer Kugel. Der Abstand der Induktionsmeßspulen ist konstant, die Oberfläche der Kugel ist bei 174 Aufpunkten voll bedeckt. Das Signal-zu-Rauschverhältnis der mittleren Kurve entspricht einem Einzeldipol, der in einer Kugel mit 20 cm Durchmesser 2cm unter der Oberfläche in der Feldmessung ein S/R ≈ 5 ergibt.

3 Datenverarbeitung beim Biomagnetismus

Dem schlechten Signal-zu-Rauschverhältnis biomagnetischer Messungen und den oft überlagerten externen Störungen begegnet man durch eine Vielfalt von Signalverarbeitungsverfahren. Klassisch ist das Einschränken der Nachweisbandbreite auf den Frequenzinhalt der erwarteten biologischen Ereignisse. Eine Anzahl weitergehender Verfahren befinden sich in Entwicklung, deren Bedeutung noch nicht gänzlich abzusehen ist. Exemplarisch seien im folgenden die Verbesserung der Lokalisierung durch Berücksichtigung bekannter Hintergrundaktivität, die Entfernung von Kardio-Interferenz und Signal zu Rauschverbesserung sporadischer Aktivität beschrieben.

3.1 Berücksichtigung von Hintergrundaktivität

Die aus physikalischen Gründen begrenzte Genauigkeit der Lokalisierung räumlich verteilter Ströme aus ihren magnetischen Feldern kann durch Einbringen von Vorwissen gesteigert werden. Z. B. ist ein häufig vorkommender Anwendungsfall die Ortung eines kurzfristig auftretenden fokalen elektrischen Ereignisses vor dem Hintergrund verteilter Aktivität.
Biomagnetische Vielkanalgeräte ermöglichen die kontinuierliche zeitliche Verfolgung biomagnetischer Felder mit hoher Abtastrate (typisch 1 ms). Erfaßt man die Hintergrundaktivität vor Auftreten des Ereignisses und stellt dabei fest, daß sie sich nur in der Amplitude ändert, kann man die kombinierte Aktivität des Hintergrundes und des Einzelereignisses anfitten durch das Magnetfeld der Hintergrundaktivität (mit der Intensität als freiem Parameter) und dem eines äquivalenten Stromdipols für das Ereignis [6].

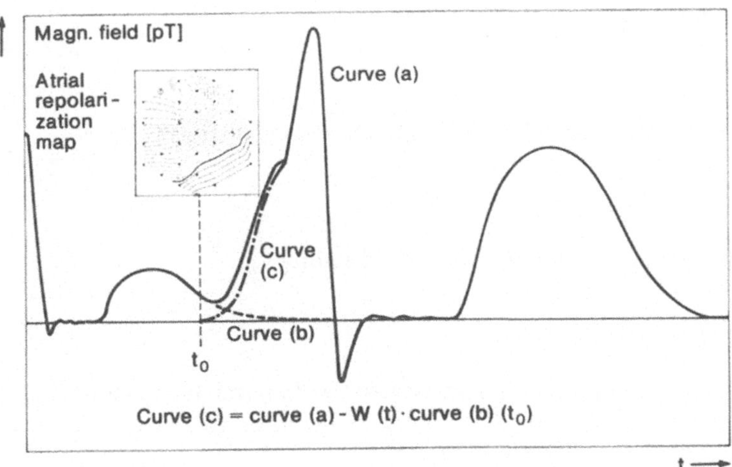

Abb. 6: Isolierung der Aktivität des Kent Bündels beim WPW Syndrom. Bei Einsatz der Î-Welle setzt sich das magnetische Feld aus der abklingenden Vorhoferregung und einem Stromdipols zusammen, der die Erregung des Kent Bündels symbolisiert. Da die Feldverteilung der Vorhoferregung aus den Messungen zuvor bekannt ist, kann das aktuelle Feld angefittet werden mit Vorhofintensität, Dipolstärke und -position als zu bestimmenden Parametern.

Ein Beispiel hierfür ist die Lokalisierung des Beginns der Erregung des Kent Bündels im Herzen bei Patienten mit Wolff Parkinson White Syndrom, in dem die abklingende Erregung des Vorhofes abgezogen wird (Abb. 6).

3.2 Elimination quasiperiodischer Störungen

Bei magnetischen Messungen am Kopf liegt die Interferenz des Magnetfeldes des Herzens oft in der gleichen Größenordnung der interessierenden Signale. Das Störsignal ist quasiperiodisch, d. h. von Schlag zu Schlag treten - schon wegen der Atmung - Variationen auf.
Zur Beseitigung der Kardiointerferenz kann man sich zunächst ein Referenzsignal verschaffen, das dann geeignet gefiltert und vom Meßsignal subtrahiert wird. Mit der (berechtigten) Annahme, daß die interferierenden Signale des Herzens völlig unkorreliert (orthogonal) zu den vom Gehirn stammenden Nutzsignalen sind, gewinnt man den Schätzwert der zeitlichen und räumlichen Interferenz aus dem (mehrere Minuten dauernden) Meßsignalsatz, indem man die R-Zacke im mitaufgezeichneten EKG als Trigger verwendet und entsprechend synchron die Signale der MEG-Kanäle aufaddiert.

Man erhält so (für jeden Kanal) über die Fensterdauer t_F ein Template $T = \{T_1..T_F\}$ aus F aufeinanderfolgenden Signalwerten, das bei richtiger Filterung vom Meßsignal $M = \{M_1..M_F\}$ subtrahiert, das 'wahre' oder Nutz-Signal $N = \{N_1..N_F\}$ im betrachteten Fenster ergibt. Mit dem Filter $a = \{a_{-p}..a_p\}$ wird die Kardiointerferenz durch eine Linearkombination zeitlich jeweils um einen Abtastwert versetzter Templates $T_k = \{T_{1-k}..T_{F-k}\}$ nachgebildet, so daß zeitliche Variationen des Herzschlages ausgeglichen werden.

$$N = M - \sum_{k=-p}^{p} a_k T_k$$

Die Annahme der Orthogonalität des Templates zum Nutzsignal

$$T\,N = 0 \, ,$$

gleichbedeutend mit der Minimum-Norm-Bedingung

$$|N|^2 = \min \, ,$$

minimiert den Energieunterschied zwischen Meßsignal und Nachbildung und führt direkt auf die Einstellvorschrift des Filters in Form eines linearen Gleichungssystems für die unbekannten $2\,p+1$ Filterkoeffizienten a_i

$$\sum_{k=-p}^{p} a_k\, T_i\, T_k = M\, T_i, \quad -p \le i \le p \, .$$

Die Qualität des skizzierten Filteralgorithmus hängt wesentlich davon ab, wie gut die Eingangsvoraussetzung der Unabhängigkeit von Nutzsignal und Störsignal erfüllt ist. In der Praxis ist die Annahme der Orthogonalität des Templates zum Nutzsignal dann am besten gerechtfertigt, wenn die Dauer des zu analysierenden Ereignisses deutlich kleiner als die des Templates ist. Bei der Epilepsie beispielsweise dauert ein Signalmuster weniger als eine Sekunde. Zur Kompensation der Kardiointerferenz wird man das Template dann (durch EKG-synchrone Wiederholung des Schätzsignals) über mehrere Herzzyklen definieren. Die Filterordnung p beträgt dagegen nur einige Bruchteile des Herzschlags. Mit einem Template, welches aus der Mittelung von 300 Herzzyklen gewonnen wurde, ließ sich die Kardiointerferenz um 93 - 97 % unterdrücken.

Das Template wird kontinuierlich über den gesamten Meßdatensatz verschoben, wobei die Filterparameter in jedem Zeitschritt adaptiert werden. Hierzu kommt ein rekursives Verfahren zum Einsatz, welches die optimalen Parameter im aktuellen aus den Parametern des vorhergehenden Zeitschritts und den neu hinzukommenden Daten ermittelt. Die Beseitigung der Kardiointerferenz erfolgt schließlich nicht durch direkte Subtraktion, sondern in Form einer numerisch günstiger konditionierten äquivalenten "Lattice"-Struktur, deren Parameter rekursiv mit einem äußerst aufwandsparendem Schur-RLS-Algorithmus [7] adaptiert werden.

3.3 Aufsuchen sporadischer Ereignisse

Bei biomagnetischen Untersuchungen tritt häufig sporadisch pathologische Aktivität auf, die bisweilen im Rauschen untergeht. Das geübte Auge des Untersuchers vermag zwar solche Perioden mitunter zu entdecken, u. U. auch unter Zuhilfenahme elektrischer Messungen, aber einige der Ereignisse mögen auch übersehen werden. Eine Verbesserung des Signal-zu-Rauschverhältnisses und damit eine präzisere Lokalisierung ist durch Mittelung mehrerer Ereignisse möglich, doch erfordert dies zeitliche Synchronisierung; bei manuell definierten Ereignissen ist weder die Synchronisierung noch die Gleichartigkeit der Ereignisse gewährleistet.

Definiert man jedoch aus einem manuell identifizierten Ereignis ein räumliches und zeitliches Template, können durch Korrelation weitere, ähnliche Ereignisse gefunden werden [8]

$$c(t_i) = \frac{\sum\limits_{1,k} M(r_1, t_k)\, M(r_1, t_i+t_k)}{\sqrt{\sum\limits_{1,k} M^2(r_1, t_k) \sum\limits_{1,k} M^2(r_1, t_i+t_k)}} \, .$$

Der Schwellwert der Korrelationsfunktion, unterhalb dem ein Ereignis als nicht ähnlich verworfen wird, wird abhängig vom Signal-zu-Rauschverhältnis individuell bestimmt. Eine Hilfe ist die Häufigkeitsverteilung der über eine Untersuchung bestimmten Korrelationskoeffizienten; oft zeigt diese deutliche Schultern, die als Abschneideschwelle gewählt werden können (Abb. 7).

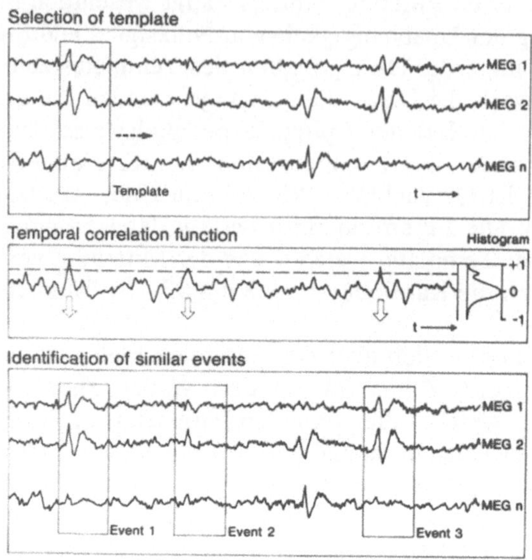

Abb. 7: Aufsuchen ähnlicher biomagnetischer Muster durch zeitliche Korrelation der aufgenommenen Daten mit einem Template. Das Auswahlkriterium wird aus der Häufigkeitsverteilung (Histogramm) des Korrelationskoeffizienten bestimmt.

4 Bildüberlagerung

Biomagnetische Messungen ermöglichen - mit den beschriebenen Einschränkungen - die Ortung bioelektrischer Stromquellen absolut im Raum. Von medizinischer Bedeutung ist jedoch der Bezug dieser Positionen zur Morphologie des untersuchten Objekts. Dieser kann durch Eintrag der Quelle in ein diagnostisches Bild hergestellt werden.

Im Prinzip kann jedes Verfahren, das diagnostische Bilder liefert, mit biomagnetischen Untersuchungen kombiniert werden, also z.B. klassisches Röntgen, Computertomographie, Magnetresonanz oder Ultraschall. Die Magnetresonanz-Tomographie ist besonders attraktiv, weil sie 3D-Bilder in digitaler Form liefert, somit also einen weitgehend automatisierten biomagnetischen Bildeintrag ermöglicht, und wegen des hohen Gewebekontrasts Rückschlüsse auf morphologische Veränderungen ermöglicht, die für pathologische bioelektrische Aktivität verantwortlich sein könnte.

Zur Koordinatentransformation des biomagnetischen Referenzsystems mit dem Bezugssystem des bildgebenden Verfahrens werden Fixpunkte definiert, die in beiden Untersuchungen identifiziert werden können [9]. Beispielsweise lassen sich stromdurchflossene Spulen am Körper anbringen, aus deren Magnetfeld ihre Position bezüglich der Magnetfeldsensoren folgt und die bei einer MR-Untersuchung gegen kontrastgebende Markierungen ausgetauscht werden.

Als medizinisches Beispiel sei die Ortung interiktualer (zwischen den Anfällen) epileptischer Aktivität angeführt, wo der Fokus dicht - und offensichtlich hierdurch ausgelöst -

bei einem Angiom gefunden wurde (Abb. 8).

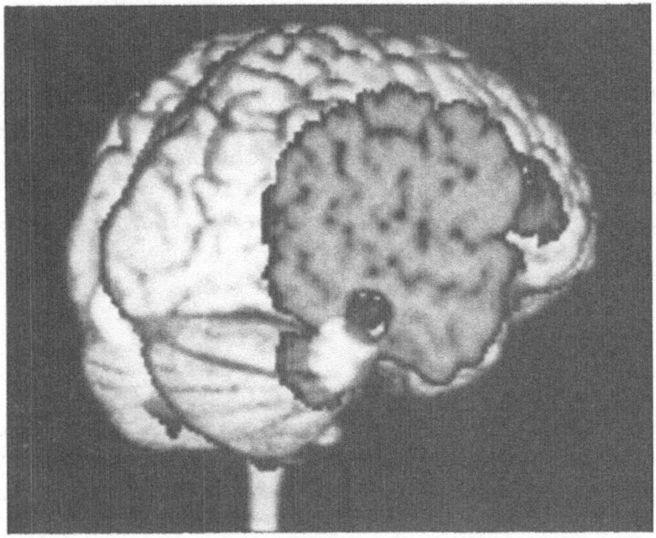

Abb. 8: 3D MR-Aufnahme des menschlichen Gehirns. In der Darstellung ist der rechte Temporallappen entfernt, so daß ein Angiom (als dunkles Gebilde) sichtbar wird. Die biomagnetisch gefundenen Bereiche (Foki), die epileptische Aktivität verursachen, sind weiß hervorgehoben.

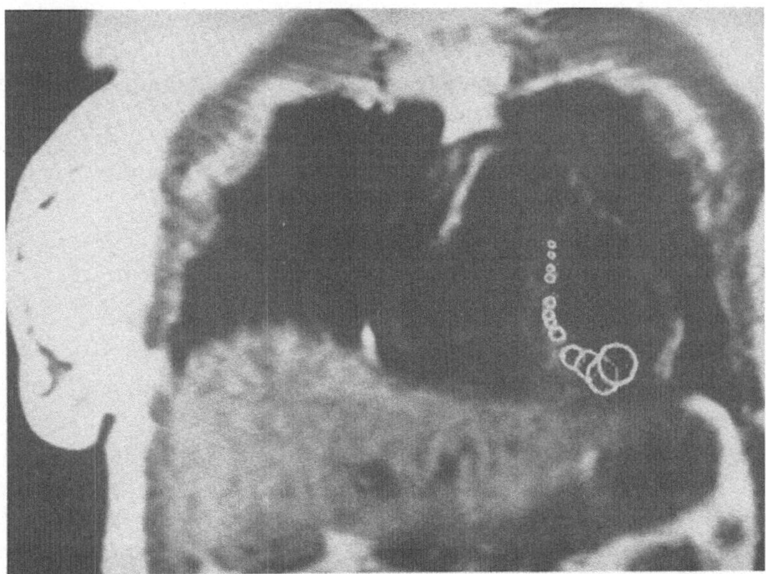

Abb. 9: Eintrag der biomagnetisch lokalisierten elektrischen Erregung, die eine ventrikuläre Extrasystole auslöst, in eine (EKG getriggerte) MR-Herzaufnahme. Ausgehend vom Ursprung am oberen Septum läuft die Erregung zur unteren Herzspitze. Dabei werden zunehmend mehr Muskelfasern erfaßt, die Intensität der Erregung ist als Kreisdurchmesser kodiert.

Am Herzen konnte der Ausgangspunkt und die Ausbreitung elektrischer Aktivität lokalisiert werden (Abb. 9), die eine ventrikuläre Extrasystole auslöst.

In einer neuen Entwicklung kann das Anbringen von Fixpunkten u. U. entfallen. Nach (oder vor) Aufnahme der biomagnetischen Daten wird das Meßobjekt, z. B. der Kopf, mit einem Griffel abgetastet. An der Spitze des Griffels befinden sich drei orthogonale stromdurchflossene Spulen, deren jeweilige Position magnetisch geortet wird. Solcherart wird die Oberfläche des Kopfes digitalisiert. Ebenfalls wird aus der 3D MR-Aufnahme die Kopfoberfläche gewonnen; in dem man beide Oberflächen bestmöglichst zur Deckung bringt, erhält man die Transformationsmatrix der beiden Koordinatensysteme.

5 Ausblick

Die Entwicklung des KRENIKON® im Hause als weltweit erstem biomagnetischen Vielkanalsystem ist ein Musterbeispiel für die gelungene Kooperation zwischen der zentralen Forschung und Entwicklung und dem Bereich Medizinische Technik. Die Entwicklung erstreckt sich über die Hardware Komponenten der Kryoelektronik bis zu hochentwickelten Software Routinen der Modellierung und Auswertung.

Offen ist jedoch noch die klinische Relevanz biomagnetischer Untersuchungen. Gegenwärtig befindet sich ein KRENIKON® in Erprobung an der Universitätsklinik Erlangen, weitere Aufstellungen sind in Vorbereitung. Die Ergebnisse der klinischen Untersuchungen werden über die Zukunft des Biomagnetismus in der klinischen Routine, und damit auch als technisch hochstehendem Produkt, entscheiden - die ersten Resultate sind vielversprechend. Obwohl noch viele Verbesserungen denkbar sind, hat die Technik ihren Beitrag für das Erste geleistet.

Literatur

[1] G.M. Baule, R. McFee: 'Detection of the magnetic field of the heart',
Am. Heart J. **66**, 95-96 (1963).

[2] J.H. Tripp: 'Physical concepts and mathematical models',
in *Biomagnetism, An Interdisciplinary Approach,* 101-139 edited by
S.M. Williamson, G.L. Romani, I. Modena, NATO Asi Series,
Series A. Life Sciences, Vol 66, Plenum Press, ISBN 0-306-41369-8.

[3] B.N. Cuffin, D. Cohen: 'Magnetic fields of a dipole in special volume conductor
shapes', IEEE Trans. Biomed. Eng. **BME-24**, 372-381 (1977).

[4] J. Sarvas: 'Basic mathematical and electromagnetic concepts of the biomagnetic
inverse problem', Phys. Med. Biol. **32**, 11-22 (1987).

[5] P.K. Kemppainen, R.J. Ilmoniemi: 'Channel capacity of multichannel
magnetometers', *Advances in biomagnetism*, 635 - 638 edited by S.J. Williamson,
M. Hoke, G. Stroink, M. Kotani, Plenum Press, ISBN 0-306-43483-0.

[6] K. Abraham-Fuchs, W. Härer, S. Schneider, H. Reichenberger, A. Oppelt:
'Signal processing for the biomagnetic reconstruction of time variant sources',
SPIE **1351**, Digital Image Synthesis and Inverse Optics, 427-437 (1990).

[7] P. Strobach: 'New Forms of Levinson and Schur Algorithms',
IEEE Signal Processing Magazine **8**, 12-36 (1991).

[8] K. Abraham-Fuchs, W. Härer, S. Schneider, H. Stefan: 'Pattern recognition in
biomagnetic signals by spatio-temporal correlation and application to the localisation
of propagating neuronal activity', Med. & Biol Eng. & Comp. **28**, 398-406 (1990).

[9] S. Schneider, E. Hoenig, H. Reichenberger, K. Abraham-Fuchs, W. Moshage, A.
Oppelt, H. Stefan, A. Weikl, A. Wirth: 'Multichannel biomagnetic system for study
of electrical activity in the brain and heart', Radiology **176**, 825-830 (1990).

Modellbildung und Modellanwendung in der Informationstechnik
- Systemtheoretische Erfordernisse -

Franz Pichler

Johannes Kepler Universität Linz

1 Einführung

Die Informationstechnik - gesehen als die technische Disziplin, die durch Integration der Gebiete Nachrichtentechnik, Informatik, Mikroelektronik und Automatisierungstechnik (Regelungstechnik) in den vergangenen Jahrzehnten entstanden ist - stellt allgemein einen wichtigen Pfeiler in der Technik dar. Sie ist zuständig für die Entwicklung von Geräten und Systemen, die Information (im weitesten Sinne aufgefaßt) in Form von Signalen

- empfangen und ausgeben (Ein-/Ausgabegeräte)
- verarbeiten (Computer)
- übertragen (Übertragungseinrichtungen)
- vermitteln (Vermittlungseinrichtungen).

Während vor etwa 100 Jahren informationstechnische Geräte noch von relativer Einfachheit waren, stellen sie heute meistens technische Einrichtungen hoher Komplexität dar. Ihr Entwurf muß in systematischer Weise unter Heranziehung modernster CAD-Werkzeuge und Anwendung wissenschaftlich fundierter Methoden geschehen. Das heißt, es müssen dafür Modelle als Mittel zur kalkülmäßigen Synthese und Analyse und zugehörige Instrumente (theoretischer und praktischer Art) zur effektiven Durchführung solcher kalkülmäßiger Überlegungen zur Verfügung stehen. Für die Realisierung solcher Instrumente bietet sich dabei heute in erster Linie der "Computer" an. Der Umstand, daß der "Computer" in der Informationstechnik gleichzeitig "Objekt" und "Mittel" ist, ist aus wissenschaftstheoretischer Sicht eine besondere Überlegung wert. Dieser Umstand ist weitgehend für den evolutionären Charakter der Entwicklung der Informationstechnik verantwortlich. Die treibenden Kräfte dafür sind, neben den Wünschen der Benutzer, die Fortschritte in der Mikrotechnik (Mikroelektronik, Glasfaser-Optik, Mikroakustik u.a.) und die Fortschritte in der Entwurfstechnik.

In diesem Aufsatz soll aus systemtheoretischer Sicht dem Entwurf von Geräten und Systemen das Augenmerk geschenkt werden. Ziel ist eine Skizzierung der Erfordernisse an Software, mit der man in die Lage versetzt ist, systemtheoretische Instrumente für den Modellbau und für das Problemlösen anhand von Modellen effektiv beim Entwurf von Systemen der Informationstechnik einzusetzen.

2 Die Rolle der Systemtheorie

Die Informationstechnik, hier vor allem der nachrichten- und regelungstechnische Bereich, stellt einen Musterfall für die erfolgreiche Anwendung von Methoden der Systemtheorie dar. Nicht zuletzt waren informationstechnische Problemstellungen prägend für die heutige Gestalt der Systemtheorie. Die "Theorie der Kabelleitung", die "Vierpoltheorie", die "Theorie elektrischer Netzwerke", die "Lineare Systemtheorie", die "Theorie der Automaten und Schaltwerke" können auch heute noch als Beispiele für wichtige Teilgebiete der Systemtheorie gelten.

Wir wollen in aller Kürze besprechen, warum diese Teilgebiete der Angewandten Mathematik entwickelt wurden und welche Rolle sie in historischer Sicht einnehmen. Weiterhin wollen wir Aufgaben beleuchten, welche sich heute der Systemtheorie im Rahmen der Informationstechnik stellen.

Die Entwicklung der Systemtheorie ging ohne Zweifel Hand in Hand mit den steigenden Ansprüchen der Benutzer an die Informationstechnik. Während zu Beginn der Telegraphie um 1845 für Samuel Morse ein etwas dickerer Eisendraht (mit der Erde als Rückleitung) das geeignete Medium zur Übertragung des "Morsecodes" darstellte, war 1866 schon das "Atlantic Kabel" von Irland nach Neufundland gelegt und hochempfindliche Empfangsgeräte von der Art der heutigen Tintenstrahldrucker (Heberschreiber) hatten den üblichen Morse-Reliefschreiber zu ersetzen. Wie bekannt, ging die Entwicklung der Informationstechnik sprunghaft voran, sodaß es Edison im Jahre 1896 anläßlich der Elektrischen Ausstellung in New York bereits möglich war, das Telegramm "GOTT ERSCHUF DIE SCHÄTZE DER NATUR UND DIE WISSENSCHAFT BENÜTZT DIE ELEKTRISCHE KRAFT ZUM RUHME DER NATIONEN UND ZUM FRIEDEN DER WELT" in 50 Minuten über Kabel und Freileitungen rund um die Erde zu schicken. Die Kosten dafür beliefen sich auf 152 Dollar.

Die Leistungsfähigkeit der Systeme der Informationstechnik in dieser Frühzeit der Entwicklung stieß aber sehr schnell an Grenzen. Die Zahl der Benutzer stieg explosionsartig und erforderte zur Realisierung der notwendigen Systeme ein gezieltes, mit wissenschaftlichen Verfahren gestütztes Vorgehen in der Entwicklung, Fertigung und Wartung. Die Einführung des "Pupin-Kabels" und der "Drahtlosen Telegraphie" können als Beispiele genannt werden. Man kann hier bereits die Wurzeln für das Entstehen der Systemtheorie sehen.

Die Notwendigkeit der Entwicklung von Modellierungskonzepten, von zugehörigen Theorien und - darauf aufbauend - von Methoden zur Lösung spezifischer informationstechnischer Probleme, wurde schnell eine natürliche Forderung der Praxis. Die zugehörige systemtheoretische Arbeit wurde zu Beginn hauptsächlich von Physikern, die den Anwendungen nahestanden und später fast ausschließlich von Elektrotechnikern, Nachrichten- und Regelungstechnikern geleistet. Nur in Ausnahmefällen haben sich auch Mathematiker (z.B. Wilhelm Cauer in Deutschland und John von Neumann in USA) stark daran beteiligt. Soweit zur geschichtlichen Entwicklung.

Welche Aufgaben stellen sich heute der Systemtheorie im Rahmen der Modellbildung im Zusammenhang mit den Problemstellungen der Informationstechnik? Um diese Frage zu erörtern, ist es zuerst notwendig, in aller Kürze den Modellbildungsprozeß, wie er sich aus systemtheoretischer Sicht darstellt, zu behandeln. Wir unterscheiden dabei zwischen zwei verschiedenen Zielen der Modellierung.

(A) Die Modellbildung hat zum Ziel, eine Analyse eines bestehenden (oder konzeptionell existierenden) Systems zu unterstützen. Dieser Fall ist vor allem typisch für naturwissenschaftliche Problemstellungen. In den Ingenieurwissenschaften - und damit auch in der Informationstechnik - werden Analysemodelle vor allem für bereits entworfene Systeme (etwa zur Simulation) und für gefertigte Systeme (etwa bei der Qualitätskontrolle und bei Funktionstests) eingesetzt.

(B) Die Modellbildung hat zum Ziel, die Synthese eines gewünschten realen Systems zu unterstützen. Dieser Fall ist typisch für alle Entwurfsaufgaben in den Ingenieurwissenschaften. In der Informationstechnik ist etwa der Entwurf hochintegrierter Schaltkreise ein typisches Beispiel, wo die Modellbildung zur Synthese eines Systems dient.

Diese beiden verschiedenen Ziele der Modellbildung erfordern jedoch keine Zweiteilung in der Diskussion der wissenschaftlichen Vorgehensweise. Bevor wir auf den Prozeß der Modellbildung und auf die Rolle der Systemtheorie näher eingehen, wollen wir noch die Einbettung der Phase "Modellbildung" in den Rahmen des gesamten Prozesses des Problemlösens behandeln. In Abbildung 1 sind die drei Phasen, zwischen denen wir unterscheiden wollen, dargestellt.

In der ersten Phase, der Phase "Modellbildung", wird, ausgehend von der realen Problemstellung, ein zugehöriges Modell (in einer Modellsprache) konstruiert. Das Ergebnis ist ein Modellproblem, das die Problemstellung mit den gegebenen Möglichkeiten des Modells artikuliert.

In der daran anschließenden Phase "Modellanwendung" wird mit Kalkülen (etwa zur Modellreduktion, Modellmanipulation oder Modelltransformation) eine Modellösung erzielt. Diese wird in der nachfolgenden dritten Phase "Implementierung" zur Lösung des ursprünglichen Problems verarbeitet.

Die Zerlegung des Problemlösungsprozesses in die drei Phasen "Modellbildung", "Modellanwendung" und "Implementierung" ist natürlich sehr grob und es existieren für konkrete Aufgabengebiete (wie für den Software-Entwurf im Rahmen der Informatik oder den Hardware-Entwurf im Rahmen der Computertechnik) ausgearbeitete Verfeinerungen.

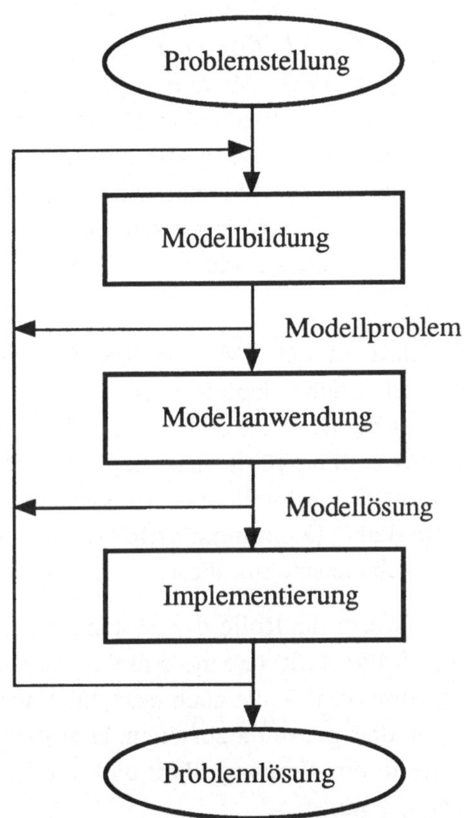

Abb. 1: Phasen beim Problemlösen.

Für den Zweck, die Rolle der Systemtheorie im Rahmen der Modellbildung und Modellanwendung darzustellen, genügt diese Zerlegung in drei Phasen aber. Die Phase der "Implementierung" wird darin als eine reine Phase in der Art einer "Modellnutzung" gesehen. Im konkreten Fall eines Analyseproblems besteht sie etwa in der Realisierung der Modell-Lösung in der realen Welt, aus der das gestellte Problem stammt. Im Falle eines Syntheseproblems wird in der Phase "Implementierung" ein reales System nach dem Bauplan, wie er mit der Modell-Lösung vorliegt, gefertigt.

Die Trennung zwischen den einzelnen drei Phasen geschieht natürlich mit einer gewissen Willkür. Zum Beispiel kann bei einer Problemlösung in Form von Software (lauffähiges Programm) nicht scharf zwischen den Phasen "Modellanwendung" und "Implementierung" unterschieden werden. Ist ein Algorithmus in Pseudocode, der im Rahmen der Verfolgung einer Modell-Lösung erzielt wurde, noch zur Phase "Modellanwendung" oder ist ein solcher bereits zur Phase "Implementierung" zu zählen?

Nach diesen prinzipiellen Vorbereitungen sind wir nun in der Lage, der Systemtheorie im Rahmen des Problemlösungsprozesses die folgende Rolle zuzuweisen: *Die Systemtheorie engagiert sich bei der Aufgabe, für den Prozeß der Modellbildung und der Modellanwendung geeignete formale Konzepte, zugehörige Theorien und Methoden sowie Werkzeuge zur Anwendung dieser Methoden bereitzustellen.* Wegen der vorher genannten unscharfen Trennung zur Phase "Implementierung" ist ein fließender Übergang in den Aufgabenstellungen der Systemtheorie zu entsprechenden Aufgaben zu Gebieten, die sich der "Implementierung" widmen (wie etwa zu den Gebieten "Software Engineering" und "Programmierung" im Rahmen der Informatik oder zu den Gebieten "Rechnerarchitektur" und der "Schaltungstechnik" im Rahmen der Informationstechnik) festzustellen.

Neben der Systemtheorie sind an der "Modellbildung" und "Modellanwendung" natürlich noch andere wissenschaftliche Gebiete engagiert. Zu nennen ist hier vor allem die Mathematik und das Gebiet der Simulation. Für die philosophischen Grundlagen zur Modellbildung und Modellanwendung fühlt sich die Wissenschaftstheorie zuständig. Aber auch das Gebiet der "Künstlichen Intelligenz" (wissensbasiertes Problemlösen) und die "Theorie der Berechenbarkeit" (Komplexitätstheorie für Algorithmen) und viele weitere wissenschaftliche Teilgebiete sind mit diesen beiden Themen befaßt.

Nachdem wir in prinzipieller Weise die Rolle der Systemtheorie für die Modellbildung und die Modellanwendung festgestellt haben, wäre es notwendig aufzuzeigen, in welchem Maße die Systemtheorie diese Rolle auch tatsächlich wahrnimmt. Es kann nicht Aufgabe dieses Aufsatzes sein, dies genau darzustellen. Hier muß der Hinweis auf einige Leistungen der Systemtheorie in der Vergangenheit und auf Forderungen, die sich aus der heutigen Situation ergeben, genügen.

Die einleitend in diesem Kapitel angeführten, heute bereits als "klassisch" einzustufenden Teilgebiete der Systemtheorie können im einzelnen für sich beanspruchen, daß sie sich für den Ingenieur, besonders im Gebiet der Informationstechnik, von großer praktischer Wichtigkeit für die Aufstellung von Modellen ("Modellbildung") und für die Ableitung von Resultaten aus diesen Modellen ("Modellanwendung") bewiesen haben. Während diese systemtheoretischen Teilgebiete in der Vergangenheit oft einen beträchtlichen Anteil für die Analyse und Synthese von informationstechnischen Geräten und Systemen hatten, sind sie heute wegen der angestiegenen Komplexität (in funktioneller und topologischer Hinsicht) oft auf die Modellierung von System- oder Gerätekomponenten beschränkt. Auch stehen für Analyse- und Syntheseaufgaben heute ausgereifte Software-Werkzeuge, die systemtheoretisches Wissen dieser Art in gekapselter Weise enthalten, zur Anwendung für den Ingenieur am Arbeitsplatz bereit.

Was die heutige Herausforderung der Systemtheorie durch die bereits existierenden äußerst komplexen Systeme der Informationstechnik, wie sie etwa durch die modernen Systeme der Vermittlungstechnik, durch Rechnernetze oder durch weitgehend autonom arbeitende intelligente Systeme der Fertigungstechnik dargestellt werden, betrifft, kann folgender Standpunkt eingenommen werden: Wohl hat sich die Systemtheorie in der Vergangenheit bemüht, Konzepte und zugehörige Methoden für die Modellierung solcher komplexer Systeme zu erarbeiten und es wurden auch positive Resultate dabei erzielt. Dennoch wird es nicht möglich sein, damit solchen Aufgaben vollständig gerecht zu werden. Es ist daher notwendig, in gezielter Weise die Systemtheorie in dieser Richtung auszubauen [KARLS 90].

Die bisherige Erfahrung legt nahe, daß dabei eine empirische Vorgehensweise, die sich an konkreten Problemstellungen der informationstechnischen Praxis orientiert, zu empfehlen ist. Eine mehr axiomatisch und theoretisch orientierte Vorgehensweise zur Entwicklung systemtheoretischer Konzepte und Methoden läuft stets in die Gefahr, realitäts- und praxisfremde Resultate zu liefern.

Da die bereits existierenden komplexen Systeme der Informationstechnik in starkem Maße mittels Software realisiert sind, ist es auf den ersten Blick naheliegend, als Modellierungssprachen softwarenahe prozedural orientierte Sprachmittel heranzuziehen. Dies trifft nicht nur auf die in den implementierungsnahen Schichten der Phase der "Modellanwendung" zu, sondern dies wird auch für die höheren Schichten der "Modellbildung" damit nahegelegt.

Die Modellierung wird dabei also in diesem Fall stark von der angestrebten Implementierung beeinflußt. Wir sprechen in diesem Zusammenhang von einer "bottom up"-Modellierung ("modelling for implementation"). Aus der Sicht der Systemtheorie ist diese Modellierungsphilosophie allein unzureichend und bedarf der Ergänzung in Form der "top down"-Modellierung ("modelling for function"). Damit ist eine Modellierungsphilosophie gemeint, bei der der Modellbau und auch die daran anschließende Phase der Modellanwendung in starkem Maße von der aktuellen informationstechnischen Problemstellung, wie sie als Input für den Modellierungsprozeß vorliegt, beeinflußt wird. Die Modellierungssprachen sind in diesem Fall stärker problemorientiert und benutzen damit oft Sprachmittel funktioneller und deklarativer Art.

Die Weiterentwicklung der Systemtheorie zur Wahrnehmung moderner aktueller Aufgaben in der Informationstechnik sollte sich vor allem an der "top down" Modellierung orientieren. Ein Beispiel, wo eine solche Orientierung bereits in gewissem Sinne stattgefunden hat, stellt der Entwurf hochintegrierter Schaltungen dar. Für die Modellierung in der höheren Ebene werden dort problemorientierte Beschreibungssprachen (z.B. VHDL) mit Erfolg eingesetzt und implementierungsnahe Sprachmittel, wie sie etwa für Gatterschaltkreise eingesetzt werden, spielen für die höheren Ebenen des Entwurfs nur eine geringe Rolle [LIN 89], [DUZY 89].

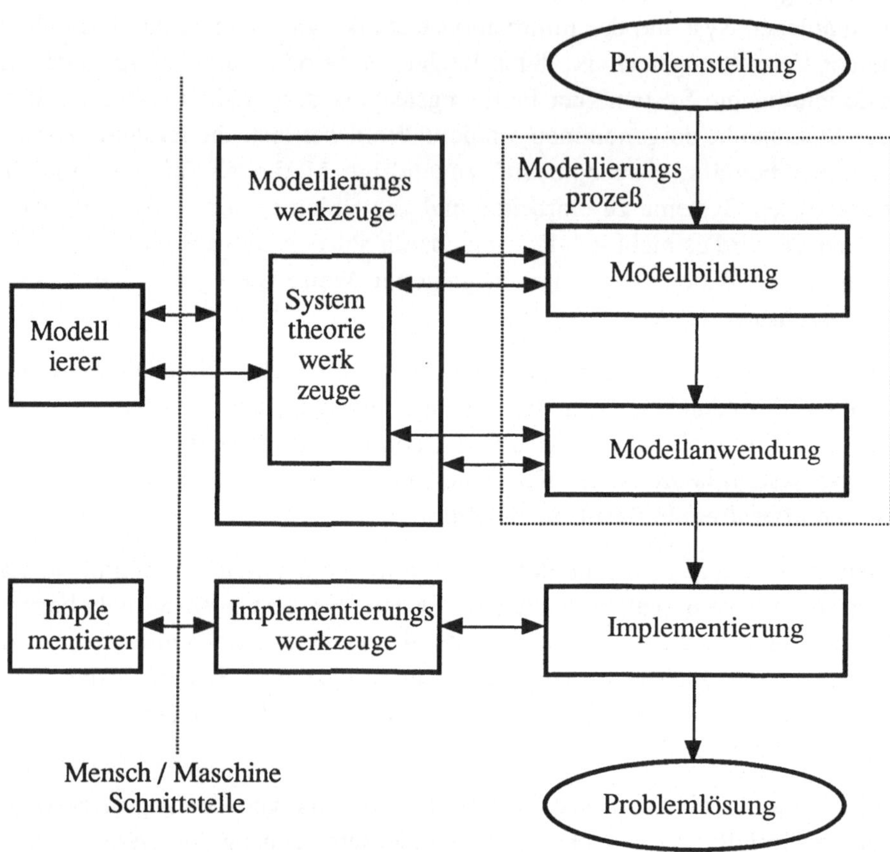

Abb. 2: Die Rolle der Systemtheorie beim Problemlösen.

3 Computerunterstützte Systemtheorie

Es ist eine Tatsache, daß bei der heute geforderten Effektivität von Problemlösungsmethoden der Einsatz eines Computers zur Durchführung von Berechnungen (symbolischer oder numerischer Art) eine unbedingte Forderung ist. Damit ist es auch notwendig, die systemtheoretischen Mittel im Rahmen von Modellierungsaufgaben computerunterstützt einzusetzen. Während für die stärker technisch orientierten Aufgaben der Modellierung in Form der CAD-Werkzeuge reichhaltige Software-Bibliotheken zur Verfügung stehen, trifft dies für stärker theoretisch gelegene Aufgaben nicht in diesem Maße zu. Die dafür auch einsetzbaren "CAST-Werkzeuge" (CAST = Computer Aided Systems Theory) sind derzeit noch nicht in dem Maße vorhanden, wie man sich dies für die Anwendung der Systemtheorie im Rahmen von informationstechnischen Aufgabenstellungen wünschen würde [PICH 89], [PICH 90a], [PICH 90b].

Eine Ausnahme bilden "klassische" Problemgebiete, wie zum Beispiel der Filterentwurf oder der Entwurf von Reglern mit den Mitteln der Regelungstheorie. Für die Theorie endlicher Automaten und Schaltwerke, obwohl seit nahezu 30 Jahren entwickelt, wurden zum Beispiel nur vereinzelt leistungsfähige CAST-Werkzeuge geschaffen. Ähnliches gilt auch für andere Teilgebiete der Systemtheorie. Aus der Sicht der Systemtheorie besteht also die wichtige Aufgabe, in der Zukunft hier einen Wandel zu schaffen und "CAST-Software" in Ergänzung zur CAD-Software zur Anwendung für die Phase der Modellbildung und Modellanwendung bereitzustellen.

Eine wichtige Frage ist in diesem Zusammenhang die Ausstattung von CAST-Software-Bibliotheken (Systemtheorie-Wissensbanken) mit entsprechenden Hilfsmitteln zur Auswahl und zur gezielten Verkettung von Systemtheorie-Methoden zur Modelltransformation. Hier ist auch die Möglichkeit des Einsatzes von heuristischen Planungsmethoden, wie sie im Rahmen der KI-Forschung entwickelt werden [NILS 82].

4 CAST Systeme

Es wurde bereits darauf hingewiesen, daß für verschiedene "klassische" Problemkreise der Informationstechnik zugehörige Teile der Systemtheorie existieren und erfolgreich in Lehre, Forschung und Entwicklung eingesetzt werden. Weiters, daß in einzelnen Fällen auch zugehörige CAST Software Pakete als Systemtheorie-Werkzeuge für Analyse- und Syntheseaufgaben für die Modellbildung und Modellanwendung zur Verfügung stehen.

Im folgenden soll an einem Beispiel aus dem Gebiet des VLSI Designs auf die Möglichkeit des Einsatzes von CAST-Werkzeugen, in Ergänzung zu herkömmlichen CAD-Werkzeugen, hingewiesen werden. Wir beschränken uns jedoch dabei auf ein CAST-Werkzeug, das ein gut bekanntes Teilgebiet der Systemtheorie betrifft, nämlich das Gebiet der Endlichen Automaten und Schaltwerke ("Finite State Machines and Sequential Switching Circuits").

Am Institut für Systemwissenschaften der Johannes Kepler Universität Linz wird seit etwa 5 Jahren der Aufbau der Automatentheorie Methodenbank CAST.FSM, die die wesentlichen Konzepte, theoretischen Erkenntnisse und Methoden der Automatentheorie computerunterstützt für die Zwecke des Hardwareentwurfs zur Verfügung stellen soll, verfolgt. Nach der Zielsetzung soll CAST.FSM in Ergänzung zu VLSI CAD Systemen - als konkretes Beispiel kann dabei das von Siemens entwickelte CAD System VENUS gewählt werden - in den Problemkreisen "Design for Testability" und "Logic Synthesis" eingesetzt werden [HOER 87]. CAST.FSM wurde mittels objektorientierter Programmierung in der Sprache Interlisp-D / LOOPS auf Xerox Workstations der 1100'er Serie entwickelt. Der in LOOPS zur Verfügung stehende Browser wird zur Systemtypen-Klassifikation und zur Anzeige von Automatenalgorithmen (Verkettung von automatentheoretischen Transformationen) verwendet [MITT-90].

In Abbildung 3 ist der entsprechende "Systems Theory Class Browser" (a) und der "Realization Tree" (b), wie er im Zusammenhang eines Automatenalgorithmus zur Serienzerlegung und Schaltwerksrealisierung der Komponenten auftritt, gezeigt [PICH 90a].

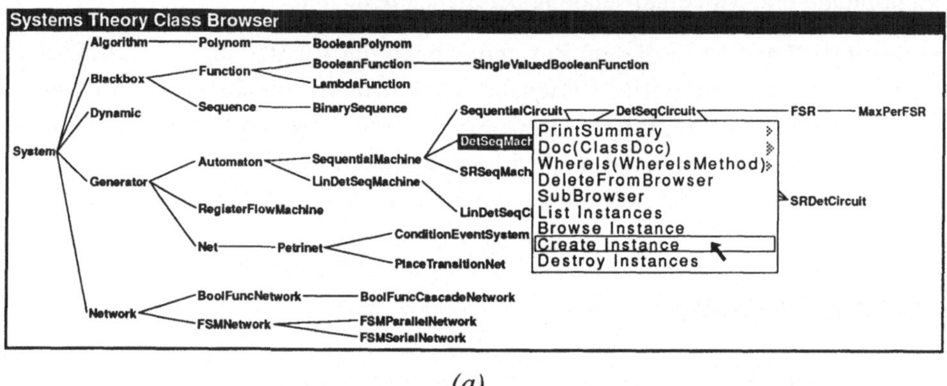

(a)

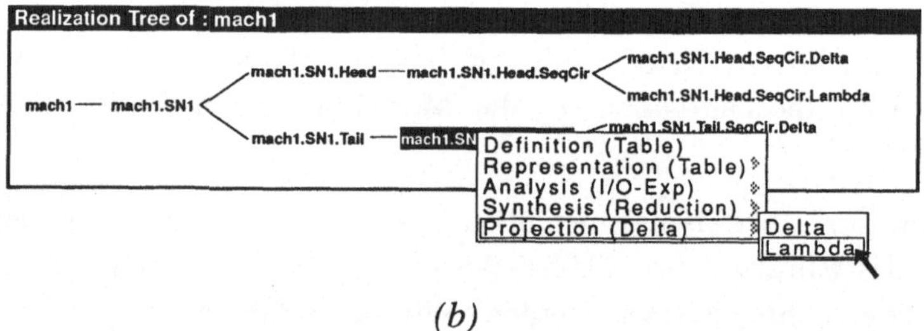

(b)

Abb. 3: *(a) Systemtypen in* CAST.FSM *(b) Beispiel eines Realisierungsbaumes.*

Im konkreten Fall des VLSI Designs kann CAST.FSM erfolgreich zur Zerlegung von Schaltwerken (Parallel- oder Serienzerlegung) zur Verbesserung der Testbarkeit oder zur besseren Positionierung der Komponenten auf Silizium eingesetzt werden. Untersuchungen an von der Industrie vorgegebenen Benchmark-Automaten (MCNC benchmarks) bestätigen die Annahme, daß bereits mit relativ einfachen Methoden der Automatentheorie wichtige Analyse- und Syntheseprobleme verbessert gelöst werden können.

Abbildung 4 zeigt in einer Tabelle als Beispiel Resultate, die mittels CAST.FSM bei solchen Aufgabenstellungen mit Benutzung von CASTOR, ESPRESSO, JEDI und MIS erzielt wurden [GEIG 91], [MUEL 91].

Name	lumped FSM			decomposed FSM				
	s	Lit.	Area	Applied Operations	s/s	Comp. Lit.[1]	Tot. Lit.	Total Area
bbara	10	71	59392	reduct., serial decomp.	4/4	17/26	43	40368
bbsse-e	16	120	103936	parallel decomp.	5/12	16/63/55	134	122032
ex2-e	19	144	117856	parallel decomp.	10/10	58/58/6	122	102544
				parallel decomp.	10/10	55/61/5	121	105328
modulo-12	12	33	27840	parallel decomp.	3/4	9/8/0	17	15312
planet	48	552	471888	serial decomp.	41/2	235/57/315	607	511792
tbk	32	219	169824	reduct.,serial decomp.	2/15	10/175	185	164256

[1]) Literal count (factored form) of M_π / M_τ for serial decompositions, $M_{\pi 1}/M_{\pi 2}/\lambda_{12}$ for parallel decompositions.

Abb. 4: Mehrstufige Realisierung einiger MCNC Benchmark FSMs.

Andere Automatenalgorithmen in CAST.FSM zur Anwendung im VLSI Design betreffen zum Beispiel die Schieberegister-Realisierung, die Linearisierung oder die Registerflußmaschinen-Darstellung von Automaten und Schaltwerken. Für Details dazu sei auf das am Schluß angegebene Schrifttum verwiesen.

Weitere CAST Systeme für die Digitale Bildverarbeitung und Mustererkennung (CAST.FOURIER, CAST.VISION) und für komplexe Simulationsaufgaben (CAST.STIMS) sind am Institut für Systemwissenschaften der Universität Linz in Kooperation mit Forschungsabteilungen der Industrie in Ausarbeitung [BURG 90], [BURG 91], [PRAE 91a], [PRAE 91b].

5 Schluß

Der Aufsatz versucht, die Rolle, die heute die Systemtheorie im Rahmen der Lösung von Aufgaben der modernen Informationstechnik einzunehmen hat, darzustellen. Die zweifellos große Anerkennung, die in der Vergangenheit ein systemtheoretisches Vorgehen gefunden hat, läßt die Hoffnung zu, daß auch zur Bewältigung der äußerst komplexen Ingenieuraufgaben, wie sie heute für die Informationstechnik typisch sind, die Systemtheorie in der Zukunft erfolgreich eingesetzt werden kann. Die oft vorherrschende "bottom up" Modellierung muß damit durch leistungsfähige Methoden zur "top down" Modellierung ergänzt werden. Dazu ist es aber notwendig, entsprechende neue Systemtheorie-Methoden zu entwickeln und zur Verfügung zu stellen. Die Bereitstellung von leistungsfähigen und intelligenten CAST Methodenbanken für den Entwurf (Synthese) und Optimierung (Analyse) von komplexen Systemen der Informationstechnik gehört daher zur den wichtigen Aufgaben, die heute in der Informationstechnik im Rahmen der Forschung zu verfolgen sind.

6 Schrifttum

[BURG 90] Wilhelm Burger, "On Machine Vision and CAST", *Cybernetics and Systems: An International Journal*, 21, 1990, pp. 221-230.

[BURG 91] Wilhelm Burger, "A Versatile Development Tool for Knowledge-Based Computer Vision", *Cybernetics and Systems: An International Journal*, 22 (3), June 1991.

[DUZ 89] P. Duzy, H. Krämer, M. Pilsl, W. Rosenstiel, T. Wecker, "CALLAS - Conversion of Algorithms to Library Adaptable Structures", *Proceedings of the VLSI 89 Conference*, Munich, 1989, pp. 197-208.

[GEIG 91] Martin Geiger, Thomas Müller-Wipperfürth, "FSM Decomposition Revisited: Algebraic Structure Theory Applied to MCNC Benchmarks FSMS", paper to be presented at *DAC 91*, San Francisco, 17.-21. June 1991 (accepted), 4 pages.

[HOER 87] E. Hörbst, C. Müller-Schloer, H. Schwärtzel, *Design of VLSI-Circuits*, Springer Verlag, Berlin, 1987.

[KARLS 90] *"Informatik als Systemwissenschaft". Das nächste Jahrzehnt Karlsruher Informatik*, Fakultät für Informatik, Universität Karlsruhe (Broschüre, 6 Seiten), 1990.

[LIN 89] B. Lin, A.R. Newton, "Synthesis of Multiple Level Logic from Symbolic High-level Description Languages". *Proceedings of the VLSI 89 Conference*, Munich, 1989, pp. 187-196.

[MITT 90] R. Mittelmann, "Object Oriented Design of CAST Systems", in: F. Pichler, R. Moreno-Diaz (Eds), *Computer Aided Systems Theory - EUROCAST'89*, Lecture Notes in Computer Science 410, Springer-Verlag, Berlin, 1990, pp. 69 - 75.

[MUEL 91] Thomas Müller-Wipperfürth, Martin Geiger, "Algebraic Decomposition of MCNC Benchmarks FSMs for Logic Synthesis", Paper to be presented at *EUROASIC 91*, Paris, 27.-31. May, 1991 (accepted), 6 pages.

[NILS 82] Nils J. Nilson, *Principles of Artificial Intelligence*, Springer Verlag, Berlin, 1982.

[PICH 89] F. Pichler, "CAST: Computerunterstützte Systemtheorie - Perspektiven für Forschung, Entwicklung und Ausbildung", *Elektrotechnik und Informationstechnik*, 106 Jahrgang, Heft 9, 1989, Seite 333 - 341.

[PICH 90a] F. Pichler, H. Schwärtzel, *CAST Computerunterstützte Systemtheorie*, Springer, Berlin, 1990.

[PICH 90b] F. Pichler, R. Moreno-Diaz (Eds), *Computer Aided Systems Theory - EUROCAST'89*, Lecture Notes in Computer Science 410, Springer-Verlag, Berlin, 1990.

[PRAE 91a] Herbert Prähofer, *System Theoretic Foundations for Combined Discrete-Continuous System Simulation*, PhD thesis, Institute of Systems Science, University Linz, February 1991 (accepted).

[PRAE 91b] Herbert Prähofer, "Systems Theory Instrumented Modelling and Simulation Methodology", *Cybernetics and Systems: An International Journal*, 232 (3), June 1991.

Machine Learning

Ronald L. Rivest, Werner Remmele
Massachusetts Institute of Technology

Our ultimate objective is to make programs that learn from their experience as effectively as humans do. (John McCarthy)

Summary

During the last few years research in machine learning (ML) has grown explosively. Today, ML-research is an essential component of the research program at many top universities and R&D centers. This research is often truly interdisciplinary in character, bringing together researchers working on such diverse topics as computer science, neural nets, artificial intelligence, theory of computation, computer architecture, speech and pattern recognition, and neurobiology.

The goals of this research are ambitious, inasmuch as they include building machines which respond adaptively and intelligently to changes in their environment without being reprogrammed by humans.

This article surveys the state of the art in machine learning, and briefly describes the efforts undertaken by Siemens and the Massachusetts Institute of Technology in this area. As the field is large and tremendously active, a number of references are included for the reader who wishes to explore further.

1 Introduction

1.1 Intelligence, Artificial Intelligence, and Machine Learning

It is much simpler to recognize intelligent behavior than to attempt to define the term 'intelligence'. There are far too many factors playing important roles when intelligent behavior is stated. These factors comprise as well capabilities that can be acquired as others that cannot be trained and are considered to be inherently integrated into a person's abilities. Some of these attributes are defined in [Fisc87]:

- Mental attitudes
- Learn, as the ability to acquire new knowledge
- Solve problems
- Understand, even from ambiguous or contradictory information
- Plan and predict consequences of contemplated actions
- Know the limits of one's knowledge
- Generalize
- Perceive and model the external world
- Understand and use language and related symbolic tools

Having these attributes as indicators for intelligent behavior and the possible applications and the current limitations of computers in mind, then we definitely still are far away from emulation of human intelligence in an artificial way.

What does a computer do? Is it a rather primitive machine - compared to human capabilities - simply repeating instructions given by humans? Or does it act intelligently, as indicated by the term Artificial Intelligence (AI)?

The use of computers did change during the years with increased speed and complexity. Compared to the early machines being used for numerical computational purposes only today's computers perform rather complex tasks:

- They can perform complex calculations in extremely short time.
- They can process enormous amounts of data.
- Expert systems are mimicing intelligent behavior and therefore can give 'intelligent' (looking) advice.

But there still remain problems to be solved when trying to perform tasks that children, sometimes even animals perform without difficulties:

- It is hard to program a computer to recognize patterns, images or sounds.
- No traditional programmed computer can adapt to unforeseen environments, even if they are to be handled analogously to previous experiences.

This is due to the fact that humans process data differently than computers: Our brain is organized in a different way than a computer: there are many (10^{10} = 10 billion) neurons, each one connected to up to 10000 others (resulting in more than a trillion interconnections!) process data simultaneously but slowly (processing times in the range of milliseconds, but due to the huge number of processing elements there can more than 1 million input messages be handled per second). Thus, the enormous computing power of our brain is achieved mostly by the high degree of parallelism of computing elements and their inter-connections rather than via the 'brute computing power' of an state-of-the-art super-computer that gets its speed out of one single processing unit, that works at ultra high speed (processing times in the range of 10^{-9} seconds). Our brain-'architecture' is particularly well suited for adaptive work, reasoning, image and language processing whereas the traditional von-Neumann computer-architecture guarantees extremely high performance of repetitive work and symbol processing.

It is the goal of machine learning to build machines and software that overcomes the bottlenecks of traditional computers, that act in an intelligent way in new environments and that autonomously learn from examples or instructions, rather than by being programmed.

1.2 The Impact of Machine Learning

There are lots of applications that cannot be programmed using conventional techniques. Most of all we have to be concerned about the limitations inherent to AI-programs.

These programs - other terms are knowledge based systems or expert systems - can help the user by finding solutions that are not obvious at a first glance. They comprise the knowledge of experts in a way that it can be processed by a computer. This knowledge for instance is represented by so called rules in the form of

```
RULE 1:    if lamp does not burn and power is on
               then lamp is defect
```

These rules have to be acquired from experts (during a process that is called 'knowledge acquisition') and stored and maintained in a way that a computer can process. At a first glance it looks simple to acquire them, but considering the enormous complexity of applications (e. g. in medical or technical diagnosis, geology) it becomes obvious, that the knowledge of which these rules are derived from usually

- are not as simple as in the example above
- have to deal with vagueness ('the rule *usually* holds') or even contradictions
- are not at all complete for the system to be described

- usually don't cover knowledge in explicit way (the way it finally has to be stored)
- may change during the usage of the system.

This 'learning process' of expert systems is the result of the work of at least two experts: the knowledge engineer (responsible for acquiring the knowledge and coding it) and the expert in the domain knowledge. This process is not only crucial point for the development of expert systems, but furthermore the basis for the quality and usability of the resulting product. Therefore it is the ultimate goal to build systems that are able to automatically acquire the knowledge they need for processing their task. There are of course several levels of automation that can be thought of, covering different levels of learning ability.

Systems incorporating these learning components are not yet intelligent at all, as they operate only on a given amount of knowledge from a well defined application area, and only acquiring new knowledge and facts with some help of the user.

Trying to understand the term learning we can use the following definition [Fisc87]:

> *Learning can be defined as any deliberate or directed change in the knowledge structure of a system that allows it to perform better on later repetitions of some given type of task.*

Every living organism has this ability, otherwise it could not survive in ever changing environments. But what are the means for an artificial system to act in a similar way? It was the goal of early AI-researchers to develop machines with this capability.

2 History of Machine Learning

From the inception of the computer, the dream of building machines which are sensitive and adaptive to their environment has motivated people to pursue research in the area of machine learning and supporting areas.

Turing, in his classic article on whether computers can think [Turi50], devoted a whole section to the argument that the best route to building intelligent machines was to build 'learning machines'.

John McCarthy, one of the founders of Artificial Intelligence (a term coined in 1956 at a conference at Dartmouth), was quite clear about the ambitions of this newly-formed field in 1958: 'Our ultimate objective is to make programs that learn from their experience as effectively as humans do [McCa58]'.

Arthur Samuel, in a classic early paper [Samu59], studied how a machine might learn to play the game of checkers. Samuel's program became a very good checkers player through a learning process involving weight adjustments. Here, the value of a given move is represented by weights, that are strengthened or weakened by the experience gained out of past games.

At nearly the same time the field of 'pattern recognition' began to form, and to diverge from AI. Rosenblatt's early work on the 'perceptron' [Rose58] was a early key work in this field, as it originally was used to overcome problems with character recognition and traditional von-Neumann-computers. Besides that, it was also a key work in the field of 'neural nets', since the perceptron was presented as a simplified model of neurons. This, of course, represented a different approach to 'machines that think', than the traditional AI approach, that was very much favored in the years following.

This early work stimulated much research and raised high expectations of substantial immediate results. Unfortunately, these early architectures of neuron-like computers were too limited in their capabilities, partly due to technological limitations at that time. Thus, soon Minsky and Papert's book *Perceptrons* [Mins69] dampened much of the enthusiasm, by showing the perceptrons were not guaranteed to learn quickly in many cases, and, moreover, that it was extremely difficult, and in many cases even impossible, to represent interesting predicates (such as objects being 'connected') in the perceptron formalism.

Over the intervening years, the field of pattern recognition grew rapidly and largely independently of work in AI. Research in pattern recognition has been characterized by a highly mathematical style, with a strong emphasis on statistics and Bayesian decision theory. Today, the field can be said to have achieved notable success in many applications, such as character recognition.

After the proof of the perceptron's limitations work in machine learning diminished; the only notable examples focussed on main-stream AI. It was not until the beginning of the 80s, that new and promising hardware lead to the rebirth of the neural net approach to machine learning.

3 Machine Learning Techniques

3.1 AI-oriented Machine Learning

The study of learning by the AI community has been slowed down, as the focus of AI research has been dominated by the issues of knowledge representation, search, and planning, key topics for the symbolic reasoning.

Nonetheless, there has been substantial progress within the AI community on the issues related to machine learning. For example, Patrick Winston has explored how examples which can be characterized as 'near misses' to the correct concept can be very useful [Wins75]. He tackled the problem of describing objects in a symbolic way. His program is able to characterize 'arches', simple graphical presented objects, consisting of three elements. A positive and two negative instances are shown in figure 1:

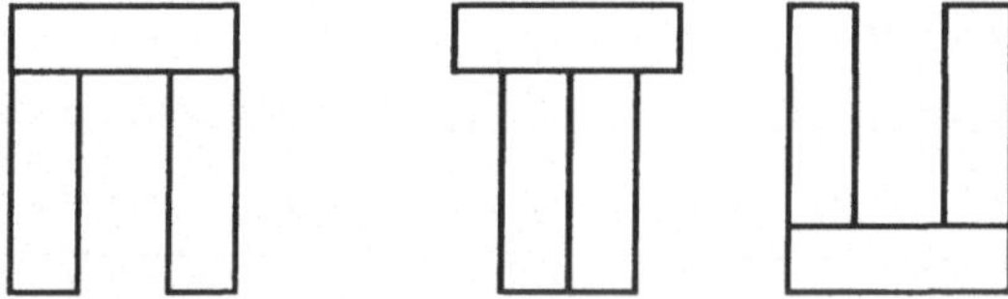

Figure 1: A positive instance of an arch (left) and two negative ones

In this case, the 'concept' of an arch is determined by examples (learning concepts from examples). Of course, the concept built depends on the samples presented to the system. First, the description may be as simple as: a structure is an arch if it simply consists of three blocks b1, b2, and b3. Then, after showing some other examples, the description has to become more precise. For example:

- one block has to be supported by the two others;
- the two blocks, supporting the third, have to stand, and
- they must not abut (which is obvious to a human observer).

These descriptions have to be deducted by the system, after having examined negative instances of arches. Thus, the left one of the two negative instances in figure 1 causes the system to deduct the 'must-not-abut' condition.

The concept itself finally is represented in a semantic net, as shown in figure 2:

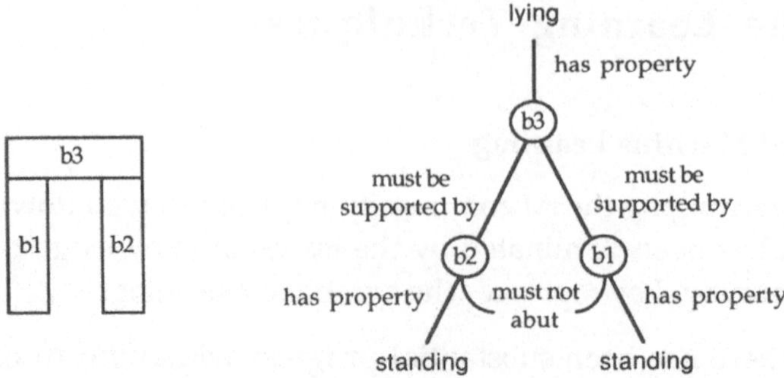

Figure 2: The semantic net for the concept arch

A different approach simulates the human capability of exploitation of past experience or following the solution of a worked-out example problem to expedite problem solving in new but closely related situations (learning by analogy). These already solved problems provide useful guidelines and suggestions for solving related problems [Carb87]. The transformational-analogy process is shown in figure 3:

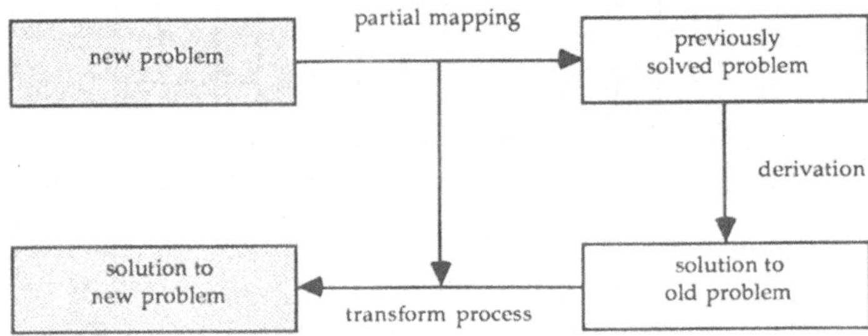

Figure 3: The transformational-analogy process

Tom Mitchell's seminar work on 'version spaces' [Mitc77] helped to reduce the complexity of search in concept spaces, thus making the process more practical in use.

An excellent survey and overview of the AI approach to learning and its accomplishments can be found in [Mich83].

Today AI is an area of explosive growth. Expert systems are being applied pervasively to many problems formerly judged to be 'too difficult' to automate. However, it is often difficult to create the knowledge base required for an expert system, and it is common for knowledge engineers to speak wistfully about the need for machine learning technology which can be used to help automate the knowledge acquisition process.

3.2 Neural Network Learning

One of the major stumbling blocks of the perceptron approach was the fact that no effective learning algorithm existed for training multi-unit multi-layer nets of neural elements (or threshold elements). That is, while a single perceptron could model how a single neuron could adapt and learn, there was no corresponding algorithm for networks of such units (like networks of real neurons in the brain; and, considering the number of neurons in the brain and the number of their connections the brain model represented by the perceptron was really crude).

A neuron, or nerve-cell, is composed of a nerve-body, the soma, as well as of input and output channels. The artificial model of a soma consists of a summer, that sums the input-values and a threshold, responsible for 'firing' the output signal if the sum of inputs exceeds a specific value.

A simplified model of a simulated neuron is shown in figure 4:

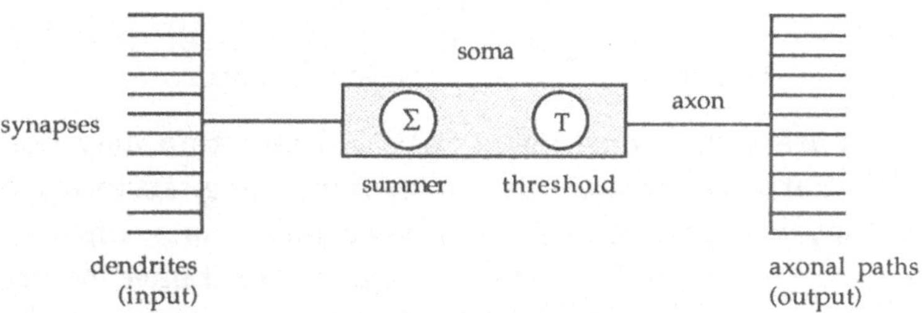

Figure 4: A functional model of a simulated neuron

The dendrites, electrically passive input channels, and the axons, electrically active output channels, form the brain-network. They are connected via synaptic junctions, as shown in figure 5.

The learning goes on in the synaptic junctions forming the network structure. Some psychologists consider a small child being a 'black box' into which constantly genetic and environmental information is being put. By feeding rewards or punishments into this box any desired output could be achieved, i.e. any structure could be obtained. This learning process is currently being tried to be modeled in neuron nets using supervised learning.

The synaptic gates in artificial neural systems now also could be considered as black boxes, having to perform simple tasks. After some time, being constantly punished for failures and rewarded for successful completion of this task, the network would settle in a state that reflects the correct reactions to all given input data.

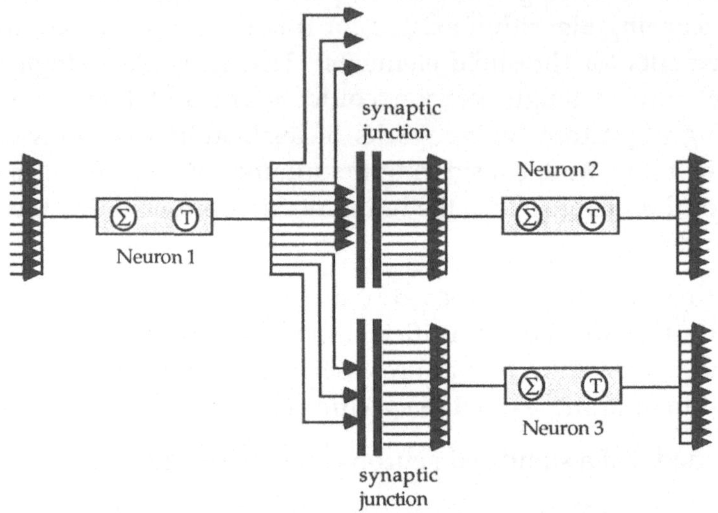

Figure 5: Network of modeled neurons

These networks are very robust: even partial destruction may not effect the function of the network, besides its performance (e.g. accuracy of results). Furthermore they are able to deal with very noisy data; once trained, the system may correctly respond to data, that was never trained before. Humans use this capability for example to recognize letters nearly independently of their shape:

$$A \; A \; \mathbf{A} \; \mathbb{A} \; \mathsf{A} \; \boldsymbol{A} \; \mathbf{A} \; \mathbb{A} \; \mathcal{A} \; \mathcal{A} \; \mathcal{A} \; \mathcal{A}$$

Any of the letters above immediately can be identified to represent an 'A', though they look quite different. It would be hard to find a symbolic way to describe the shapes of these examples, that analytically would allow a computer to recognize all characters as the same letter in different instances.

Todays neural network approach to machine learning started in the early 80s, when Hopfield investigated the collective computational property of artificial neural networks [Hopf82]. Three years later, Rumelhart, Hinton, and Williams [Rume85] proposed the 'back-propagation' algorithm for training multi-layer nets of threshold elements. Now, the knowledge represented in such an architecture is determined by the weights of the connections between the neural elements. Enforcing these weights or weakening them leads to a connection structure, representing the data trained.

The essence of this new idea was to approximate a discontinuous threshold function by a smooth differentiable nonlinear approximation. The differentiability of these 'approximate' threshold functions allows one to compute gradients, and thus to perform gradient-descent searching methods in the space of weights used in these multi-layer units.

But what really stimulated research in this field were some spectacular results in applications, based on these techniques. One of these very notable events was the implementation of the 'text-to-speech' transformation problem by Sejnowski and Rosenberg [Sejn87]. Here, a multi-layer network was trained using the backpropagation algorithm to produce speech from written English text. As a training data base an English text and its matching phonetic transcription was provided. The result - a speech-synthesis program - is fascinating itself, but, moreover the way the system learns is spectacular: Listening to the output tapes of the system being trained it starts to 'babble' (similar to a small child trying to speak) and eventually converges to understandable English. This process is very close to human learning (but not the result yet, which still is far away - as all the other approaches to speech synthesis - from human talking), thus demonstrating the analogy to biological networks.

Currently this area of research is very active. One can see in this activity a revival of much of the initial enthusiasm associated with research in perceptrons in the 50's and 60's. It remains to be seen, however, whether this revival in enthusiasm is quite justified, as there are still a number of difficult technical issues to be solved (just mentioning the problem of highly connected and parallel processors that are needed for dealing with complex tasks). Another one of these issues is that of 'scaling': it is notoriously difficult in practice to train large networks, and there are some theoretical indications that training large networks may be 'intrinsically' hard [Judd87].

Nonetheless, it appears certain that research in neural net technology this time is here to stay.

3.3 Theory of Learning

Independent of the work in the preceding areas, theoretical computer scientists have been modeling the machine learning process in various formal ways, and studying the properties of such models.

A large class of such models is 'recursion-theoretic' in character, and follows the style of classical 'recursion theory' closely. Here the goal is to learn a program from examples of input / output behavior, or to learn a language from a listing (in arbitrary order) of sentences in that language. This research was stimulated by a 1967 paper by Mark Gold. The issues studied involved the effect of the presentation order of the data, the reliability of the learning procedure, and the computational complexity of the learning process. A nice survey of this research has been written by Angluin and Smith [Angl83].

A second model has been introduced by Les Valiant [Vali84], which is sometimes called 'distribution-free learning'. This model has received a tremendous amount of attention in the last few years from the theoretical computer science community. Here Valient introduces a notion of 'learnability' (from examples) which

1. is independent of any *a priori* assumptions about the probability distribution from which the examples will be drawn,
2. requires that the learner examines a reasonable number of examples (e. g. ploynomial in the size of the representation of the concept to be learned),
3. requires that the learning algorithm runs for time polynomial in the number of examples examined, and
4. requires that the learner produces, with high probability, a concept which is very close to the correct answer.

In contrast to the recursion-theoretic model, this model is potentially quite practical.

A large number of class concepts have been shown to be learnable in Valiant's sense, and a number of interesting issues have been studied and solved within this framework. For example, it has been shown that learning in this sense can be done (in some cases) even if only *positive* examples of the concept to be learned are provided. As another example, it has been shown that learning can proceed effectively in this model even if the training examples are corrupted by noise. Also, some interesting mathematical characterizations based upon a notion known as the 'Vapnik-Chervonenkis dimension' have been developed which precisely characterize when a class of concepts is learnable in the sense of Valiant.

An excellent survey of the work to date on distribution-free learning has recently appeared [Kear87].

Other models, such as learning by experimentation, are also under investigation.

4 Applications

There is a clear trend within the flow of research on machine learning toward developing techniques that are effective on practical problems and not merely theoretical abstractions. While it is too early to predict accurately what application areas will benefit most from the recent and continuing research in machine learning, the following areas currently seem among the most promising.

- *Knowledge based systems* were already mentioned as one of the potential applications for learning mechanisms. Learning procedures could overcome the knowledge acquisition bottleneck, being responsible for the problems when constructing the knowledge base.

- *Speech recognition* offers great potential for applications of learning methods. For example, achieving speaker independence requires fast and effective adaption algorithms. Furthermore constantly increasing dictionaries are necessary for system adaptation. Neural nets yield promising results in this area as well as in

- *Pattern recognition and Image Processing*: The problems in this field are similar to the ones being dealt with in speech recognition. Here, a well chosen set of training examples might lead to better results in recognizing patterns than other synthetic attempts for pattern description.

- *Natural Language Acquisition*: The process by which humans acquire language is beginning to be understood, and to be simulated by machines. Here, a symbiosis between AI-oriented learning and a neural net approach seems most promising.

- *Procedures*: Training a machine to perform simple procedures by means other than programming is likely to be necessary as the capabilities of machines increase. This capability is especially needed for robots in changing environments.

- *Medical diagnosis*: The abilities of a physician to diagnose a disease or cluster of diseases may be greatly aided by 'assistant' programs whose knowledge has been built up by learning programs from a data base of case studies. This process may also be used in non-medical diagnosis areas, such as the diagnosis of technical systems.

- *Protein folding*: The difficult task of predicting the shape of a protein from knowledge of its amino-acid sequence is currently being attacked with learning algorithms applied to the data base of proteins with known sequence and shape information.

Most of these applications of machine learning mentioned have in common a vague, unknown or extremely complex knowledge base. The knowledge being dealt with therefore is hardly being transferred into symbolic and consistent rules. Having important computer applications in mind, it seems to be crucial to deal with these topics, making machine learning an essential to ambitious future oriented tasks.

5   The Siemens / MIT Machine Learning Project

Siemens and the Massachusetts Institute of Technology (MIT) embarked on a program of collaboration and joint activity in the area of machine learning.

The focus of the work on the part of Siemens is at the Research and Technology Laboratories at Princeton, New Jersey, where a research group on machine learning has been formed. An additional research group in this area has also been formed in Munich, within Siemens' Corporate Research and Technology division.

The work at MIT involves the Laboratory for Computer Science, the Artificial Intelligence Laboratory, and other departments with complementary activities.

This collaborative research effort and program includes a variety of procedures for facilitating a technical dialogue and the exchange of ideas. For example, 'live-in' visits to MIT are planned and research reviews during annual Siemens - MIT conferences on machine learning are scheduled.

This joint effort, established in 1987, is still in its early stages, but a vigorous level of research and serious technical discussions have already begun.

It is clearly understood, that this ambitious major international research effort should result in a leading role within this crucial future-oriented field. Both partners aim at a world-class laboratory incorporating all the necessary research topics.

Acknowledgement

We wish to explicitly acknowledge the fruitful discussions we had with Angelika Hecht and Manfred Weick and their careful review of the article.

6 Literature

[Angl83] D. Angluin, C. H. Smith. Inductive inference: theory and methods. *Computing Surveys*, 15(3): 237-269, Sept. 1983.

[Carb87] J. G. Carbonell, P. Langley. Machine Learning. In S. C. Shapiro (ed). *Encyclopedia of AI*, Vol 1: 464-488, John Wiley and Sons, 1987.

[Fisc87] M. A. Fischler, O. Firschein. Intelligence; The Eye, the Brain and the Computer. Addison Wesley Publishing Company, 1987.

[Hopf82] J. J. Hopfield. Neural Networks and Physical Systems with Emergent Collective Computational Abilities. *Proc. Natl. Acad. Sci. USA* 79, 2554-2558, 1982.

[Judd87] J. S. Judd. Complexity of Connectionist Learning with Various Node Functions. Technical Report of Computer and Information Science, University of Massachusetts at Amherst, July 1987.

[Kear87] M. Kearns, M. Li, L. Pitt, L. Valiant. Recent results on boolean concept learning. In *Proceedings of the Fourth International Workshop on Machine Learning*, University of California at Irvine, June 1987.

[McCa58] J. McCarthy. Programs with common sense. In *Proceedings of the Symposium on the Mechanization of Thought Processes* . National Physical Laboratory, 1958.

[Mich83] R. S. Michalsky, J. G. Carbonell, T. M. Mitchell (eds). Machine Learning: An Artificial Intelligence Approach. Morgan Kaufmann, 1983.

[Mins69] M. Minsky, S. Papert. Perceptrons: An Introduction to Computations Geometry. The MIT Press, 1969.

[Mitc77]   T. M. Mitchell. Version spaces: a candidate elimination approach to rule learning. In *Proceedings of the Fifth International Joint Conference on AI*, Cambridge, Mass., Aug. 1977.

[Rose58]   F. Rosenblatt. The perceptron: a probabilistic model for information storage and organization in the brain. *Psychological Review*, 65:386-407, 1958.

[Rume85]   D. E. Rumelhart, G. E. Hinton, R. J. Williams. Learning Internal Representations by Error Propagation. University of California at San Diego, ICS Report 8506, Sept. 1985.

[Samu59]   A. L. Samuel. Some studies in machine learning using the game of checkers. *IBM Journal of Research and Development*, 3:211-229, July 1959. (Reprinted in *Computers and Thought*, (eds. E. A. Feigenbaum and J. Feldman), McGraw-Hill, 1963).

[Sejn87]   T. J. Sejnowski, C. R. Rosenberg. Parallel networks that learn to pronounce English text. *Journal of Complex Systems*, 1(1):145-168, Feb. 1987.

[Turi50]   A. M. Turing. Computing machinery and intelligence. *Mind*, 59:433-460, Oct. 1950 (Reprinted in *Computers and Thought*, (eds. E. A. Feigenbaum and J. Feldman), McGraw-Hill, 1963).

[Vali84]   L. G. Valiant. A theory of the learnable. *Communications of the ACM*, 27(11): 1134-1142, Nov. 1984.

[Wins75]   P. H. Winston. Learning structural descriptions from examples. In P. H. Winston (ed), *The Psychology of Computer Vision*, McGraw-Hill, 1975.

Diagnosis with Multiple Models for Advanced Applications

Peter Struss

Siemens AG

Abstract

Second generation knowledge-based systems have reached a stage where they start proving their superiority over traditional expert systems not only in theory but also in applications. Starting from requirements in the domain of DPNet, a diagnosis system for fault localization in high voltage power transmission networks, we outline the foundations of model-based diagnosis. An extension of the theory is presented that allows the system to simplify the model-based reasoning process based on working hypotheses, thus reducing its complexity without sacrificing completeness. Particular emphasis is given to the use of multiple models which turns out to be crucial for a trade-off between completeness of the model-based approach and efficiency requirements when dealing with simple standard cases.

1 Introduction

After more than twenty years of research and development, expert systems deployed in real applications are still fairly limited both in their number and scope of competence. In the domain of applications in engineering, this is mainly due to limitations inherent in the technology of the first generation. This is basically organized around the paradigm of capturing experiential knowledge in its favorite representation formalism, rules. To go beyond the exploration of purely empirical associations, work on foundations for a second generation of knowledge-based systems had to provide representations and reasoning mechanisms reflecting nature and structure of principled knowledge in engineering. In particular, in had to develop formalisms for creating "deep" models of the technical systems that were to be designed, diagnosed, or simulated by a computer system.

Diagnosis is probably the most prominent domain of expert systems applications, and can be used to discuss distinctions between the two generations. Traditional knowledge-based diagnosis systems are crucially based on establishing more or less direct links between symptoms that can be observed and faults (or deceases) that have been known to cause the symptoms (with a certain probability) (Fig. 1).

In this approach, reasoning goes from symptoms to faults, and obviously this approach heavily depends on the completeness of knowledge about all three elements: the symptoms, the faults, and the associations between them. The resulting restriction of the system to what has been encountered and widely experienced before, are prohibitive for most industrial applications; handling newly designed systems and new kinds of failures are a must. An even more significant impediment to industrial applications of this technology lies in the fact that each diagnostic system dedicated to a particular type of device has to be developed individually, even though the engineering knowledge required for their treatment may be essentially the same. Intolerably high costs in development and maintenance of such systems are a consequence.

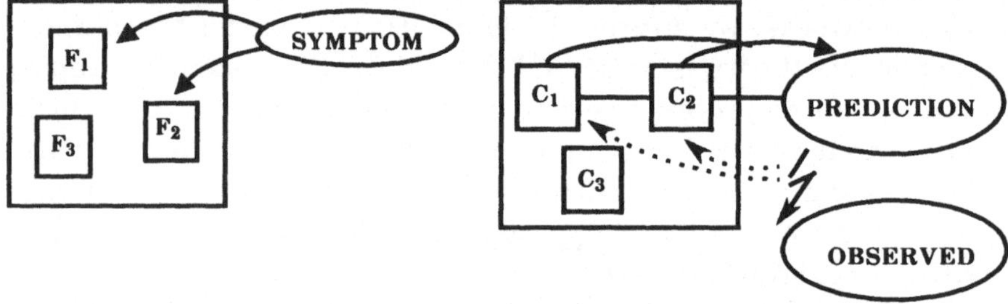

Figure 1 First Generation:
Linking Symptoms to Faults

Figure 2 Second Generation:
Model-based Prediction of Observable
Behavior

In contrast, second generation diagnosis systems aim at getting closer to the diagnostic skills of engineers, including
- handling of unknown symptoms,
- detecting new kinds of faults,
- diagnosing unexperienced devices (as long as they are composed of known components and principles),
- generating causal, or "deep", explanations, and
- generating diagnostic systems for particular devices based on their

structural description only, given a body of principled knowledge about the domain ("component library").

Obviously, this is a goal much more ambitious than what can be covered by traditional expert systems. In order to achieve it, model-based diagnosis uses the following principle: based on knowledge about the structure of a device and the behavior of its constituents ("components"), predictions about the behavior of the entire device are made, given some observations (e.g. input-output values). If an inconsistency is detected, its origins are traced back to the constituents involved in the prediction. They form diagnosis candidates which are then discriminated through further testing and probing (Fig. 2). As opposed to first generation systems, this approach is not dependent on a priori knowledge about possible faults, and is applicable to new compositions of known constituents.

This new quality requires the development of
- general representations of scientific and engineering knowledge (instead of purely empirical associations),
- general diagnostic algorithms (independent of the particular device and domain).

Although being far from claiming the ultimate solution to these problems, research in model-based reasoning has now reached a stage where it starts proving its superiority over the first generation in applications rather than merely dealing with toy systems. Many research problems still remain to be solved, but it is possible to extend the scope of the feasible tasks in industrial applications of model-based diagnosis and to increase the number of applications significantly. This will definitely have an important impact on utilizing knowledge-based systems technology in general.

In this paper, we start by presenting problems in the domain of failure localization in high voltage power transmission networks to which we successfully applied the technology of model-based reasoning. The example prompts, in particular for the use of different, alternative models of components, some of which are based on simplifying assumptions which may be violated. In section 3, we discuss some basic issues in model-based reasoning, and outline the principles of consistency-based diagnosis in section 4. Next, we present an extension to this approach that allows the system to control the model-based reasoning process based on simplifying working hypotheses without loosing its completeness. This forms the basis for the use of simplified and approximate models (section 6) and, hence, for solving problems set by the network diagnosis application (section 7).

2 An Example - Fault Localization in Power Transmission Networks

2.1 The Problem

In this section, we briefly introduce an application domain we are currently working on: high voltage power transmission networks ([Beschta et al. 90]). As of this writing, a prototype, called DPNet, has been completed, which successfully solves all problems taken from a collection of about 20 cases (real data from a regional network in Germany) using a model-based approach. Current work focuses on elaborating the models.

What is the problem to be tackled? The purpose of a power transmission network is connecting a number of sinks (potentially transformers to a lower voltage level) to operating sources (also possibly transformers). This has to be done in a way that guarantees energy transmission also in cases of local faults, and, hence, such networks tend to be highly redundant. Their elements are, besides transformers and connections to sources, basically lines and so-called bus-bars acting as nodes. Fig. 3 shows a section of a 220/110kV network. Another element of the network is formed by the protection system. Its task is to detect disturbances (short circuits) and respond to them by automatically detaching the affected substructure from the rest of the network by opening switches. Partially conflicting with the goal of optimal protection of the equipment against damage, a guiding principle is to restrict the detached portion to what is really necessary to isolate the fault. Before we describe the technology developed for this purpose, we conclude the description of the problem to be solved by the diagnostic system. The protection system is decentralized and consists of a number of devices which observe local conditions (basically voltage and current), detect anomalities, and, if certain conditions are met, automatically change the network topology by opening switches at their location (so-called breakers). Such activities (alarms and automatic interventions) are reported to a control center. Because a local disturbance (short circuit) immediately affects the overall network, the operator is confronted with a burst of messages; hundreds of them being transmitted within a few seconds is normal (Fig. 4 shows an example). From this message burst, the operator has to infer the type and location of the fault, assess whether the automatic reaction of the protection system is adequate, and, if necessary, undertake suitable actions for network reconfiguration. Typically, the time limit for this is 30 to 60s.

Characteristics of the problem that demand for support by a computer system are the following:

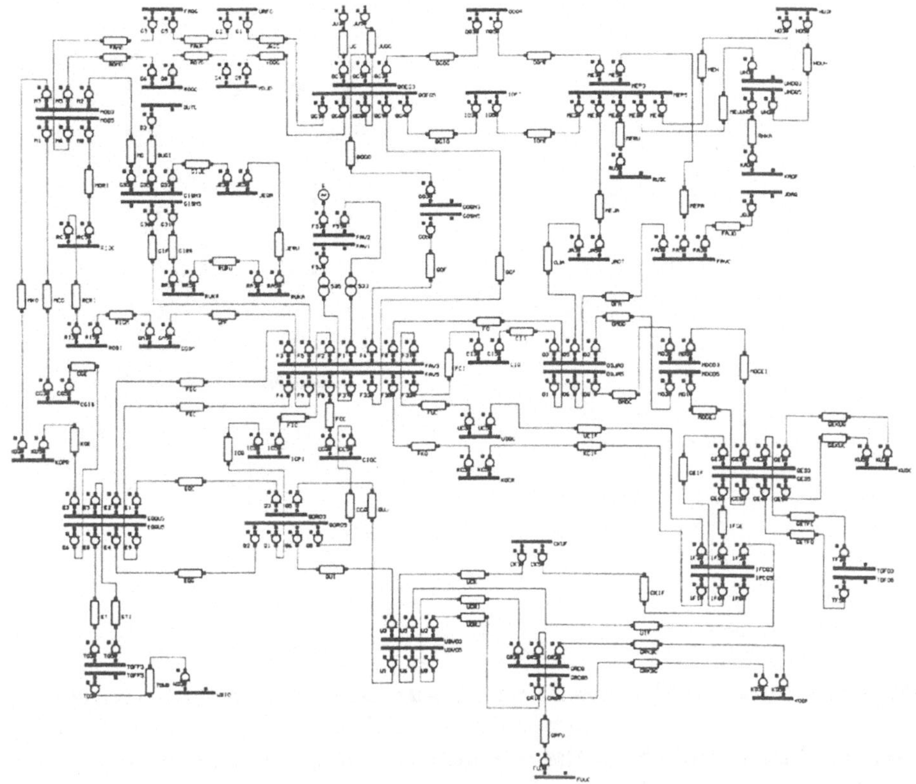

Figure 3 Power Transmission Network

- **Information overload**, as pointed out above.
- **Incomplete information** is the dual feature. Missing information can be due to old equipment used in the protection system (which is simply not designed to report interventions), transmission errors, or receipt of the message after the analysis has started.

- **Multiple faults** can occur, although rarely in the form of simultaneous short circuits, but rather because the protection system itself can be malfunctioning.

These problem characteristics combine with requirements upon the utilization of a diagnostic system:
- **Adaptability** to different network **topologies**, not only for being applicable to different networks; even for a particular network, the topology is frequently changed with the goal of equal distribution of load.
- **Adaptability** to new **technology** introduced for part of the network equipment.

Together, these features suggest not only a knowledge-based approach to failure localization, but more specifically the utility of a model-based solution.

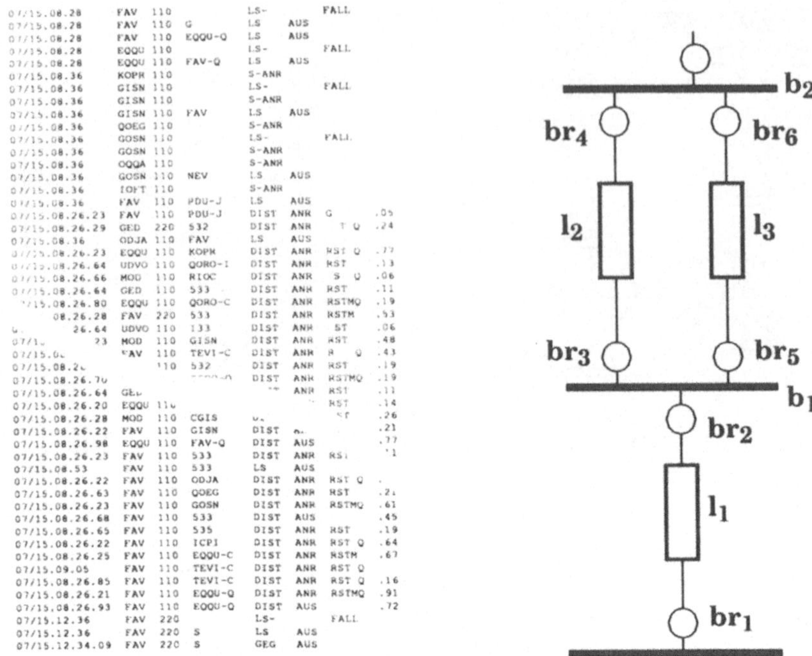

```
07/15.08.28       FAV  110           LS-        FALL
07/15.08.28       FAV  110  G        LS    AUS
07/15.08.28       FAV  110  EQQU-Q   LS    AUS
07/15.08.28       EQQU 110           LS-        FALL
07/15.08.28       EQQU 110  FAV-Q    LS    AUS
07/15.08.36       KOPR 110           S-ANR
07/15.08.36       GISN 110           LS-        FALL
07/15.08.36       GISN 110           S-ANR
07/15.08.36       GISN 110  FAV      LS    AUS
07/15.08.36       QOEG 110           S-ANR
07/15.08.36       GOSN 110           LS-        FALL
07/15.08.36       GOSN 110           S-ANR
07/15.08.36       OQQA 110           S-ANR
07/15.08.36       GOSN 110  NEV      LS    AUS
07/15.08.36       IOFT 110           S-ANR
07/15.08.36       FAV  110  PDU-J    LS    AUS
07/15.08.26.23    FAV  110  PDU-J    DIST  ANR  G        .05
07/15.08.26.29    GED  220  532      DIST  ANR    T Q    .24
07/15.08.36       ODJA 110  FAV      LS    AUS
07/15.08.26.23    EQQU 110  KOPR     DIST  ANR  RST Q    .77
07/15.08.26.64    UDVO 110  QORO-I   DIST  ANR  RST      .13
07/15.08.26.66    MOD  110  RIOC     DIST  ANR    S Q    .06
07/15.08.26.64    GED  110  533      DIST  ANR  RST      .11
07/15.08.26.80    EQQU 110  QORO-C   DIST  ANR  RSTMQ    .19
08.26.28          FAV  220  533      DIST  ANR  RSTM     .53
26.64             UDVO 110  133      DIST  ANR   ST      .06
07/1.        23   MOD  110  GISN     DIST  ANR  RST      .48
07/15.0.          FAV  110  TEVI-C   DIST  ANR  R   Q    .43
07/15.08.2.            110  532      DIST  ANR  RST      .19
07/15.08.26.70                       DIST  ANR  RSTMQ    .19
07/15.08.26.64    GE.                      ANR  RST      .11
07/15.08.26.20    EQQU 110                      RST      .14
07/15.08.26.28    MOD  110  CGIS     u.          <f      .26
07/15.08.26.22    FAV  110  GISN     DIST  n.             .21
07/15.08.26.98    EQQU 110  FAV-Q    DIST  AUS            .77
07/15.08.26.23    FAV  110  533      DIST  ANR  RS.      '1
07/15.08.53       FAV  110  533      LS    AUS
07/15.08.26.22    FAV  110  ODJA     DIST  ANR  RST Q    .
07/15.08.26.63    FAV  110  QOEG     DIST  ANR  RST      .2.
07/15.08.26.23    FAV  110  GOSN     DIST  ANR  RSTMQ    .61
07/15.08.26.68    FAV  110  533      DIST  AUS            .45
07/15.08.26.65    FAV  110  535      DIST  ANR  RST      .19
07/15.08.26.22    FAV  110  ICPI     DIST  ANR  RST Q    .64
07/15.08.26.25    FAV  110  EQQU-C   DIST  ANR  RSTM     .67
07/15.09.05       FAV  110  TEVI-C   DIST  ANR  RST Q
07/15.08.26.85    FAV  110  TEVI-C   DIST  ANR  RST Q    .16
07/15.08.26.21    FAV  110  EQQU-Q   DIST  ANR  RSTMQ    .91
07/15.08.26.93    FAV  110  EQQU-Q   DIST  AUS            .72
07/15.12.36       FAV  220           LS-        FALL
07/15.12.36       FAV  220  S        LS    AUS
07/15.12.34.09    FAV  220  S        GEG   AUS
```


Figure 4 Part of a Message Burst   Figure 5 A Portion of the Network

It is expected to provide both the robustness required to deal with unexpected and multiple faults and the necessary flexibility due to the possibility of local, declarative changes applied to the structural description and/or the component library.

2.2   The Models

The diagnostic task in this domain is an analysis of the messages about actions of the protection system in order to localize the short and to identify failures in the protection system. Hence, the models we need for diagnosis have to reflect the behavior of network components under a **disturbance of the normal operation** (as opposed to modeling the normal situation). While explaining the operation of the protection system, we will informally describe the component models needed for diagnosis. We exclusively treat one kind of protection mechanism, called distance protection. Its components are installed between a bus-bar and a line, and (in principle) they act locally. They continuously measure voltage and (direction and magnitude of) current at their location, thus being able to detect the effects of a short-circuit in the network through an increase in current and/or a decrease in voltage. This effect is not limited to the immediate environment of the fault, but acts globally (what causes many protections to become active and, thus, the message burst). Hence, the protection system needs a mechanism for deciding which of the activated protections actually have to intervene.

The goal is to detach the smallest substructure necessary to isolate the fault. For instance, line l_1 in Fig. 5 is protected by breakers br_1 and br_2, and a fault on bus-bar b_1 is isolated by br_1, br_4 and br_6 (this illustrates that distance protections are oriented towards the attached line). To achieve this, each protection determines the distance to the fault location by measuring the impedance at its location. Only if this distance corresponds to the length of the connected line (and energy flows towards it), the protection sends a tripping command to a breaker which disconnects the line. Accordingly, a model for the breaker (including the protection) could simply express that it is opened exactly when the fault is on the connected line or the bus-bar behind this line:

$$\text{STATUS} = \text{OPEN} \Leftrightarrow \text{FAULT-DISTANCE} = (1, 2)$$

where the distance is an abstract one, measured in terms of the number of components to be passed, and $(1, 2)$ denotes a disjunction of values 1 and 2.

The task is then to propagate the distance through the network and find the component with $\text{FAULT-DISTANCE} = 0$. The model for correct lines and bus-bars for this purpose, besides diminishing the distance by 1, simply has to state

$$\text{FAULT-DISTANCE} = 0$$

We will refer to this model as M_{NAIVE}, because, although it works amazingly well for many standard cases even with incomplete information, it is based on a number of assumptions which restrict its applicability. In particular, it fails if a protection does not work properly. For instance, br_2 might not intervene although there is a short circuit on l_1. The protection system covers such cases, being more sophisticated than we indicated so far. Actually, the protection distinguishes 4 distance levels, which roughly correspond to

- almost the entire length of the directly connected line (for br_1 this is l_1),

- its rest, the adjacent bus-bar, and part of the lines beyond it (end of l_1, b_1, and partly l_2 and l_3),

- the remaining parts of these lines with the bus-bars they are connected to and, potentially, part of further lines (rest of l_2 and l_3, b_2 and lines beyond it),

- everything beyond these three levels.

The intervention time is determined to be 0.05s, 0.4s, 0.9s, or 3.0s, dependent on the actual level. Thus, if br_2 fails, and, hence, energy flow towards the short circuit continues, br_4 and br_6 should finally intervene (on level 2 or 3, i. e. after 0.4s or 0.9s). A refined breaker model has to reflect the various levels, and could look like

$$\text{STATUS} = \text{OPEN} \wedge \text{LEVEL} = 1 \Leftrightarrow \text{FAULT-DISTANCE} = (1)$$

$$\text{STATUS} = \text{OPEN} \wedge \text{LEVEL} = 2 \Leftrightarrow \text{FAULT-DISTANCE} = (1, 2, 3)$$
etc.

With this model, M_{LEVEL}, but without explicit information about the actual levels, a diagnosis (l_2, br_2) could be obtained from the information STATUS = OPEN for br_1, br_4, br_6, whereas M_{NAIVE} offers a fault on b_1 as the only solution (It must be noted that information about the level, at which the protection intervened, is not always part of the messages).

However, even the improved model may fail in some situations. A short circuit does not necessarily imply almost zero resistance; high-resistance faults may occur, for instance, if a broken line touches ground with low conductance. In this case, impedance measured by the protection is higher than for a "standard" short circuit, suggesting a longer distance to the fault. Still, the respective protection would intervene, though at a higher level, and diagnosis based on M_{LEVEL} might be mislead. We can mend this by propagating impedance rather than the abstract fault distance. Note that by introducing this more powerful model, $M_{\text{IMPEDANCE}}$, we consider new kinds of faults.

An even more sophisticated model, M_{TIME}, is possible if we abandon the static view of the preceding ones and consider changes over time. Information about the intervention time or temporal order of interventions can be helpful for discriminating between possible diagnoses (although reliable temporal information is available not in all cases).

And yet there are further aspects not covered by the models we described so far, for instance the impact of several lines on the impedance and, hence, on the estimate of the distance. Other implicit assumptions underlie all models outlined before. A fundamental assumption is that there is only one short circuit present, or, at least, if there are several, they are distant and not interacting. Without this assumption, FAULT-DISTANCE can be ambiguous. Furthermore, faults are assumed to be persistent. Still, this not the end of possible elaborations of the model.

The point we want to make here is that, even if we are able to develop a detailed model, that accounts for all aspects mentioned and that covers all possible situations we might encounter in diagnosis, we would **not want to use this complex universal model at all times**, because we do not have to. The majority of problems can be solved using the simplified versions of the model, and it would be unnecessarily complex or even infeasible if all the details would be included (Note that a more detailed model may not only increase the cost of inferences but also potentially require more variables to be measured which may be impossible or expensive to obtain). We would rather want a diagnostic system to mimic a human expert whose skills include choosing the right level of detail and simplifying the problem in an appropriate way. This

requires representing the various chunks of the model separately, enabling the diagnostic system to focus on the relevant parts, and combining the results obtained from the use of different models. Thus, a number of questions and problems are raised:
- How can such a model be structured appropriately? What are important, basic transformations and relations of models, and what are their properties and effects?
- How and under what conditions do results obtained from one model carry over to diagnostic reasoning with another model?
- How can the system deal with wrong information derived from an inappropriately simplified model? How can it handle contradictory parts of the model?
- How can the system obtain criteria for deciding which part of the model to use and when to switch to a different one?

These problems are addressed in [Struss 91a,b]. Before we outline the proposed solution, we discuss some fundamentals of model-based reasoning and, in particular, of consistency-based diagnosis.

3 Model-based Reasoning

Models are a representation of our knowledge about the real-world behavior of real-world systems or processes that can be used in order to derive a more complete description of an actual behavior given some partial information. For instance, we know the device input and want to infer the output, or, for some initial conditions, we want to determine the subsequent behavior. We do not necessarily require the derived information to be complete and unambiguous. Ruling out some possibilities may be of sufficient value.

We take the view that
- a system is composed of some behavioral constituents (such as components or processes),
- the system's behavior is established by the behaviors of its constituents,
- the behavior of some constituent can be specified by a tuple, $\underline{v}_c = (v_1, v_2, ..., v_k)$, of local variables v_i.
(Locality includes that, conceptually, two different constituents do not have variables in common; connectivity is established by stating equality of variable values in the structural description of the system). If $DOM(v_i)$ denotes a possible domain of v_i, then

$$DOM(\underline{v}_c) := DOM(v_1) \times DOM(v_2) \times ... \times DOM(v_k)$$

is a space of (theoretically) possible behaviors, and a certain mode of behavior is given by some relation $R \subseteq DOM(\underline{v}_c)$.

This means, the physical condition of the constituent (e. g. a line being correct or broken) restricts the physically possible behaviors to some subset of $DOM(\underline{v}_c)$. In whatever situation (e. g. given by particular test vectors) we inspect the constituent, the observed (or inferred) value of $\underline{v}_c$ lies within R. Additionally, the environment of the device (e. g. the outside temperature) may impose further restrictions on what we encounter in reality. The set of situations which are physically possible are determined by the actual **physical condition** of a **constituent** and, perhaps, by **environmental conditions**.

We assume that a constituent has a number of distinct possible behavioral modes, due to different physical conditions. A correct (unbroken) wire in a circuit exhibits a particular behavioral mode, and a (permanently) broken wire has another one. A wire that potentially switches between these two conditions (intermittent behavior) gives rise to a third kind of physical condition and establishes a behavioral mode that is distinguished from the two other modes.

For principled reasons, our knowledge about the behavioral modes of a constituent is limited:
- globally: we may be unable to enumerate the set of behavioral modes, because we cannot anticipate all possible physical conditions of a constituent (in particular, the faults)
- locally: we may be unable to exactly describe the relation characterizing a particular behavioral mode, for instance, due to incomplete knowledge about the physical principles.

Even if we consider the second restriction irrelevant for the application we have in mind (i. e. we pretend to be able to explicitly and precisely associate a behavioral mode with some relation, R) it is, again for fundamental reasons, **impossible to positively verify a particular behavioral mode** to be present. Firstly, in most cases, R and/or $DOM(\underline{v}_c)$ will be infinite, and, hence, we cannot exhaustively check the space of possible tuples. Secondly, even if we (in the finite case) detected in experiments all tuples of R and none outside R, we can still not guarantee that future observations will not include a tuple out of R's complement which would consequently invalidate the respective behavioral mode.

This is what we are normally capable of: **falsifying the presence of a behavioral mode** based on an observation or an inference that is definitly inconsistent with this mode. For this purpose, we are not required to have an explicitly given precise relation for this mode. We only have to use a relation that is **guaranteed to include** the unknown ideal relation.

Positively identifying the presence of a particular behavioral mode can only be done by ruling out all other modes. But in order to do so, we have to enumerate and model all other modes, which was stated above to be, in principle, impossible.

To summarize:

- We can **rule out** the presence of behavioral modes based on assumptions of the **quality of the single models** (i. e. ignoring the local restrictions of modeling).
- We can **positively identify** a behavioral mode if we additionally assume we have **complete knowledge** about the **set of modes** (i. e. ignoring the global restrictions of modeling).

The first issue formulates the principle of consistency-based diagnosis and suggests that it is the natural approach to model-based diagnosis. The second issue explains why "pure" consistency-based systems never infer the innocence of a constituent, and shows that, if other approaches do so, this is based on some global assumption about the possible behavioral modes, either explicitly or implicitly.

4 Consistency-based Diagnosis

The consistency-based approach is oriented towards an assignment of behavioral modes (correct or faulty) to the constituents (components) of the artifact which is consistent with the system description (SD), which contains models of the system's constituents and a representation of its structure, and the observations (OBS). A diagnosis is defined to be a set of faulty components, $\Delta \subseteq COMPS$ such that

$$SD \cup OBS \cup \bigcup_{C \in \Delta} FAULTY(C) \cup \bigcup_{C \in COMPS \setminus \Delta} CORRECT(C)$$

is consistent. Finding possible diagnoses is strongly driven by exploiting known *conflicts*. A conflict is a set of mode assignments, $\bigcup mode_{k_i}(C_i)$, to a number of components, $C_1, ..., C_n \in COMPS$, that leads to an inconsistency with $SD \cup OBS$:

$$SD \cup OBS \cup \bigcup mode_{k_i}(C_i) \vdash \bot,$$

which is detected mainly through the derivation of contradictory values of one parameter. The General Diagnostic Engine (GDE, [de Kleer-Williams 87]) is the archetype of systems built upon this principle.

The main focus of work in this area and the subject where considerable progress has been achieved concerns the problem: *Determine diagnostic candidates given* **the** *system description, SD, and* **the** *set of observations, OBS.* Formal, sound solutions to this problem have been achieved; however, because of several presumptions and simplifications, they constitute but one element of a theory of diagnosis:

1) They mainly take a **static view on diagnosis** in that they treat SD and OBS as fixed; at least, the structure and potential modifications of SD are rarely discussed. However, during a real diagnostic procedure the system description may be subject to changes (e.g. if the fault is suspected to imply a violation of the original structure), and the set of observations is extended (the measurement proposer of GDE addresses the problem of selecting the "most useful" observations to perform).

2) They are not very specific about the **nature and control of the overall inference procedure**. Most theoretical contributions simply postulate a complete theorem prover; most implemented systems pretend to use a complete constraint propagator. But, as soon as fault models are introduced (if not earlier), complexity problems demand for a focused analysis of the model combinations and a tightly controlled selection of the inferences performed ([Dressler-Farquhar 90], [de Kleer-Williams 90]). In practice, diagnostic reasoning is often guided by working hypotheses and simplifications which help reducing complexity but may be revised later, giving rise to non-monotonicities.

3) They do not address the **modeling problem** but simply assume the existence of powerful and unique models of the device and its components. In contrast, human experts, as we argued in the network example, may use different, potentially contradictory models dependent on the goal and the stage of the analysis. This includes the exploitation of simplified and approximate models which are known to be ultimately wrong. But we are lacking strong results on automated diagnosis with multiple and simplified models.

In summary, what has been consolidated so far, is mainly a theory of determining the space of possible diagnoses and generating diagnostic candidates. Although this is an important step, it is not a sufficient foundation for building diagnostic systems that handle real problems effectively and efficiently. This purpose requires progress towards a theory of diagnosis that treats diagnosis as a controlled and focused process of acting and non-monotonic reasoning including the use of multiple and simplified models. Hence, rather than facing the task of characterizing the space of possible diagnoses **given the conflicts**, we try to tackle the problem of **how to obtain conflicts**, or, more general, information about the consistency of mode assignments, in a controlled and focused manner. In particular, we want to exploit simplifications and to structure the model appropriately. In ([Struss 89]), we proposed DP as a step in this direction. It has the advantage of generalizing existing formalisms and systems in a very coherent way which even supports an implementation of the generic framework by existing systems, such as GDE^+ ([Struss-Dressler 89]).

5 DP - Diagnosis as a Process

5.1 The Basic Idea

The basic idea is very simple. So far, in systems like GDE, Sherlock, or GDE^+, and papers like [Reiter 87] and [de Kleer et al. 90], the elements of the diagnostic theories were the system description, SD, the observations, OBS, and the possible mode assignments to the elements of COMPS, in the simplest case the choice between CORRECT (or normal) and FAULTY (or abnormal). To make sense, SD $\cup$ OBS is required to be consistent, and, in particular, the observations must be true. Although this is a justified assumption in many situations, it might lead to wrong diagnoses as a consequence of sensor errors or wrong user input. This is why we introduced explicit observation assumptions in order to debug them in the same way the device is diagnosed ([Struss 88a,b]). With this mechanism, also the decision of treating a slight difference between inferred parameter values as a real behavioral discrepancy (as opposed to resulting from imprecision of measurements) can be treated as a retractable assumption. However, in the present diagnostic systems, many more assumptions are present, such as assumptions about independence and non-intermittency of faults, completeness of knowledge about possible faults, and the system structure being unchanged. They are all reasonable for many cases, and they help to make diagnosis more efficient or work at all in these cases. But they limit the applicability of the system in other cases. The problem is that they are present only in an implicit, hardwired form, and, hence, cannot be subject to reasoning and be retracted.

Consequently, DP introduces another element to the theory: the **set of diagnostic hypotheses**, DHYP, which represent working hypotheses that guide and focus the problem solving process unless they are recognized to be inadequate and dropped. This includes simplifying assumptions and, when working with multiple models, modeling assumptions. A diagnosis is now defined as the union of a set of faulty components, Δ_{COMPS}, **and a set of retracted diagnostic hypotheses**, Δ_{DHYP}, such that

$$SD \cup OBS \cup DHYP \backslash \Delta_{DHYP} \cup \neg \Delta_{DHYP}$$

$$\cup \bigcup_{C \in \Delta_{COMPS}} \text{FAULTY(C)} \cup \bigcup_{C \in COMPS \setminus \Delta_{COMPS}} \text{CORRECT(C)}$$

is consistent, where $\neg\Delta_{DHYP} := \{\neg\text{dhyp} \mid \text{dhyp} \in \Delta_{DHYP}\}$. In other words, we search for a mode assignment to constituents that is consistent with SD $\cup$ OBS **under certain assumptions**.

We want to emphasize that, on the one hand, existing consistency-based systems can be regarded as instances of DP. On the other hand, it is easy to realize that assigning TRUE or FALSE to diagnostic hypotheses can be viewed as an analogy to mode assignments to constituents. This provides us with the basis for the implementation of DP, since we can apply an existing diagnostic engine, in our case GDE^+, to debug the diagnostic hypotheses as well as the device.

5.2 An Example for Reasoning with Diagnostic Assumptions

GDE^+ exploits the extended ATMS ([Dressler 88,90]) to generate diagnostic candidates. Here, we can only give a brief sketch of the technical details. We assume the system has detected a minimal conflict involving the constituents, A, B, and C:

(5.1) $\{\text{CORRECT(A)}, \text{CORRECT(B)}, \text{CORRECT(C)}\}$.

Hence, {A}, {B}, and {C} are the minimal candidates, provided there are no further conflicts. If there are, any valid candidate has to intersect each conflict. In addition, GDE^+ uses models of possible faults for prediction and concludes that a constituent works correctly, if none of its possible faults can be present:

(5.2) $\neg\text{FAULTY}_1(C) \wedge ... \wedge \neg\text{FAULTY}_n(C) \Rightarrow \text{CORRECT(C)}$.

In order to illustrate the effect, assume the correct models of A and B together are inconsistent with all fault models, $\text{FAULTY}_i(C)$, of C, given SD and OBS:

(5.3) $\forall i \; \text{CORRECT(A)} \wedge \text{CORRECT(B)} \wedge \text{FAULTY}_i(C) \Rightarrow \perp$,

Based on (5.2), GDE^+ concludes

(5.4) $\text{CORRECT(A)} \wedge \text{CORRECT(B)} \Rightarrow \text{CORRECT(C)}$

and reduces (5.1) to give the minimal conflict

(5.5) $\{\text{CORRECT(A)}, \text{CORRECT(B)}\}$,

and, hence, the minimal candidates {A} and {B} only. In GDE^+, C will never again be considered as a possible single fault, although the derivation of this result is based on an assumption which might be questioned: (5.2) postulates completeness of C's fault models; there are no failures other than the ones described in the model. We already pointed out in [Struss-Dressler 89] how this problem can be handled, and we will continue with the example in order to illustrate the features of DP. In this framework, the solution is to make the hidden completeness assumption in (5.2) explicit and include it in the dependency recording mechanism of the ATMS. (5.2) is replaced by

(5.2') $\neg FAULTY_1(C) \wedge ... \wedge \neg FAULTY_n(C) \wedge FMC(C)$
$\Rightarrow CORRECT(C)$,

where $FMC(C) \in DHYP$ denotes the assumption that no unspecified fault occurs. With this change, (5.3) results in

(5.4') $CORRECT(A) \wedge CORRECT(B) \wedge FMC(C) \Rightarrow CORRECT(C)$,

and in adding another conflict,

(5.5') $\{CORRECT(A), CORRECT(B), FMC(C)\}$,

instead of replacing (5.1). What candidates are constructed from conflicts (5.1) and (5.5') depends on DP's *focus of suspicion* which specifies which (types of) assumption sets are currently considered as interesting candidates. For instance, as long as the diagnostic problem solver does not consider unknown faults, sets with FMC assumptions are excluded from the focus of suspicion, and DP generates the minimal candidates {A} and {B} thus reproducing what followed from the **implicit** completeness assumption in (5.2). If the focus of suspicion is extended to cover also FMC assumptions, we obtain the minimal candidates {A}, {B}, and {C, FMC(C)}; besides A and B, C is considered as a possible single fault again, but only if FMC(C) is retracted, i.e. when failing in an unknown mode.

The focus of suspicion is crucial to DP. It allows the system to reason in a space narrowed down by some working hypotheses without giving up on completeness of the diagnoses, because the restrictions may be removed by including the respective diagnostic hypotheses in the focus of suspicion. The example should convey an intuition of how DP supports reasoning with simplified and approximate models and modeling assumptions.

6 Diagnosis with Multiple Models - The Theory

From a theoretical point of view, the best way to model a device is to construct and use "exact" and detailed models only. However, besides the fundamental objection that our knowledge may not suffice, reasoning with the most detailed models is often too expensive and in many cases unnecessary, as we argued before. This is why we want to split the model and maintain models at different levels of abstraction and simplification. Sometimes, working with a weaker model is much less expensive, but still effective. This motivates:

Definition   (View)

A model M' is a view of another model, M if

$$M \Rightarrow M'.$$

In other words, M' is a necessary condition for M to hold.

In [Struss 91a], a theory of representational transformations is developed that provides a characterization of classes of transformations that turn models into weaker versions that are still valid. In particular, a model, M', obtained as the image of an **abstraction** (e.g. qualitative abstraction) of a model, M, establishes a view of M.

As illustrated by the example in section 2, we sometimes modify models in a way that makes them simpler (e.g. by assuming all breakers intervene at level 1), but inappropriate for particular situations. Using the simplification nevertheless, is based on the **assumption** that the potential deviations from the real behavior mode do not occur in the case we are looking at. Remember that such diagnostic assumptions were introduced in the DP system as the set DHYP.

Definition   (Simplification)

M' is a simplification of M, if

$$\exists \, \{dhyp_i\} \subseteq DHYP \qquad M_1 \wedge \bigwedge_i dhyp_i \Rightarrow M'.$$

In [Struss 91b], more basic relations are introduced in order to structure the model set. Thus we turn a simple list of behavioral modes into a graph which contains models as nodes and labelled arcs defined by the model relations. The model graph is used to guide the selection and instantiation of models (and also their deactivation) in the course of the diagnostic process, as will be illustrated in section 7. Basically, we start at the leaves; views and simplifications are to be used first in order to save costs in prediction. We climb up in the model graph if there is evidence that a revision of modeling assumptions and/or a refinement of models is required. The system description, SD, is no longer fixed for the entire diagnostic process, but may change.

SD can (and for practical purposes has to) be decomposed into different knowledge sources. In a first step, we can identify that SD comprises (at least) knowledge about
- the domains of the variables used to define models,
- the constituents in the application domain (the library), and
- the structure of the device to be diagnosed.

Furthermore, the library contains the model graphs for the constituents, i.e.

inferences such as

$M_1 \wedge dhyp \Rightarrow M_1'$,

and the set of **model definitions** for the explicit models, M-DEF. We assume that, at each stage of the diagnostic process, SD is given by

$SD = SD_{CORE} \cup M\text{-}DEF_{ACT}$,

where the set of active models, $M\text{-}DEF_{ACT} \subseteq M\text{-}DEF$, normally contains only a small subset of model definitions at a time (Again, we refer to [Struss 91b] for a more detailed description of SD's content).

Organizing the use of constituent models in the diagnostic process according to the principle stated above is based on a monotonicity property whose ultimate foundation is captured by the following theorems.

Theorem

Let M, and M' be models of one constituent C, and M-DEF(M) and M-DEF(M') be the respective model definitions.

if Δ is a diagnosis for

$OBS \cup SD_{CORE} \cup M\text{-}DEF_{ACT} \cup \{M\text{-}DEF(M)\}$

and   M'(C) is a view of M(C) ,

then Δ is a diagnosis for

$OBS \cup SD_{CORE} \cup M\text{-}DEF_{ACT} \cup \{M\text{-}DEF(M')\}$.

Basically, this theorem says that when working with a view of a model, we do not miss a diagnosis we would obtain when using the original model; or, stated differently, that switching to this more powerful model is really a step of refinement. This provides the ultimate justification for applying models, which are gained by (qualitative) abstraction or which model only particular physical aspects, in order to cut down the space of possible diagnoses before further investigation with more fine-grained, but also more costly models.

Of course, when using simplified models, this kind of monotonicity will be restricted, as indicated by the following theorem.

Theorem

Let M, and M' be models of one constituent C, and M-DEF(M) and M-DEF(M') be the respective model definitions.

if Δ is a diagnosis for

$OBS \cup SD_{CORE} \cup M\text{-}DEF_{ACT} \cup \{M\text{-}DEF(M)\}$,

and   M'(C) is a simplification of M(C): $M \wedge dhyp \Rightarrow M'$,

then Δ is a diagnosis for

$OBS \cup SD_{CORE} \cup M\text{-}DEF_{ACT} \cup \{M\text{-}DEF(M')\}$,

or $dhyp \in \Delta$.

This theorem formulates what is in accordance with our intuition, namely that by using a simplified model, the system will infer all diagnoses that can be obtained from the original one and do not contain the retraction of the underlying simplifying assumption. Part of the diagnosis space that is based on $\neg$dhyp may be invisible; however, it can be regained in DP, since the diagnostic assumptions are made explicit and kept in dependencies.

7 Back to the Example

We illustrate this process by returning to the initial example. Fig. 6 shows a possible model graph for the network components. σ-arcs correspond to simplifications, v-arcs are views, and choices (disjunctions of models) are marked with "c". The graph indicates, for instance, that under simplifications σ_1, σ_2, σ_3, the model M_{LEVEL} is a valid model for the correct behavior, and we have to consider M_{SHORT} as the only possible fault. Graph nodes with bold labels are the (ideal) behavioral modes which are considered to be checked by views and/or simplifications.

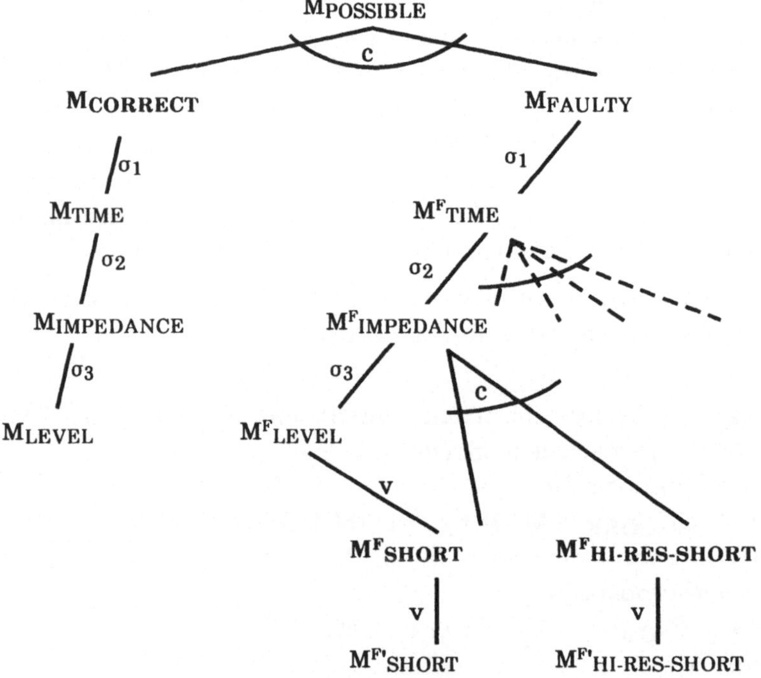

Figure 6 A model graph for network components

As a technical remark, we state that these ideal behavioral modes define the places where assumptions are introduced (namely that the respective mode is the actual one) which are then recorded by the ATMS and propagated via view and simplification links. Only simplification links add further assumptions representing the respective simplification conditions. For instance, M_{LEVEL} might be labelled by the assumption set $\{M_{CORRECT}, \sigma_1, \sigma_2, \sigma_3\}$. This allows us to use ATMS-based focusing techniques as described in [Dressler-Farquhar 90] for letting simplification assumptions guide the focus for prediction. In order to banish potential objections about too many assumptions floating around, we finally mention that rather than positively representing the presence of simplification assumptions, we encode them as the **absence of exceptions** from the standard case, and treat them as defaults in the style of [Dressler-Struss 91].

Imagine, we start diagnosis by activating the correct modes only while maintaining all simplifying assumptions:

$$M\text{-}DEF_{ACT1} = \{M\text{-}DEF(M_{LEVEL})\}.$$

Let us further assume that predictions based on the model $L1_{LEVEL}$ for some line, L1, are inconsistent with the observations, i.e. $\{L1_{CORRECT}, \sigma_1, \sigma_2, \sigma_3\}$ is a conflict, then, under a focus of suspicion that does not contain diagnoses involving any of $\sigma_1, \sigma_2, \sigma_3$ (the diagnostic hypotheses currently taken for granted), $\Delta = \{L1_{CORRECT}\}$ is the only diagnosis, and L1 is considered faulty.

If now fault models are activated by the system, while still maintaining the simplifications $\sigma_1, \sigma_2, \sigma_3$, we have

$$M\text{-}DEF_{ACT2} = \{M\text{-}DEF(M_{LEVEL}), M\text{-}DEF(M^{F'}_{SHORT})\}.$$

Let us assume that the fault model, $L1^{F}_{SHORT}$, also contradicts the observations. This invalidates $L1^{F}_{SHORT}$ and also $L1^{F}_{LEVEL}$. Under the simplifying assumptions $\sigma_1, \sigma_2, \sigma_3$, now both $L1_{CORRECT}$ and $L1_{FAULTY}$ are refuted, and so is $L1_{POSSIBLE}$, which is considered to be a fact. This inconsistency triggers a change in the focus of suspicion, since it can only be resolved by retracting simplifying assumptions, in our case (at least) σ_3. Allowing the respective modeling assumption to occur in diagnoses extends the space of diagnoses again and activates new models:

$$M\text{-}DEF_{ACT3} = \{M\text{-}DEF(M_{IMPEDANCE}),$$
$$M\text{-}DEF(M^{F'}_{SHORT}), M\text{-}DEF(M^{F'}_{HI\text{-}RES\text{-}SHORT})\}.$$

If $L1^{F'}_{HI\text{-}RES\text{-}SHORT}$ is also inconsistent with the observations while the correct model, $L1_{IMPEDANCE}$, is not, L1 is now considered correct, under the simplifying assumptions σ_1, σ_2.

8 Summary

The concepts for structuring models we developed, together with the capabilities of the DP framework enables us to chunk our knowledge about a system's behavior in such a way that we can obtain results by instantiating and using only a portion of the entire model. Because modeling assumptions can be represented explicitly, the system is able to reason about them and has a basis for a controlled navigation through the model graph. We demonstrated that progress in developing a theory of diagnosis with multiple, abstract and simplified models is not only a major step towards a general theory of diagnosis, but also that it can be crucial for expanding the range of real applications of model-based diagnosis and putting the second generation of knowledge-based systems to work.

Acknowledgements   I would like to thank Toni Beschta, Danny Bobrow, Johan de Kleer, Oskar Dressler, Hartmut Freitag, Gerhard Friedrich, Georg Gottlob, Walter Hamscher, Wolfgang Nejdl, Olivier Raiman, Brian Williams, and several reviewers for discussions and comments on this work. It was supported in part by BMFT (ITW 8506 E4, ITW 9001 A9) and by the C.E.C. under the ESPRIT program (P5143). Collaboration with Stefano Cermignani and Giorgio Tornielli in Esprit Project ARTIST helped us to better understand the domain of power systems. Many thanks also to Linda Pfefferl for technical assistance.

References

[Beschta et al. 90]
  Beschta, A., Dressler, O., Freitag, H., and Struss, P., *A Model-based Approach to Fault Localization in Power Delivery Networks*, Siemens Technical Report INF 2 ARM-15-D-90, 1990 (In German)

[de Kleer et al. 90]
  de Kleer, J., Mackworth, A., and Reiter, R., *Characterizing Diagnoses*. In: Proceedings of the AAAI 90

[de Kleer-Williams 87]
  de Kleer, J., and Williams, B. C., *Diagnosing Multiple Faults*. In: Artificial Intelligence, 32(1):97-130, April 1987

[de Kleer-Williams 90]
  de Kleer, J.and Williams, B. C., *Focusing the Diagnosis Engine*, Xerox PARC, 1990

[Dressler 88]
Dressler, O., *An Extended Basic ATMS*. In: Proceedings of the Second
Workshop on Non-Monotonic Reasoning, Springer 1988

[Dressler 90]
Dressler, O., *Computing Diagnoses as Coherent Assumption Sets*. In: G.
Gottlob, W. Nejdl (eds), Expert Systems in Engineering, Heidelberg, 1990

[Dressler-Farquhar 90]
Dressler, O. , Farquhar, A., *Putting the Problem Solver Back in the Driver's
Seat: Contextual Control of the ATMS*. In: J.P.Martins (ed.). Proceedings of
the ECAI 90 Truth Maintenance Workshop

[Dressler-Struss 91]
Dressler, O. , Struss, P., *Back to Defaults: Computing Diagnoses as Coherent
Assumption Sets*. Working Paper, Munich, 1991

[Reiter 87]
Reiter, R., *A Theory of Diagnosis from First Principles*. Artificial
Intelligence 32(1):57-96, April 1987

[Struss 88a]
Struss, P., *A Framework for Model-based Diagnosis*. Technical Report INF
2 ARM-10-88, Siemens, Munich, 1988

[Struss 88b]
Struss, P., *Extensions to ATMS-based Diagnosis*. In: J. S. Gero, editor,
Artificial Intelligence in Engineering: Diagnosis and Learning, pages 3-27.
Elsevier and Computational Mechanics Publications, Amsterdam and
Boston, August 1988

[Struss 89]
Struss, P., *Diagnosis as a Process*. First International Workshop on Model-
Based Diagnosis, Paris, 1989

[Struss 91a]
Struss, P., *A Theory of Model Simplification and Abstraction for Diagnosis*.
5th International Workshop on Qualitative Reasoning, Austin, Texas, 1991

[Struss 91b]
Struss, P., *What's in SD? - Towards a Theory of Model-based Diagnosis*.
Working Paper, Munich, 1991

[Struss-Dressler 89]
Struss, P., Dressler, O., *"Physical Negation" - Integrating Fault Models into
the General Diagnostic Engine*, Proceedings IJCAI-89